Carlheinz Gräter
Der Neckar

Carlheinz Gräter

Der Neckar

mit Fotos von Joachim Feist
Albrecht Brugger u. a.

Konrad Theiss Verlag
Stuttgart und Aalen

Schutzumschlag: Rolf Bisterfeld
unter Verwendung eines Fotos von Joachim Feist
Vorsatzkarte: Eckart Munz
© Konrad Theiss Verlag Stuttgart und Aalen 1977
ISBN 3 8062 0177 3
Alle Rechte vorbehalten
Satz, Druck und Reproduktionen:
Grafische Betriebe Süddeutscher Zeitungsdienst, Aalen
Printed in Germany

Inhalt

Der Stammbaum des Landes	7
Am jungen Neckar	17
Geniewinkel und Musensitz	45
Im Angesicht der Alb	61
Neckarhafen und Nesenbach	83
Drunten im Unterland	102
Das Heilbronner Neckarprivileg	134
Ordenskreuz und Reichsadler	148
Aquarelle im Odenwald	173
Der Mythos Heidelberg	195
Im Banne des Rheins	209
Register	223

Der Stammbaum des Landes

Männerchöre besingen ihn vom Blatt, mit seinem Silberspiegel, seinem blauen Band, auch wenn ein gütiges Geschick es gefügt hat, daß sich der Name des Neckars allen Reimzwängen auf Wein, fein und Mägdelein hagestolzen widersetzt. Obwohl fast zur Hälfte, vielleicht sogar zur besseren, fränkischen Geblüts, gilt der Neckar als das klassische Gewässer Schwabens und der Schwaben, als »unser vaterländischer Hauptfluß«, wie die königlich württembergischen Oberamtsbeschreibungen vermerken. Solcher Stolz hat nichts mit dem historischen Vaterkomplex gemein, den Vater Rhein bei den Enkeln Karls des Großen gestiftet hat. Schwertgeklirr und Schlimmeres hat zwar auch der Neckar oft genug mitanhören müssen, aber patriotischen Donnerhall hat er niemals provoziert, und mit Wogenprall kann er auch nicht dienen. Der Neckar ist, alles in allem, ein friedlicher Fluß. Und dem verwunderlichen Namensbalg »Neckarruhm« begegnete ich nicht etwa in einem martialisch geschwollenen Balladenband, sondern auf den Samentütchen meines Gartenlieferanten, als Gütemarke eines roten Sommerrettichs schwäbischer Provenienz.

Eigenbrötlerisch, umwegig aber beharrlich, knauserig mit seinem eigenen Lebenselement, dem Wasser, schürft sich der Neckar seine Rinne zum Rhein. Auf der Landkarte gleicht sein Lauf dem knorrig gedrungenen Wuchs eines Weinstocks mit den Ranken der Seitenflüsse, während der Wurzelballen der Quellbäche fehlt. Im sympathischen Gleichnis der Rebe erscheint der Neckar so als Stammbaum des Landes und Individualist reinsten Wassers zugleich. Dabei ist auch er längst trüber Spiegel einer Gesellschaft, die das endliche Kapital der Elemente bedenkenlos verschwendet, verschmutzt, schlimmer noch, verseucht. Am Ursprung des Lebens, dem Wasser, wird dies zuerst offenbar. Es ist an der Zeit, die Biographien unserer Flüsse zu schreiben.

Die ungebärdige, ungebändigte Kraft der Flüsse wurde im Altertum mit der des Stieres verglichen, der als göttlich personifizierte Fluß in Gestalt eines Stieres verehrt. In Rottenburg, Nürtingen, Bad Cannstatt, Lauffen und Heidelberg hat man bis jetzt sieben keltisch-römische Stierstatuetten gefunden, Weihegaben für den Flußgott Nicer. Unter diesem Namen erscheint der Neckar nämlich in der Geschichte.

Zu Beginn des Jahres 370 hielt der junge Quintus Aurelius Symmachus, damals schon einer der glänzendsten Rhetoriker seiner Zeit, in der Kaiserstadt Trier eine Lobrede auf Valentinian I., den Bezwinger der Alamannen, und als Kronzeugen des kaiserlichen Triumphes ruft er Rhein und Neckar als Zeugen an. Der Syrer Ammianus Marcellinus, der als kaiserlicher Kriegsberichterstatter ein sehr lebendiges Bild der Grenzkämpfe überliefert hat, erwähnt dann einmal sogar den heftigen Wellengang des Nicer. Mit einer etymologischen Deutung hat Decimus Magnus Ausonius, bekannt als Verfasser der »Mosella«, den Namen zu Niger, also Schwarzfluß verfälscht. Als Prinzenerzieher hatte er den Kaiser Valentinian auf dessen Feldzug gegen die Alamannen begleitet und als köstlichste Beute die blauäugige Bissula aus der Baar, der Heimat von Donau und Neckar, heimgeführt.

Der Neckar lieh damals auch einem germanischen

Stammesverband seinen Namen. Suebi Nicretes, also Neckarsueben nannte man die Germanen, die nach der Niederlage Ariovists gegen Caesar am unteren Neckar siedelten und früh schon romanisiert wurden. Diese Sueben standen wiederum Pate beim Stammesnamen Schwaben, wobei offenbleiben mag, ob die Bezeichnung Sueben nach Jacob Grimm auf Schlafhauben oder, wie Ludwig Uhland plädiert, auf Schwertschaffe zurückgeht. In fränkischer Zeit, im Jahr 765, taucht dann erstmals die vertraute Namensform Neckar auf.

Der Name Nicer oder Neckar – wie der seiner Nebenflüsse Echaz, Erms, Fils, Rems, Murr, Enz, Nagold, Zaber, Kocher und Jagst wahrscheinlich keltischen Ursprungs – trotzt noch immer allen Versuchen etymologischer Klärung. Trotzdem hat Rudolf Kapff eine Ursprungsthese gewagt: »Es gibt nämlich eine Stelle in der Edda, wo Odin inkognito reist und sich als Flußgott Nikkr einführt. Nikkr ist ein leiblicher Verwandter von den aus dem Sang an Aegir rühmlichst bekannten ›Neck und Nick‹ oder von der gutdeutschen ›Nixe‹! Wenn so ›Neckar‹ sowohl germanisch als vordeutsch sein kann, so folgt daraus, daß der dem Namen zugrundeliegende Stamm urindogermanisch ist.«

Etwas einfacher hatte es sich Johann Martin Rebstock, Pfarrer zu Ennabeuren auf der Alb, in seiner 1699 erschienenen »Kurzen Beschreibung des ... Landes Wirtemberg« gemacht. Nach einem großzügigen Kompliment an unseren Fluß, »welcher dieses Land wie der Nilus Ägypten durchfleusst und fruchtbar macht«, lesen wir: »Dieser weitberufene Neccar-Strom entspringt nicht über 5000 Schritt weit vom Donau-Brunnen im Wirtembergischen, oberhalb des Dorfes Schwenningen, in der Flur neben den Äckern, von welchen Äckern wohl der Name Neccar dürfte her rühren.«

Der Kampf um den Neckar

Große Geschichte hat der Neckar nie gemacht, weder als umstrittener Grenzgraben wie der Rhein, noch als ideologischer Limes, wie im vorigen Jahrhundert die Mainlinie. Trotzdem gab es Kämpfe an diesem Fluß, Territorien bildeten sich, aus denen schließlich als bescheidene, aber geschlossene Neckarmacht Grafschaft, Herzogtum und Königreich Württemberg aufstiegen.

Als das Neckarland mit der römischen Expansion ins Licht der Historie geriet, war es von Kelten besiedelt. Keilförmig schob sich deren Gebiet zwischen die imperialen Grenzmarken an Oberrhein und Donau. Um zwischen beiden Stromprovinzen eine bessere Verbindung zu schaffen, drangen die Römer 73/74 kinzigaufwärts an den oberen Neckar vor. Auf Widerstand werden sie dabei kaum gestoßen sein. Aber im Norden und Osten drohte das unruhige, unbezwungene Germanien. Kaiser Trajan schob den Odenwaldlimes von Wörth am Main südwärts bis Wimpfen vor; von dort bis hinab nach Köngen bildete der von Kastellen gesicherte Fluß nun den eigentlichen Limes. Zum ersten und einzigen Mal erscheint der Neckar hier als Grenze. Aber nicht lange. Trajans Nachfolger schoben die Garnisonen nach Osten auf die fast schnurgerade Linie Miltenberg – Lorch vor, quer durch das wälderdüstere Keuperbergland; in Lorch, wo das Schillerhaus die Südostecke des Limeskastells markiert, winkelte der römische Grenzwall über Aalen zur Donau ab.

Hinter dem Limes, im sogenannten Dekumatenland siedelten römische Kolonisten, vor allem verdiente Veteranen. Die Lagerdörfer der aufgelassenen Neckarkastelle entwickelten sich zu stattlichen Siedlungen. Das Bild der Landschaft aber prägten die locker verstreuten, autark wirtschaftenden Gutshöfe mit ihren leuchtend roten Ziegeldächern. Sie häuften sich vor allem auf den fruchtbaren Gäuböden um den mittleren Neckar und die untere Enz. Die römische Besatzungsmacht brachte Zivilisation ins Land, Steinbau und Wohnkomfort, eine hochentwickelte Landwirtschaft, Gartenkultur, sehr wahrscheinlich auch schon die Rebe. Die keltische Bevölkerung scheint sich rasch romanisiert zu haben.

Gut anderthalb Jahrhunderte, rechts des Neckars nur ein Jahrhundert, dauerte die römische Herrlichkeit. Ums Jahr 260 überrannten die landhungrigen Alamannen den Obergermanischen Limes endgültig. Sie gehörten zum großen Stammesverband der Sueben, Elbgermanen; den Kern der Kampfverbände am Limes stellten die Semnonen, Viehzüchter und verwegene Reiter. Von der verfeinerten Kultur des römischen Neckarlandes haben sie nicht viel übriggelassen. Die Masse der Provinzbevölkerung aber, kleine Pächter, Landarbeiter, Handwerker und Händler, hat den Sturm gewiß überlebt. Als Siedlungsstränge wählten die Alamannen bevorzugt die wasserreichen Flußtäler.

Nach einer blutigen Niederlage im Jahr 469 gegen die straffer regierten Franken, die eigentlichen Erben der sinkenden Weltmacht Rom, wurden die Alamannen nach Süden abgedrängt. Die damals festgelegte Grenze zwischen beiden Völkerschaften bezeichnet bis heute die klassische Mundartscheide zwischen dem Fränkischen und dem Schwäbisch-Alemannischen. Sie zieht in unserem Bereich etwas südlich von Calw und Weil der Stadt entlang der Glems zum Hohenasperg, über den Lemberg bei Affaltrach weiter südlich an Marbach, Murrhardt, Gaildorf und Crailsheim entlang zum Hesselberg bei Nördlingen. In merowingischer Zeit konnte der alamannische Südwesten weitgehend seine Selbständigkeit behaupten. Die erzwungene Ruhe machte aus den schweifenden Kriegern seßhafte schwäbische Bauern. Zu den als Naturmalen verehrten Bäumen, Bergen, Schluchten, Quellen und Flüssen gehörte gewiß auch der Neckar. Seit dem späten 6. Jahrhundert predigten iroschottische Wandermönche das Christentum; ihre Missionierung knüpfte geschickt an die heidnischen Kultstätten an.

Das alles änderte sich, als die fränkischen Hausmeier die aufsässigen rechtsrheinischen Landschaften unter ihre ungeteilte Herrschaft bringen wollten. 746 bestellte der Pippinide Karlmann, der Onkel Karls des Großen, den alamannischen Hochadel zu einem Gerichtstag auf die Altenburger Höhe bei Cannstatt und ließ ihn niedermetzeln. Wie in den fränkischen Flußgauen des nördlichen Neckarlandes regierten jetzt auch im Südwesten königliche Gaugrafen. Die karolingische Reichskirche begann Alamannien oder Schwaben, wie es fortan hieß, immer engmaschiger dem fränkischen Imperium einzubinden. Nach dem Zerfall des Frankenreiches wirkten sich die Barrieren des weitgehend noch unerschlossenen Schwarzwaldes und der Schwäbischen Alb auf die Herrschaftsbildung am Neckar aus. Neben den Zähringern im Westen und den Welfen im Osten gelang es vor allem den Staufern aus dem Ries durch Kauf, Tausch, Erbschaft und Waffendienst, ihre Herrschaft auszuweiten. 1079 erhielten sie das Herzogtum Schwaben verliehen, die konradinische Linie des Hauses war im östlichen Frankenreich begütert. Mit dem Untergang des in die Reichspolitik verstrickten Geschlechts zerbrachen die Ansätze eines staufischen Territoriums im Südwesten.

Keine der alten angesehenen Familien, nicht die Herzöge von Teck, nicht die Pfalzgrafen von Tübingen oder die zeitweilig in Ingersheim am Neckar residierenden Grafen von Calw, nicht die Grafen von Urach oder Helfenstein, sondern die vergleichsweise drittrangigen Wirtemberger stiegen im Kampf um die staufische und zähringische Konkursmasse zur führenden Neckarmacht empor. Sie kamen aus dem Remstal, Cannstatter Zoll und Geleitgeld waren ihr Startkapital. Zäh, skrupellos, haushälterisch, von Glück und Verdienst gleichermaßen begünstigt, mehrten sie ihre Hausmacht. Nicht umsonst führte einer der Wirtemberger Grafen den Beinamen »mit dem Daumen«. Die Ulriche und Eberharde hielten meist den Daumen aufs Sach. Auch mit Klostergründungen und Schenkungen an die nimmersatte Kirche haben sie sich auffallend zurückgehalten.

Neben dem Ring der Reichsstädte, wie Heilbronn, Weil der Stadt, Esslingen, Schwäbisch Gmünd, Reutlingen und Rottweil, war es vor allem die neue Dynastie Habsburg, die den Grafen von Wirtemberg Rang und Raum streitig machte. König Rudolf I. wollte das verlorengegangene Reichsgut im Südwesten wiedergewinnen und die herzogliche Gewalt wiederaufrichten. Ersteres gelang nur halb; der Plan, vom neugewonnenen Österreich eine Landbrücke zum habsburgischen Besitz am Oberrhein zu schlagen, blieb ein Traum. Die Belagerung Stuttgarts durch Rudolf anno 1286, der Lagename »Wagenburg« auf dem Esslinger Berg erinnert daran, endete für den aufsässigen Grafen Eberhard I. mit einem glimpflichen Vergleich. Er und seine Nachfolger wahrten ihren Platzvorteil. 1388 besiegte Eberhard der Greiner, also der Zänker, ein würdiger Enkel Eberhards I., die schwäbischen Reichsstädte auf dem Kirchhof von Döffingen. Wenig später zerschlug er vor Heimsheim den oppositionellen Ritterbund der Schlegler. Reichsstädte und Ritterschaft waren damit als Rivalen um die Macht am Neckar ausgebootet.

Nur am Unterlauf des Flusses wahrte die Kurpfalz ihr Dominat. 1214 war die Pfalzgrafschaft am Rhein an die Wittelsbacher gefallen. Von ihrer Residenz Heidelberg aus erweiterten die pfälzischen Wittelsbacher auf Kosten der Hochstifte Speyer und Worms ihre Herrschaft am unteren Neckar wie im Odenwald. 1356 erhielt Pfalzgraf Ruprecht I., der Gründer der Universität Heidelberg, die erbliche Kurwürde verliehen. Er hat die Macht seines Hauses energisch flußaufwärts geschoben, nachdem zuvor schon die Reichsstadt Mosbach als westliche Außenbastion an die Pfalz verpfändet worden war.

Auch der Gründer der zweiten Neckaruniversität Tübingen, Graf Eberhardt im Bart, hat 1495 eine Standeserhöhung, nämlich die Herzogswürde erlangt. Mit dem Erwerb der einstmals badischen Ämter Besigheim, Mundelsheim, Altensteig und Liebenzell ums Jahr 1600 hatte sich schließlich am mittleren und oberen Neckarlauf ein kompaktes wirtembergisches Staatsgebilde gerundet. Bei der napoleonischen Flurbereinigung im Südwesten erhielt der dicke Herzog Friedrich III. den Kurhut und 1805 als anspruchsvoller Verbündeter Frankreichs die Königskrone. Mit der Annektion der Deutschordensämter Neckarsulm und Gundelsheim weitete Wirtemberg seine Herrschaft am Neckar nach Nordwesten, mit dem Erwerb der Grafschaft Hohenberg nach Süden aus. Ein Jahr später besiegelte die Rheinbundakte den Ausverkauf des Heiligen Römischen Reiches und die Mediatisierung der letzten eingesprengten reichsunmittelbaren Standesherrschaften. Um wenig reputierlichen Namensdeutungen, wie etwa Schillers »Wirt am Berg« die Spitze abzubrechen, hieß das neue Königreich nun Württemberg.

Das frischgebackene Großherzogtum Baden hatte 1803 das Erbe der Kurpfalz am unteren Neckar angetreten. Die von Württemberg umklammerten Albfürstentümer Hechingen und Sigmaringen der süddeutschen Hohenzollern waren 1850 preußisch geworden.

1952 schlossen sich die beiden alten Länder Baden und Württemberg mit dem ehemaligen preußischen Regierungsbezirk Hohenzollern zum Südweststaat zusammen. Seither bildet der Neckar von der Quelle bis zur Mündung das Rückgrat des neuen Bundeslandes Baden-Württemberg, sieht man von dem hessischen Zipfel ab, der im Odenwald an die Wasserstraße vorlappt.

Flüsse verbinden die geschwisterlichen Ufer, ihrem Wesen nach sind sie zur gemeinsamen Achse, nicht zur trennenden Grenze bestimmt. Der Neckar, der Schwäbisches, Fränkisches und Pfälzisches eint, ist dieser Bestimmung treu geblieben.

Von Erde und Wasser

Die geologische Weltsekunde, in der wir leben, ist das Alluvium, das Zeitalter der Anschwemmung. Unsere erdgeschichtliche Gegenwart wird bestimmt von der stillen, stetigen Arbeit der Flüsse, die Leben spenden und zerstören, die anschwemmen, aufbauen und einreißen. Für die Zunft der Geologen ist der Neckar ein ausgesprochen junger Fluß. Als am Ende der Jurazeit, vor etwa 140 Millionen Jahren, das Land sich hob, das Meer zurückwich, da entwickelten sich Flußsysteme, die in unserem Gebiet nicht nach Norden, sondern südwärts, zur Ur-Donau entwässerten. Die Eschach und der Stummel des oberen Neckars flossen damals durch die Spaichinger Pforte ab. Das änderte sich mit dem dramatischen Einbruch des Oberrheingrabens vor etwa 40 Millionen Jahren. Mehr und mehr Flüsse und Bäche strömten nun in rascherem Gefälle dieser Landschaftswanne zu, auch der nördliche Odenwaldneckar. Immer tiefer schnitt er sich rückwärts in das süddeutsche Schichtstufenland ein, zapfte die bisher der Donau tributären Nebenflüsse und Seitenbäche an und führte sie dem jugendlich aggressiven Rheinsystem zu. Im frühen Pliozän, das sind an die sieben Millionen Jahre her, hatte der Odenwaldneckar den nördlichsten Ast der danubischen Ur-Lone zwischen Cannstatt und Plochingen erreicht. Vor einer Million Jahren hatte er sich bis Oberndorf vor-, genauer rückwärts gearbeitet, etwa 200 000 Jahre später war die Schlichem, weitere 200 000 Jahre darauf waren Prim und Eschach umgepolt.

Die Wasserscheide zwischen den beiden Stromsystemen wandert noch immer südwärts, der Rhein gewinnt auf Kosten der greisen Donau noch immer an Boden, auch wenn dies im heutigen Ursprungsgebiet des Flusses und auf der verkarsteten Alb kaum sichtbar wird. Der Schwarzwälder Dichterpfarrer Heinrich Hansjakob hat den behäbigen Neckar einmal als »Phlegmatiker« verspottet. In Wirklichkeit ist er ein zäher Brettlesbohrer. Der Ursprung des Neckars bei Schwenningen liegt 706 Meter hoch; auf der Höhenmarke 84,7 Meter fällt er bei Mannheim in den Rhein. Zieht man zwischen diesen beiden Punkten eine imaginäre Luftlinie, so wären das ganze 165 Kilometer. Die tatsächliche Stromentwicklung des Neckars aber beträgt mit 367 Kilometern mehr als das Doppelte. Sein Einzugsgebiet umfaßt 13 958 Quadratkilometer, der Fläche nach ein gutes Drittel des Landes, und dieses Drittel beherbergt die Hälfte aller Einwohner Baden-Württembergs. Seine unterirdische Wasserscheide liegt noch weiter donauwärts, »weil in dem klüftigen, stark verkarsteten Kalk tiefeingeschnittene Täler den Karstwasserspiegel in der Tiefe anzapfen«. Nach

Georg Wagner, dem zähesten Erforscher der Flußgeschichte Süddeutschlands, gehören zum Neckarsprengel etwa 300 Quadratkilometer mehr als die Karte zeigt.
Der Fluß schneidet neben den Triaspaketen von Buntsandstein, Muschelkalk und Keuper nur noch den Jura am Oberlauf und den Granit bei Heidelberg an. Dem einstigen Muschelkalkmeer verdankt das Neckarland seine einzigen nennenswerten Bodenschätze, gewaltige unterirdische Salzstöcke.
Bis zur Kochermündung wechselt der Fluß, bedingt durch Einbrüche der geologischen Schichten, mehrmals vom Keuper in den Muschelkalk und umgekehrt. Beim Eintritt in den weicheren Keuper räumt er um Tübingen, Cannstatt, Heilbronn, weite Becken aus. Wo sich der Neckar durch den dickköpfigen Muschelkalk nagt, fließt er in engen, steilen, schlingenreichen Tälern. Zwischen Rottweil und Epfendorf kann ihm die Eisenbahn nur im jähen Lichtwechsel der Tunnels folgen, zwischen Cannstatt und Besigheim sowie streckenweise bis Lauffen meidet der Schienenstrang die verkehrsfeindliche Gasse des Muschelkalktals ganz. Ab Neckarelz windet sich der Fluß durch den Odenwälder Buntsandstein. Kurz vor Heidelberg überwindet er eine Granitschwelle und wechselt dann in die Schotterebene des Oberrheins.
In seinem eigenwillig knapp skizzierten Lebensbild des Neckars hat Alfons Paquet die Folge der Flußlandschaften als Sätze einer Symphonie gedeutet: »Das Auge sucht in der Ebene den Fluß und findet das schmale Rinnsal wie auf einem Teppich. Dann, in den unendlichen Wellungen des Mittelgebirges ist er wie ein dünnes Kinderkettchen aus Silber. Erst wer den Weg des Flusses selber wandert, spürt die Stufen, die er sacht hinabfließt. Es sind fünf Landschaften, die einander folgen wie die fünf Sätze einer Symphonie von pastoralem, heiterem Charakter, mit einzelnen ergreifenden Augenblicken, mit wenigen schwachen, flachen Stellen. Zuerst, von der Quelle her, ist es der wilde, dramatisch verengte, plötzlich geöffnete Hochweg im Schwarzwald. Es folgt die freier bewegte, wie mit grünen Zelten besäte Landschaft der Alb. Dann das schwäbische Unterland, mild verträumt und locker, hügelig und offen. Später das schwellende, gedrungene allegro vivace im Odenwald, und schließlich der klare Abgesang, der ausruhende Neckar der Ebene, der doch in der Korrektur der Ingenieure nichts Müdes, Sentimentales hinschleppt, sondern seine Schiffchen durch die Wiesen trägt wie auf einer fröhlichen Chaussee.«

Das ist, man merkt es rasch, schon vor einigen Jahren, 1928, geschrieben. Heute inspiriert der von Kraftwerken ausgewrungene, als Abwasserrinne mißbrauchte Fluß kaum mehr zu einer wohllautenden Prosa-Pastorale. Wo Friedrich Hölderlin noch des Neckars »bläuliche Silberwelle« feiern konnte, sah Thaddäus Troll in seinem scharf geschliffenen Schwabenspiegel allenfalls »eine schaumige, aber schiffbare Dreckbrühe«. Wer erinnert sich noch daran, daß nach 1945 das Baden im Neckar bei Stuttgart allein »wegen Bombentrichtern im Flußbett untersagt war«? Wer wagt noch daran zu denken, daß man aus unseren Flüssen einmal trinken konnte?
Nur eine Handvoll Bilder und Berichte erinnern an das Wasserleben des Neckars vor den Flußkorrektionen des 19. und 20. Jahrhunderts. Sicher floß er damals breiter und seichter, von feuchten Auwäldern eingefaßt, von Sandbänken und Kieszungen durchlappt, durchgrünt von buschigen Weideninseln, gefleckt von weißübergischteten Felsblöcken und Felsschwellen.
Isolde Kurz, deren Familie 1858 nach Oberesslingen gezogen war, hat in ihren Erinnerungen die Kaulquappenjagden in den »Altlachen«, aber auch ihre heidnisch fromme Verehrung des Neckars geschildert: »Das schönste aber war, im offenen Neckar zu baden, an seinen Weidenufern die ausgeworfenen Muschelschalen zu sammeln, in denen man sich die Farben anrieb, oder seine niedere Furt mit hochgeschürzten Kleidern zu durchwaten, um dann jenseits im Sirnauer Wäldchen sich auszutollen... In dem sonnbestrahlten, silbern rieselnden Neckar verehrte ich ein beseeltes, höheres Wesen. Ich warf ihm ab und zu ein paar Blumen oder eine Handvoll glitzernder Perlen aus meiner Perlenschachtel hinein, und wenn ein Fisch aufhüpfte, schien mir das irgendwie ein gutes Zeichen...«
So mager die Wasserführung des Neckars für einen Fluß seiner Größenordnung auch ist, von gewalttätigen Hochwassern blieben die Menschen an seinen Ufern nicht verschont. Steinern beredte Zeugen sind da die historischen Hochwassermarken an Brücken, Mühlen und Ufermauern, an Rathäusern, Kirchen, Toren und Türpfosten, die mit Strich und oft auch genauem Datum die Scheitelhöhe der Flut markieren.
Die wohl älteste Marke aus dem Jahr 1524 finden wir in Neckarsteinach. Wasserstandszeichen vom 16. bis zum 19. Jahrhundert hat die Stadt Esslingen am Schelztorturm auf einer Tafel vereint, anschaulicher noch prä-

Wasserbau, Uferschutz, Leinpfade waren nach Übereinkunft des Wiener Kongresses nun Sache der Anliegerstaaten. Die ehrwürdige kurpfälzische Neckarschiffergilde, die diese Aufgaben seit dem Mittelalter wahrgenommen hatte, löste sich 1836 auf.

Während auf dem Rhein längst schon die Dampfschiffahrt eingeführt worden war, vertrauten sich die Neckarschiffe flußabwärts noch immer der Strömung an; die Bergfahrt mit Segel und Treideln auf dem Leinpfad war eine ebenso kostspielige, wie schwerfällige und zeitraubende Angelegenheit. Ein mit drei Pferden bespanntes Schiff brauchte, wenn alles gut ging, von Heilbronn bis Cannstatt drei Tage. Die Versuche, erst der Heilbronner Kaufmannschaft, dann der Stuttgarter Regierung, mit besonders flachgehenden französischen Dampfbooten der mörderischen Konkurrenz der Eisenbahn zu begegnen, scheiterten. Mit dem Bau der Neckarbahn wurde 1869 die Dampfbootlinie auf dem Unterlauf, ein paar Jahre später zwischen Cannstatt und Heilbronn die Schiffahrt überhaupt eingestellt.

Das gleiche Schicksal hätte auch den unteren Neckar betroffen, wäre hier nicht der Pferdezug 1878 durch Kettenbootschlepper ersetzt worden. Zwischen Mannheim und Heilbronn wurde zunächst eine 115 Kilometer lange daumendicke eiserne Kette in der Fahrrinne versenkt. An ihr zogen sich die Schleppboote samt angehängten Lastkähnen durch ein mit Dampfkraft angetriebenes Kettenrad bergwärts. Für die Talfahrt mußte weiterhin die Strömung genügen. Sieben solcher »Neckaresel« waren schließlich unterwegs; wenn zwei einander begegneten, konnte sich das flußabwärts fahrende Boot aus der Kette ausfädeln und den Schleppzug vorbeilassen. Wegen des Zementwerks wurde die Kette 1890 von Heilbronn bis Lauffen verlängert. Mißlich blieb aber nach wie vor der schwankende geringe Wasserstand des Neckars, der oft zu halber Ladung und langem Pausieren zwang. Die scharfe Konkurrenz der Eisenbahn blieb bestehen. Die Industrie aber war dringend auf billige Massenfracht von Kohle und Rohstoffe angewiesen.

1897 wurde ein »Komitee für die Hebung der Neckarschiffahrt« gegründet, das sechs Jahre später als »Neckar-Donau-Komitee« schon weitgesteckere Ziele avisierte: Mit dem Ausbau des Neckars bis Plochingen und einem nach Ulm weiterführenden Kanal sollte der uralte Traum einer Wasserstraße vom Rhein zur Donau verwirklicht werden. Den Sperriegel der Alb wollten die Planer mit einem gigantischen Schiffshebewerk oder einem Wassertunnel überwinden.

Nach dem Ersten Weltkrieg wurde zunächst die Kanalisierung des Neckars angepackt. Der 1921 gegründeten Neckar-Aktien-Gesellschaft gehörten das Reich sowie die drei Uferstaaten Baden, Hessen und Württemberg an. 1935 wurde der 113 Kilometer lange Abschnitt Mannheim–Heilbronn dem Verkehr übergeben. Auf der restlichen Strecke ragten nur ein paar Staustufen, als der Zweite Weltkrieg ausbrach. Danach starrten am Neckar geborstene Brücken in den Himmel, versenkte Schiffe blockierten das Flußbett. 1949 nahmen die Kanalbauer ihre Arbeit wieder auf. Neun Jahre später waren die 75 Kilometer bis zum Hafen Stuttgart fertig, der Ausbau bis Plochingen ließ bis 1968 auf sich warten. Dabei blieb es. Nicht der Neckar, sondern der Rhein-Main-Donau-Kanal wird nun den Wasserkreis von der Nordsee zum Schwarzen Meer schließen.

Seitenkanäle und durchstochene Flußschlingen haben den Schiffsweg von Plochingen bis Mannheim um zehn auf 201,5 Kilometer verkürzt. Den Höhenunterschied von 160 Meter zwischen Endhafen und Rheinmündung, am Beispiel des Ulmer Münsterturms anschaulich darzustellen, überbrückt eine Treppe von 27 Staustufen, gekoppelt mit Wehr, Doppelschleuse und Wasserkraftwerk. Die Fahrrinne wurde für den 80 Meter langen, neuneinhalb Meter breiten Typ des dieselgetriebenen Europa-Schiffes mit 1350 Tonnen Tragfähigkeit auf knapp drei Meter Tiefe ausgebaggert, ausgemeißelt, ausgesprengt. Bis zur Währungsreform hat der Neckarkanal 150 Millionen Mark, danach nocheinmal mehr als das Doppelte verschluckt. Der Güterverkehr flußaufwärts übertrifft den Talverkehr bei weitem. Kies, Sand, Bimsstein machen allein die Hälfte der gesamten Güterlast aus. Nach den Baustoffen hat das Neckarsalz die Kohle inzwischen statistisch überrundet. Es folgen Eisen, Stahl, Schrott, Treibstoffe, Heizöl, Getreide, Lebensmittel und Futtermittel. Ein Zehntel des gesamten Güterverkehrs in Baden-Württemberg trägt der Neckar.

Dem Neckar droht der Infarkt

»Laßt uns nach Schwaben entfliehen! Rein und klar ist das Wasser, die Luft ist heiter und lieblich, Fische gibt es genug«, schwärmt Goethe in seinem »Reineke Voß«.

Georg Wagner, dem zähesten Erforscher der Flußgeschichte Süddeutschlands, gehören zum Neckarsprengel etwa 300 Quadratkilometer mehr als die Karte zeigt.
Der Fluß schneidet neben den Triaspaketen von Buntsandstein, Muschelkalk und Keuper nur noch den Jura am Oberlauf und den Granit bei Heidelberg an. Dem einstigen Muschelkalkmeer verdankt das Neckarland seine einzigen nennenswerten Bodenschätze, gewaltige unterirdische Salzstöcke.
Bis zur Kochermündung wechselt der Fluß, bedingt durch Einbrüche der geologischen Schichten, mehrmals vom Keuper in den Muschelkalk und umgekehrt. Beim Eintritt in den weicheren Keuper räumt er um Tübingen, Cannstatt, Heilbronn, weite Becken aus. Wo sich der Neckar durch den dickköpfigen Muschelkalk nagt, fließt er in engen, steilen, schlingenreichen Tälern. Zwischen Rottweil und Epfendorf kann ihm die Eisenbahn nur im jähen Lichtwechsel der Tunnels folgen, zwischen Cannstatt und Besigheim sowie streckenweise bis Lauffen meidet der Schienenstrang die verkehrsfeindliche Gasse des Muschelkalktals ganz. Ab Neckarelz windet sich der Fluß durch den Odenwälder Buntsandstein. Kurz vor Heidelberg überwindet er eine Granitschwelle und wechselt dann in die Schotterebene des Oberrheins.
In seinem eigenwillig knapp skizzierten Lebensbild des Neckars hat Alfons Paquet die Folge der Flußlandschaften als Sätze einer Symphonie gedeutet: »Das Auge sucht in der Ebene den Fluß und findet das schmale Rinnsal wie auf einem Teppich. Dann, in den unendlichen Wellungen des Mittelgebirges ist er wie ein dünnes Kinderkettchen aus Silber. Erst wer den Weg des Flusses selber wandert, spürt die Stufen, die er sacht hinabfließt. Es sind fünf Landschaften, die einander folgen wie die fünf Sätze einer Symphonie von pastoralem, heiterem Charakter, mit einzelnen ergreifenden Augenblicken, mit wenigen schwachen, flachen Stellen. Zuerst, von der Quelle her, ist es der wilde, dramatisch verengte, plötzlich geöffnete Hochweg im Schwarzwald. Es folgt die freier bewegte, wie mit grünen Zelten besäte Landschaft der Alb. Dann das schwäbische Unterland, mild verträumt und locker, hügelig und offen. Später das schwellende, gedrungene allegro vivace im Odenwald, und schließlich der klare Abgesang, der ausruhende Neckar der Ebene, der doch in der Korrektur der Ingenieure nichts Müdes, Sentimentales hinschleppt, sondern seine Schiffchen durch die Wiesen trägt wie auf einer fröhlichen Chaussee.«

Das ist, man merkt es rasch, schon vor einigen Jahren, 1928, geschrieben. Heute inspiriert der von Kraftwerken ausgewrungene, als Abwasserrinne mißbrauchte Fluß kaum mehr zu einer wohllautenden Prosa-Pastorale. Wo Friedrich Hölderlin noch des Neckars »bläuliche Silberwelle« feiern konnte, sah Thaddäus Troll in seinem scharf geschliffenen Schwabenspiegel allenfalls »eine schaumige, aber schiffbare Dreckbrühe«. Wer erinnert sich noch daran, daß nach 1945 das Baden im Neckar bei Stuttgart allein »wegen Bombentrichtern im Flußbett untersagt war«? Wer wagt noch daran zu denken, daß man aus unseren Flüssen einmal trinken konnte?
Nur eine Handvoll Bilder und Berichte erinnern an das Wasserleben des Neckars vor den Flußkorrektionen des 19. und 20. Jahrhunderts. Sicher floß er damals breiter und seichter, von feuchten Auwäldern eingefaßt, von Sandbänken und Kieszungen durchlappt, durchgrünt von buschigen Weideninseln, gefleckt von weißübergischteten Felsblöcken und Felsschwellen.
Isolde Kurz, deren Familie 1858 nach Oberesslingen gezogen war, hat in ihren Erinnerungen die Kaulquappenjagden in den »Altlachen«, aber auch ihre heidnisch fromme Verehrung des Neckars geschildert: »Das schönste aber war, im offenen Neckar zu baden, an seinen Weidenufern die ausgeworfenen Muschelschalen zu sammeln, in denen man sich die Farben anrieb, oder seine niedere Furt mit hochgeschürzten Kleidern zu durchwaten, um dann jenseits im Sirnauer Wäldchen sich auszutollen... In dem sonnbestrahlten, silbern rieselnden Neckar verehrte ich ein beseeltes, höheres Wesen. Ich warf ihm ab und zu ein paar Blumen oder eine Handvoll glitzernder Perlen aus meiner Perlenschachtel hinein, und wenn ein Fisch aufhüpfte, schien mir das irgendwie ein gutes Zeichen...«
So mager die Wasserführung des Neckars für einen Fluß seiner Größenordnung auch ist, von gewalttätigen Hochwassern blieben die Menschen an seinen Ufern nicht verschont. Steinern beredte Zeugen sind da die historischen Hochwassermarken an Brücken, Mühlen und Ufermauern, an Rathäusern, Kirchen, Toren und Türpfosten, die mit Strich und oft auch genauem Datum die Scheitelhöhe der Flut markieren.
Die wohl älteste Marke aus dem Jahr 1524 finden wir in Neckarsteinach. Wasserstandszeichen vom 16. bis zum 19. Jahrhundert hat die Stadt Esslingen am Schelztorturm auf einer Tafel vereint, anschaulicher noch prä-

sentieren sich die Hochwassermarken im Innern der Friedhofskirche von Bad Wimpfen im Tal. Die meisten historischen Hochwassermarken stammen aus dem vorigen Jahrhundert. Sie beginnen mit dem Jahr 1817, wie etwa beim Staatlichen Neckarwasserwerk am Mühlenkanal in Stuttgart-Berg.

Während am oberen Neckar die Februarflut von 1778 als größte Wasserkatastrophe gilt, brachte talabwärts das Hochwasser von 1824 seit Menschengedenken das schlimmste Verderben. Am Abend des 28. Oktobers setzte starker Regen ein, der zwei Tage andauerte. Der Neckar schwoll an, riß bei Rottenburg das Mühlenwehr mit, durchwühlte die Nürtinger Wiesen, setzte halb Esslingen unter Wasser und staute sich in der Heilbronner Mulde zu einem riesigen See. In Besigheim, Kirchheim und Lauffen drang das Wasser stellenweise bis zum zweiten Stockwerk empor. Offenau verzeichnete die Rekordhöhe von neun Meter über dem Niedrigwasserstand. Der zum reißenden Dämon verwandelte Fluß forderte zahlreiche Menschenleben, ersäufte massenweise das Vieh, verwüstete Äcker, Wiesen, Obststücke. Allein in Württemberg schätzte man den Wasserschaden auf zweieinhalb Millionen Gulden. Für alle späteren wasserwirtschaftlichen Maßnahmen bis hin zur Höhe und lichten Weite der Brückenbauten hat die Neckarflut des Jahres 1824 den Maßstab gesetzt.

Einigermaßen glimpflich kam damals die Ebene zwischen Heidelberg und Mannheim weg, wo sich das Hochwasser rascher verlaufen konnte. Hier hatte der Eisgang vom Februar 1784 am schlimmsten gewütet. Schwere Eisgänge brachten die Winter 1879/80 und 1893 am mittleren Neckar. Im Cannstatter Talbecken blieben noch wochenlang meterhohe Eisschollen zurück. Die Flurschäden waren entsprechend. Die Königliche Ministerialabteilung für den Straßen- und Wasserbau begann damals mit einer eingehenden Bestandsaufnahme der Flußgebiete von Neckar und Donau. Ihre im Folioformat gedruckten Verwaltungsberichte sind heute noch eine Fundgrube für den Landeskundler.

Vom Floß zum Europaschiff

Der Flößer ist ein verschollener Beruf wie Köhler, König, Bettelmann. Aber ausgerechnet in einer spätmittelalterlichen Floßordnung meldete die Kurpfalz erstmals den Anspruch an, als Herrin der Neckarmündung auch das »dominium Niceris« zu besitzen. Das spiegelt die wirtschaftliche Bedeutung dieses Flußgewerbes wider. Daß schon die Römer Steine und Holz auf dem Neckar geflößt haben, gilt als sicher. 1342 einigten sich Baden und Wirtemberg über die Floßzölle auf Würm, Enz und Neckar. Im 15. und 16. Jahrhundert begann man auch den Neckar oberhalb der Enzmündung floßbar zu machen. Seine Wasserführung blieb aber zu gering und zu schwankend. 1828 wurde der Fluß ab der Glattmündung, 1854 ab Rottweil für die Schwarzwaldflößer ausgebaut.

Die nach Länge sortierten Stämme verkoppelte man mit Weidenruten oder Querhölzern zu maximal vier Meter breiten Gestören, die untereinander wieder gelenkartig verbunden waren. Nur Tannen bildeten den Floßboden; die schweren Eichen und Kiefern wurden ebenso wie Bretter, Balken, Stangen, Weinbergspfähle und Brennholz als Oblast mitgeführt. Als besondere Ruhmestat der schwäbischen Holzhändler und Hollandflößer sah Walter Euting an, daß sie bis in die Mitte des vorigen Jahrhunderts »den großen Seefahrern jener Zeit, Holland und England, auf Neckar und Rhein das Schwarzwaldholz zugeflößt haben, aus dem Mijnheer und John Bull den größten Teil ihrer meerdurchfurchenden Segler gezimmert haben, Eichen zum Schiffsrumpf und Forchen zu den ragenden Masten verwendend«.

Diesem Export, so muß man hinzufügen, entsprach aber auch der Raubbau an unseren Wäldern. Lang vor den »Frankreichhieben« der Nachkriegszeit hat die Flößerwirtschaft den Wandel vom Laubwald zu den rascher ertragreichen, aber biologisch verödeten Nadelholzplantagen beschleunigt.

Talwärts gleitende, bis zu 350 Meter mächtige Langholzflöße; wettergegerbte Gesellen, die St. Nikolaus als Schutzpatron ihrer waghalsigen Fahrten verehrten; der Ruf »Jokele sperr«, der jung und alt ans Ufer lockte, aber auch der grausige Flößermichel im schönsten deutschen Kunstmärchen, in Wilhelm Hauffs Erzählung »Das kalte Herz«, und Mark Twains groteske Floßfahrt auf dem Neckar – all das assoziieren wir mit den Stichworten Floß und Flößer.

Für den Alltag der Leute weitaus wichtiger war jedoch die Trift, die Wildflößerei mit lose dahintreibenden Scheitern. Vor der Einfuhr von Steinkohle und Heizöl hingen das waldarme Unterland und die großen Städte fast völlig von der Brennholzflößerei ab. Die Waldbäche wurden hierfür durch Querdämme mit ziehbaren Fallen zu Wasserstuben oder Klausen aufgestaut. Die angehäuften Scheiter jagte man dann durch Aufziehen der Falle mit einem Wasserschwall zu Tal. An Flußrechen fing sich die Fracht, sie wurde in Holzgärten gestapelt und getrocknet und von dort aus mit Schlitten oder Fuhrwerken abtransportiert. Solche Holzgärten befanden sich in Stuttgart-Berg, Neckarrems, Marbach, Waiblingen, Nagold, Vaihingen an der Enz und Bissingen. Allein in Bissingen stapelten sich jährlich 10 000 Klafter, das entspricht 34 000 Kubikmeter Scheiterholz. Der Hausbrand fraß damals unvorstellbare Mengen an Holz; Hauptabnehmer waren daneben die Ludwigsburger Porzellanfabrik und andere Manufakturen, hauptsächlich aber die Salinen an Neckar, Jagst und Kocher, ehe dort mit dem Bau der Gradierwerke das kostspielige Sieden der Sole in Pfannen erlosch.

Nicht nur die konkurrierende Eisenbahn pfiff der Flößerei dann das Abschiedssignal. Je mehr Mühlen, Fabriken, Elektrizitätswerke sich am Neckar ansiedelten, um so mehr eckten die sperrigen Flöße bei Behörden und Fabriken an. Schwellwasserstau und Floßrinnen kosteten Wasserkraft, und auf die war Württembergs Industrie damals dringend angewiesen. 1894 rechnete das Hydrographische Bureau aus, daß in den 70 auf Wasserkraft angewiesenen Fabriken zwischen Rottweil und Heilbronn »bei der Durchfahrt eines Floßes zusammen mindestens 5000 Menschen bei ihrer Arbeit beeinträchtigt« würden, vor allem Akkordarbeiter. Dabei war auf dem oberen Neckar die Zahl der Langholzflöße zwischen 1873 und 1894 schon von 303 auf zwölf zurückgegangen. Als die Industrie mit einer knappen halben Million Mark als Abfindung der Gerechtsame winkte, wurde ab 31. Dezember 1900 die Neckarflößerei oberhalb der Enzmündung eingestellt. Der Ausbau des Unterlaufs zur Großschiffahrtstraße in den Zwanziger- und Dreißigerjahren hat dann auch dort die Flößer heimatlos gemacht. Es schwimmen keine Wälder mehr den Neckar hinab zum Rhein.

Eisenbahn, Bundesstraße und Schiffahrtsweg bündeln sich heute am Fluß. Früher war das anders. Die wichtigsten Fernstraßen wichen auf trockene Höhenzüge aus, sie vermieden die breiten, versumpften Talpartien ebenso wie die schluchtigsteilen Mäander im Muschelkalk. Meist querte der Verkehr nur die Täler, staute sich hier an Furt oder Brücke und schuf im Verein mit der natürlich festen Hanglage die Voraussetzung für Burgen und Städte. Unwegsam war aber auch der Fluß, nicht nur das Tal. Die Geschichte der Neckarschiffahrt erscheint im Zeitraffer als ein nicht abreißender Kampf gegen die Widrigkeiten der Natur.

Funde zweier Votivsteine bei Marbach haben bewiesen, daß in römischer Zeit auch schon eine bescheidene Schiffahrt auf dem Neckar bestand; einer der Weihesteine stammt von einem Kaufmann, der samt seiner Familie einem Schiffsuntergang glücklich entronnen war. Im Jahr 830 bestätigte Kaiser Ludwig der Fromme den Handelsleuten in Ladenburg und Wimpfen, daß sie von Wasserzöllen befreit seien. Um 1100 wird in Heilbronn eine Schiffslände erwähnt. Während für das frühe Mittelalter Handelsschiffahrt auf dem unteren Neckar bezeugt ist, fehlen entsprechende Nachrichten für den Flußlauf oberhalb Heilbronns. Seit dem 14. Jahrhundert sperrte die von Kaiser Ludwig dem Baiern privilegierte Reichsstadt zudem »mit allerlei Mühlen und anderen Wassergebäuden« den Neckar und sicherte sich so den Umschlagstapel vom Schiff auf die Achse und umgekehrt. Nur Flöße ließen die Heilbronner passieren.

1553 bekam Herzog Christoph das kaiserliche Privileg, den wirtembergischen Neckarlauf schiffbar zu machen. Das hatte nur Sinn, wenn Heilbronn seine Wasserwerke räumte. Für eine Entschädigung von 100 000 Gulden erklärte sich die Stadt zunächst bereit. Aber die herzoglichen Pläne blieben Papier. Erst 1713 ging Wirtemberg wieder an das Projekt. Die Ufergemeinden mußten in Fronarbeit das Flußbett vertiefen und korrigieren. Das geschah ziemlich hastig. Immerhin pendelten nun wöchentlich Marktschiffe zwischen Cannstatt und Heilbronn. Weitergehende Güter mußten nach wie vor in der Reichsstadt umgeladen werden. Dann versandete die Schiffahrtsrinne. Als Kurfürst Karl Theodor Kurpfalz und Baiern unter seiner Regierung vereinte, wollte er die beiden Herrschaftsblöcke durch die Neckarachse enger aneinander binden. 1782 schloß er mit Wirtemberg einen Handelsvertrag, der wiederum zur Schiffbarmachung bis Cannstatt führte.

Zunehmend machte sich aber auch die Rivalität der fränkischen Mainroute sowie der badischen Rheinschiffahrt bemerkbar. Bald schon verödete der Neckar wieder.

Der 1821 eröffnete Wilhelmskanal in Heilbronn verband dann als Gelenkstück den mittleren und unteren Neckar.

Wasserbau, Uferschutz, Leinpfade waren nach Übereinkunft des Wiener Kongresses nun Sache der Anliegerstaaten. Die ehrwürdige kurpfälzische Neckarschiffergilde, die diese Aufgaben seit dem Mittelalter wahrgenommen hatte, löste sich 1836 auf.

Während auf dem Rhein längst schon die Dampfschiffahrt eingeführt worden war, vertrauten sich die Neckarschiffe flußabwärts noch immer der Strömung an; die Bergfahrt mit Segel und Treideln auf dem Leinpfad war eine ebenso kostspielige, wie schwerfällige und zeitraubende Angelegenheit. Ein mit drei Pferden bespanntes Schiff brauchte, wenn alles gut ging, von Heilbronn bis Cannstatt drei Tage. Die Versuche, erst der Heilbronner Kaufmannschaft, dann der Stuttgarter Regierung, mit besonders flachgehenden französischen Dampfbooten der mörderischen Konkurrenz der Eisenbahn zu begegnen, scheiterten. Mit dem Bau der Neckarbahn wurde 1869 die Dampfbootlinie auf dem Unterlauf, ein paar Jahre später zwischen Cannstatt und Heilbronn die Schiffahrt überhaupt eingestellt.

Das gleiche Schicksal hätte auch den unteren Neckar betroffen, wäre hier nicht der Pferdezug 1878 durch Kettenbootschlepper ersetzt worden. Zwischen Mannheim und Heilbronn wurde zunächst eine 115 Kilometer lange daumendicke eiserne Kette in der Fahrrinne versenkt. An ihr zogen sich die Schleppboote samt angehängten Lastkähnen durch ein mit Dampfkraft angetriebenes Kettenrad bergwärts. Für die Talfahrt mußte weiterhin die Strömung genügen. Sieben solcher »Neckaresel« waren schließlich unterwegs; wenn zwei einander begegneten, konnte sich das flußabwärts fahrende Boot aus der Kette ausfädeln und den Schleppzug vorbeilassen. Wegen des Zementwerks wurde die Kette 1890 von Heilbronn bis Lauffen verlängert. Mißlich blieb aber nach wie vor der schwankende geringe Wasserstand des Neckars, der oft zu halber Ladung und langem Pausieren zwang. Die scharfe Konkurrenz der Eisenbahn blieb bestehen. Die Industrie aber war dringend auf billige Massenfracht von Kohle und Rohstoffe angewiesen.

1897 wurde ein »Komitee für die Hebung der Neckarschiffahrt« gegründet, das sechs Jahre später als »Nekkar-Donau-Komitee« schon weitgesteckere Ziele avisierte: Mit dem Ausbau des Neckars bis Plochingen und einem nach Ulm weiterführenden Kanal sollte der uralte Traum einer Wasserstraße vom Rhein zur Donau verwirklicht werden. Den Sperriegel der Alb wollten die Planer mit einem gigantischen Schiffshebewerk oder einem Wassertunnel überwinden.

Nach dem Ersten Weltkrieg wurde zunächst die Kanalisierung des Neckars angepackt. Der 1921 gegründeten Neckar-Aktien-Gesellschaft gehörten das Reich sowie die drei Uferstaaten Baden, Hessen und Württemberg an. 1935 wurde der 113 Kilometer lange Abschnitt Mannheim–Heilbronn dem Verkehr übergeben. Auf der restlichen Strecke ragten nur ein paar Staustufen, als der Zweite Weltkrieg ausbrach. Danach starrten am Neckar geborstene Brücken in den Himmel, versenkte Schiffe blockierten das Flußbett. 1949 nahmen die Kanalbauer ihre Arbeit wieder auf. Neun Jahre später waren die 75 Kilometer bis zum Hafen Stuttgart fertig, der Ausbau bis Plochingen ließ bis 1968 auf sich warten. Dabei blieb es. Nicht der Neckar, sondern der Rhein-Main-Donau-Kanal wird nun den Wasserkreis von der Nordsee zum Schwarzen Meer schließen.

Seitenkanäle und durchstochene Flußschlingen haben den Schiffsweg von Plochingen bis Mannheim um zehn auf 201,5 Kilometer verkürzt. Den Höhenunterschied von 160 Meter zwischen Endhafen und Rheinmündung, am Beispiel des Ulmer Münsterturms anschaulich darzustellen, überbrückt eine Treppe von 27 Staustufen, gekoppelt mit Wehr, Doppelschleuse und Wasserkraftwerk. Die Fahrrinne wurde für den 80 Meter langen, neuneinhalb Meter breiten Typ des dieselgetriebenen Europa-Schiffes mit 1350 Tonnen Tragfähigkeit auf knapp drei Meter Tiefe ausgebaggert, ausgemeißelt, ausgesprengt. Bis zur Währungsreform hat der Neckarkanal 150 Millionen Mark, danach nocheinmal mehr als das Doppelte verschluckt. Der Güterverkehr flußaufwärts übertrifft den Talverkehr bei weitem. Kies, Sand, Bimsstein machen allein die Hälfte der gesamten Güterlast aus. Nach den Baustoffen hat das Neckarsalz die Kohle inzwischen statistisch überrundet. Es folgen Eisen, Stahl, Schrott, Treibstoffe, Heizöl, Getreide, Lebensmittel und Futtermittel. Ein Zehntel des gesamten Güterverkehrs in Baden-Württemberg trägt der Neckar.

Dem Neckar droht der Infarkt

»Laßt uns nach Schwaben entfliehen! Rein und klar ist das Wasser, die Luft ist heiter und lieblich, Fische gibt es genug«, schwärmt Goethe in seinem »Reineke Voß«.

Aber schon damals war es mit dem silbrigen Fischreichtum des Neckars nicht mehr weit her. Darüber dürfen auch die stattlich aufgemauerten Fischkästen der Stadtbrunnen überm Fluß nicht hinwegtäuschen.

Nicht der Ackerbau, sondern der Fischfang hat am Neckar die ersten Menschen seßhaft gemacht. Neben Klöstern und Herrschaften nutzten vor allem Marktgenossenschaften die Fischgründe des Flusses als Allmende. Empfindliche Verluste erlitt die Fischfauna des Neckars und seiner Nebenflüsse durch die Flößerei. Vor allem die in den Klausen aufgestauten Schwellwasser schwemmten den Laich weg und zerstörten ihn. 1472 erließ Pfalzgraf Friedrich eine Fischereiordnung mit Fangvorschriften, Schonzeiten, Mindestmaßen für Fisch und Krebs, die wenig später den Zusatz erhielt: »aller Fisch soll man schonen, so sie im Laich sind«. 1493 zog Graf Eberhard im Bart mit einem ähnlichen Gesetz nach. Viel scheint es nicht genutzt zu haben. In seinem »Antiquarius der Neckar-Main-Mosel- und Lahnströme« berichtet Johann Hermann Dielhelm 1781 vom Neckar: »Fische gibt es wenig, weswegen die Universität Tübingen, da sie noch unter dem Papsttum stand, dieses Fischmangels halben, der Fastenspeisen überhoben und davon freigesprochen wurde.«

Daß wir anscheinend dazu verurteilt sind, mit der Verseuchung unserer Flüsse zu leben, verrät das resignierte Fazit eines Gesprächs mit einem der führenden Gewässerkundler Baden-Württembergs, der mir sagte: »Solang es noch Fischsterben gibt, können wir eigentlich froh sein. Da wissen wir wenigstens, daß es im Neckar überhaupt noch Fische gibt.«

Nach dem Rhein-Ruhr-Gebiet hat sich die Neckar-Region zum zweitgrößten industriellen Kraftfeld der Bundesrepublik entwickelt. Ohne den kanalisierten Neckar wäre dies nicht möglich gewesen. Die Staustufen konzentrieren nicht nur das Gefälle des Flusses, ihre Kraftwerke liefern jährlich auch mehr als eine halbe Milliarde Kilowattstunden elektrischer Energie. Die acht Dampfkraftwerke sowie die Kernkraftwerke Neckarwestheim und Obrigheim sind auf die Kühlwasserkapazität des aufgestauten Flusses angewiesen. Der Neckar ist nicht nur Wasserstraße, sondern auch Energielieferant.

Schon die Fabriken des Mittelalters, die Eisenhämmer, die Papier-, Pulver-, Farben-, Tuch-, Schneide- und Walkmühlen nutzten mit dem natürlichen Gefälle die Wasserkraft der Flüsse und Bäche. Nicht die auf teuere Kohlenimporte angewiesene Dampfmaschine, sondern das Wasserrad und dann die Turbine haben der jungen Industrie Württembergs den Auftrieb gegeben. Keßler in Esslingen baute seine Lokomotiven und Dampfmaschinen kurioserweise mit Hilfe von Turbinenenergie; nur bei niedrigem Wasserstand des Neckars »wurde eine aufgebockte alte Lokomotive aus Manchester, die in jüngeren Jahren auf der badischen Staatseisenbahn gefahren war, angeheizt«. Die gesamte Textilindustrie des Landes, so fährt der Wirtschaftshistoriker Willi S. Boelcke fort, »war noch bis in die achtziger Jahre des vorigen Jahrhunderts vorrangig auf die Nutzung der Wasserenergie eingestellt ... Dampfkraft schuf gewöhnlich industrielle Ballungsräume, Wasserkraft ließ die für Südwestdeutschland typische dezentralisierte Industrielandschaft entstehen.« Diese mechanische Nutzung verschmutzte weder Luft noch Wasser und beließ dem Fluß seine natürliche Selbstreinigungskraft.

Heute haben die Staustufen den Neckar in eine Kette stagnierender, sauerstoffarmer Miniaturseen verwandelt. Allein zwischen Plochingen und Heilbronn liegen knapp zwei Millionen Kubikmeter Schlamm auf dem Flußgrund, die gefährliche Faulgase bilden. Kraftwerke mit Durchlaufkühlung heizen den Neckar konstant auf; nur die wenigsten dieser Kraftwerke sind mit Kühltürmen ausgestattet. Hinzu kommt die katastrophale Abwasserbelastung durch Ballungszentren und Industrie. Pro Jahr schleppt der Neckar, die Abwasserfracht seiner Nebenflüsse nicht eingerechnet, eine halbe Milliarde Kubikmeter Abwasser, geklärt und ungeklärt, zu Tal. Das sind mehr als 14 Kubikmeter je Sekunde. Nicht nur Haushalte und Fabriken sind daran schuld, sondern auch die leichtfertige Praxis vieler Landwirte, Kunstdünger im Übermaß auszubringen. Wir wissen heute, daß die Hälfte der mineralischen Stickstoffdüngung ausgewaschen und letztlich von den Gewässern geschluckt wird.

Zu der Belastung mit organischen Stoffen, deren Abbau am ohnehin geringen Sauerstoffgehalt des aufgeheizten Neckars zehrt, kommt noch die direkte toxische Wirkung giftiger Schwermetalle und Cyanide, also Salzen der Blausäure. In einer amtlichen Landesbeschreibung aus dem Jahr 1974 heißt es vom Neckar lakonisch: »Unter den sieben wichtigsten Flüssen der Bundesrepublik hat er die höchsten Durchschnittsgehalte an Chrom und Cadmium, was den Genuß seines Wassers und seiner Fische lebensgefährlich macht.«

Der Bau und Ausbau von Kläranlagen kann hier weiterhelfen. Neue Gefahr droht inzwischen jedoch vom sogenannten »Oberflächenwasser«, das bei Regenfällen über die Kanalisation ungeklärt in Bäche und Flüsse gespült wird. Dabei werden Straßenabrieb, also Reifenstaub, Teer, Mineralöl, im Winter auch Streusalz sowie von den Dächern der giftige Niederschlag der Ölfeuerung mitgeschwemmt. Wie bei den nicht abbaubaren Pestiziden der Landwirtschaft tickt hier für Grundwasser und Flüsse eine Zeitbombe. Regenwasserkanäle, gekoppelt mit Klärbecken, die wenigstens den fatalen Schmutzschwall der ersten 20 Minuten auffangen, brächten schon spürbare Entlastung.

Auf einer Gewässergütekarte hat die Landesanstalt für Umweltschutz die Abwasserbelastung und den Sauerstoffgehalt der Gewässer Baden-Württembergs farbig dargestellt. Mit den Benotungen »gering, mäßig, kritisch, stark und sehr stark belastet«, wechselt die Farbe vom reinen Blau über Grün, Gelb, Orange zum katastrophalen Rot. Von der Quelle bis zur Mündung zeigt der Neckar auf dieser Gütekarte bestenfalls kritisches Gelb; alarmierendes Orange und trostloses Rot überwiegen. Bei seinen Nebenflüssen, ausgenommen die Jagst, sieht es nicht viel besser aus. Das Röntgenbild wird hier zum Menetekel.

Als Schiffskanal, Energiespender, Kühlwasserlieferant und Auffangbecken der Abwassermassen ist der Neckar heillos überfordert. Der Fluß weist so ziemlich alle Symptome der Managerkrankheit auf. Er leidet an akuter Atemnot, an Stoffwechselstörungen, an schweren Kreislaufbeschwerden. Wie unserer Gesellschaft, so droht auch ihm der tödliche Infarkt. Wer dem Neckar helfen will, möglichst rasch und nachhaltig, muß notfalls auch gegen den Strom allgemeiner Trägheit und verhärteter Interessen schwimmen.

Am jungen Neckar

Ein klarer, schneidend kalter Märzmorgen blaute über der Baar, als ich zum Schwenninger Moos hinüberwanderte. Hinter dem Sportplatz wies das Schild mit dem Greifvogel zum Naturschutzgebiet. Wer sich hier einen Fleck uriger Wildnis, ein Teufelsmoor gar erwartet, wird rasch ernüchtert. Ein graugesplitteter Weg umrundet den kläglichen Rest der amphibischen Landschaft. Seitab tost der Verkehr auf der B 27. Das grellweiße gestaffelte Massiv der Hochhäuser ist stets gegenwärtig. Aus rötlich verwaschenem Altgras, aus grüngebuckelten Moospolstern wachsen Birken auf, krüppelig, mit Hexenbesen im Haargezweig. Vereinzelt stehn Kiefern eingesprengt. Ein paar Fichten düstern. Dazwischen Weiden, kätzchenhell. Ein Schof Wildenten rauscht plötzlich auf, dann quert ein Wassergraben den Weg, braunschwarz, schillernd, blasig trüb. Soll das etwa schon der Neckar sein? Ein paar Schritte weiter wächst aus braunem Algentümpel ein Pfahl mit der Inschrift: »Des Neckars Ursprung«.

Nein, mit einem Narrensprung beginnt der Neckar sein Dasein in Schwenningen nicht. Kein Quellgeraune, kein Felsenstrahl, keine feuchtkühl geheimnisvolle Brunnenstube bezeichnet seinen Anfang. Nicht einmal der Tafeltext stimmt. Denn der Tümpel erhielt erst in den dreißiger Jahren von den Torfstechern des Reichsarbeitsdienstes seinen jetzigen Umfang. Zuvor war irgendwann zwischen 1910 und 1920 beim weiter östlich gelegenen »Quellsee«, ebenfalls beim Torfstechen, ein Quellhorizont der Keupergrenze angeschnitten worden, der mit anderen Rinnsalen entlang eines Stichgrabens den sogenannten »Neckarursprung« speist. Dieser von Wasserpest grün durchwucherte Graben mit der aus dem Torffilz rinnenden Quelle müßte eigentlich als Ursprung des Flusses bezeichnet werden.

Irrungen und Wirrungen um die Kinderstube des Nekkars sind freilich ehrwürdigen Alters. Ums Jahr 1581 dekretierte Herzog Ludwig auf einem Brunnenstein unweit der späteren Saline Wilhelmshall: »Das ist deß Neckers Ursprung.« Christian Friedrich Sattler, der verdienstvolle Historiker des Herzogtums lokalisierte diese Quelle 1752 »eine kleine halbe Viertelstunde von diesem Dorf«, nämlich Schwenningen, »auf freiem Feld«. Damit ist wohl jener Brunnen am südlichen Stadtrand identisch, der bis zu Beginn unseres Jahrhunderts das Schild »Nekkarquelle« trug. Obwohl die Schwenninger dieses Brünnle im Winter regelmäßig abstellten, kam der Nekkar dennoch pünktlich in Mannheim an.

An der Südspitze des Mooses, bei einer Fichtenversammlung, blinkt der Neue Moosweiher. Drei aufgelassene Torfstiche der Nachkriegsjahre hat man hier miteinander verbunden, um das Verlanden des Wasserflecks hinauszuzögern. Der Talbach, der dem Weiher entspringt, plätschert schon in die Brigach. Nur eine flache, unmerkliche Bodenwelle trennt den Neckarursprung vom Stromsystem der Donau. Die europäische Wasserscheide deckt sich hier im Moos haarscharf mit der alten Landesgrenze zwischen Baden und Württemberg.

Ältere Photos zeigen das Schwenninger Moos noch als horizontweite, baumleere, von Wollgras schneeig überflockte wassergesprenkelte Einöde. Mit dem forcierten Abbau des Torfes sank der Wasserspiegel. Weiden, Birken, dann Kiefern und das Heidekraut drangen vor. 1749 hatte das Torfstechen begonnen. Die Schwenninger Bauern heizten mit den getrockneten Fladen ihre Kachelöfen und streuten den Torf im Stall. Auch die nahegelegene Saline Wilhelmshall fraß Unmengen des billigen, aber minderwertigen Heizmaterials.

Immer mehr schmolz das Moos zusammen. Um die Jahrhundertwende und während des Ersten Weltkrieges versuchte man den Boden durch Grassaat und Düngung für den Gemüsebau zu kultivieren. Das brachte nicht viel. Schließlich sollten die Tümpel mit dem städtischen Hauskehricht aufgefüllt werden.

Dabei hatte Georg Schlenker, ein Sohn Schwenningens, längst auf das Moos als Naturdenkmal der späten Eiszeit hingewiesen. Schlenker, das zehnte Kind eines armen Uhrmachers, war mit dem Moos, seinen Wasseraugen und Pflanzen, seinen Vögeln, Ringelnattern, Schnecken und Faltern aufgewachsen. Mit 55 Jahren konnte der Volksschullehrer seinen Lebenstraum verwirklichen und Naturwissenschaften studieren. 1908 erschien seine grundlegende Arbeit »Das Schwenninger Zwischenmoos«. Aber erst sieben Jahre nach Schlenkers Tod, 1939, wurde die zusammengeschrumpfte Moorlandschaft unter Naturschutz gestellt. Flora und Fauna hatten durch eingekippten Müll, durch oft wochenlang schwelende Zigarettenbrände schon schwer gelitten.

Nach dem letzten Krieg war das Schwenninger Moos nocheinmal in seiner Existenz bedroht. Um den Raubbau am Wald in der französischen Besatzungszone wenigstens ein bißchen einzudämmen, forderte das Forstamt Rottweil die Wiederaufnahme des Torfstechens im Naturschutzgebiet. Die Stadt wehrte sich: Der Torf heize miserabel, geeignete Öfen seien kaum mehr zur Hand. Schließlich drohte die Forstverwaltung mit dem Entzug von Brennholz. So begann im Sommer 1947 wieder das sinnlose Torfstechen; erst mit der Währungsreform endete der Spuk.

Kleinodien der Flora wie der Echte Sumpfstendel, das armlang strotzende Fleischrote Knabenkraut, die Heidenelke und Trollblume werden heute ebenso streng gehütet wie der letzte Wuchsort der Arnika. Pflanzenfreunde haben die Weiße Seerose wieder eingebürgert. Als Brutvögel wurden Stockente, Rohrammer, Teichhuhn, Kiebitz, Rebhuhn, Wachtel, Wachtelkönig, die Waldohreule sowie zahlreiche Spechtarten beobachtet; als Gastvögel und Durchzügler tauchen Kornweihe und Graureiher, Fischadler, Bekassine und der harlekingefiederte Wiedehopf auf.

Der triste Wassergraben, den ich gleich hinterm Eingang zum Moos überbrückt hatte, war also tatsächlich der Neckar gewesen. Er schnürt am halb schon verlandeten Alten Moosweiher vorbei und wird dann als Abwasserkanal unter die Erde gezwungen. Bis unterhalb der Schlichem-Mündung ist der Neckar schon hoffnungslos mit Abwassern überlastet, und bis zum Eintritt in den Schopfelenwald gönnt sein Sauerstoffgehalt nicht einmal dem ordinärsten Weißfisch eine Überlebenschance. Die Leiden des jungen Neckar beginnen schon in Schwenningen. Viel Aufhebens macht man hier auch nicht um den Fluß. Ein Hotel und die Heimatzeitung firmieren unter »Neckarquelle«.

Das arme Grenznest auf der rauhen Baar, dessen Bauern im Moos Wollgras für Textilfasern und im Wald Sauerklee für die Produktion von Kleesalz sammelten, die in ihren feuchten Ställen Salpeter von den Wänden schabten und mit Krautköpfen beladen im Schwarzwald hausierten, dieses Schwenningen hat sich Ende des 19. Jahrhunderts zur Uhrmacherwerkstatt Deutschlands hochgearbeitet. 1907 erhielt das größte Dorf des Königreichs Württemberg Stadtrecht verliehen. Die enggebauten, bescheiden hingeduckten Taglöhnerhäuschen im Ortsteil »am Neckar« und das Heimatmuseum geben Zeugnis von der bäuerlichen Vergangenheit. Mitte des 18. Jahrhunderts hatte sich, angeregt von den Uhrmachern des südlichen Schwarzwalds, eine bescheidene Hausindustrie entwickelt. Die lange Winterruhe auf der Kälteinsel der Baar war dem Nebenverdienst nur förderlich.

Die Wende zur genossenschaftlichen Arbeitsteilung wie zur mechanischen Mengenproduktion verdankt Schwenningen dem Ratschreiber und Redakteur Johannes Bürk. Der entschiedene Achtundvierziger war nach seiner Rückkehr aus dem Schweizer Exil 1852 zum Schultheißen gewählt worden, aber das Oberamt hatte die Bestätigung versagt. 1855 glückte Bürk die Erfindung der tragbaren Wächterkontrolluhr, er erreichte den Anschluß Schwenningens an die Eisenbahn und hat mit den ersten Gewerbeausstellungen den Grund zur heutigen Südwestmesse gelegt.

Neben den wandernden Uhrenhändlern waren früher auch die Schwenninger Fuhrleute weit und breit bekannt. Das Dorf lag an der Straße, die Schwaben und die Schweiz miteinander verband. Auftrieb erhielt das Fuhrgewerbe durch die Saline Wilhelmshall. Als 1822 im badischen Dürrheim Salz erbohrt wurde, zog die Stuttgarter Regierung sofort nach, und da sie mit ihrer Schwenninger Saline rascher unter Dach und Fach kam, schnappte sie Baden sogar noch den einträglichen Salzhandel mit den Eidgenossen vor der Nase weg. Der Nachbar rächte sich mit überzogenen Brennholzpreisen und blockierte zeitweise die alte Römerstraße, die links des Neckars nach Rottweil führte und ein paar Meter über großherzoglich badisches Territorium lief. Als die Schweiz in Rheinfelden eine eigene Saline errichtete, hatte Wilhelmshall keine Wettbewerbschance mehr. 1866 wurde das Salzwerk geschlossen. Nur das Salinenmodell im Heimatmuseum erinnert noch an den Salzkrieg am Neckar.

Am 1. 1. 1972 haben sich die alten Grenzrivalen Villingen und Schwenningen zu einer Großen Kreisstadt mit mehr als 80 000 Einwohnern zusammengetan. Das umgekehrte Hochmutsgefälle der Villinger Steige, bis heute nicht nur eine meteorologische Wetterscheide, soll durch den Ausbau der »Grünen Wiese« zwischen den beiden Stadtzentren überwunden werden. Das 600 Hektar große Areal bietet sich als ideale Freizeitlandschaft an. Als bescheidener Mühlenlauf verläßt der Neckar Schwenningen. Er regeneriert sich ein bißchen im feucht glucksenden Schopfelenwald und nimmt beim Staatsbahnhof Trossingen die Steppach auf. Flecken gelbgestorbenen Schilfs verraten, daß sich der junge Fluß hier in der Keuperwanne staut, ehe er seine Haken seitab in den Hauptmuschelkalk schlägt. Ein Wanderweg erschließt die waldgrüne Kalkschlucht des »Täle«. Im Keckbrunnen sprudeln dem Neckar drei starke Karstquellen zu. Unterhalb von Deißlingen schleicht der Fluß wieder in einer Keupermulde dahin. Hier hat er Bänke aus Kalktuff abgelagert. Vor der Mündung der Eschach rauschte er sogar als fünf Meter hoher Wasserfall über eine bemooste Tuffbank nieder, ehe man den Kalk als Baustein für die Rottweiler Hochbrücke brach. Das Dorf Lauffen hat seinen Namen von diesem alten Wasserfall.

Die Eschach, 1351 als »Escha«, als Gewässer bei den Eschen erwähnt, entspringt im Weihermoos bei Rötenberg im Oberen Buntsandstein. Ihr Einzugsgebiet ist dreimal so groß wie das des jungen Neckars, und ihre Wassermitgift macht ihn erst eigentlich zum Fluß. Hinter dem ehemaligen Zisterzienserinnenkloster Rottenmünster und der vor kurzem stillgelegten Rottweiler Saline Wilhelmshall, fällt ihm dann auch noch die Prim zu.

Mühlengasse und Mäander

Wie das fränkische Rothenburg ob der Tauber, so herrscht die schwäbische Reichsstadt Rottweil auch wahrhaft ob dem Neckar, flußfern wie es scheint. Aber der Neckar, der zuvor bei Bühlingen seinen Wassermeißel wieder am harten Muschelkalk ansetzen mußte, hat mit dem Landschaftsbild entscheidend auch die Stadthistorie geformt. In der Rottweiler Talweitung treffen sich Neckar, Eschach, Prim und ein paar Bäche dazu. »Dieser Flußspinne«, so formulierte der Geologe Joseph Stemmer, »entspricht eine Talspinne und seit alters eine Wegspinne.« Kinzig, Neckar und Prim boten sich den Römern als natürliche Straßenfurche vom Oberrhein über den Schwarzwald zur Donau hin an. Auf der Flur Hochmauren rechts des Neckars gründeten sie die Stadt Arae Flaviae, also »Altäre der Flavier« genannt. Links des Neckars, auf dem Nikolausfeld, grub man die Thermen des Etappenstädtchens aus. Wahrscheinlich sollte das römische Rottweil als Kultzentrum der flavischen Dynastie ausgebaut werden. Aber nach der Ächtung des letzten Flaviers, des Kaisers Domitian, und nach der Aufgabe des nordschweizerischen Legionslagers Vindonissa verlor der Ort seine Schlüsselposition. Das Stadtmuseum vereint die Fundstücke dieser Ära, darunter auch das 1834 entdeckte prachtvolle Orpheusmosaik.

Nach dem Barbarensturm verfiel Arae Flaviae. Dem alamannischen Fürstensitz und merowingischen Königshof im Bereich der heutigen Mittelstadt folgte im 12. Jahrhundert die Stadtgründung auf dem Muschelkalksporn überm Neckar; ob Staufer oder Zähringer dabei Pate standen, bleibt ungewiß. Ein Straßenkreuz schnitt das Stadtquadrat in vier »Orte«, die breiten traufseitigen Hausblöcke gehen mit ihrem Grundriß noch auf die Hofstätten der Gründerzeit zurück.

»Des ist doch en alte Sach:/eest viel Wässerlen gent en Bach./So isch grad beim Necker ao –/ond en Rottweil macht r schao'/a' dr eeste' Mühlebruck/als Athlet sei' Gsellestuck.« So Sebastian Blau, alias Josef Eberle, in seinem programmatischen Mundartgedicht »Dr Nekker«. Weniger die Straßenlage, als Handel und Gewerbe machten die mittelalterliche Stadt so reich, daß sie die Reichsfreiheit erringen und ein Territorium von 28 Dörfern an sich raffen konnte. Der Neckar machte es möglich. An ihm lag die berühmte Rottweiler Mühlengasse.

Im Spätmittelalter hämmerten hier allein 100 Sichelschmiede; hinzu kamen Nagelschmiede, Gerber, Tuchmacher, seit dem 16. Jahrhundert auch eine Pulvermühle. Unter Max Duttenhofer, der 1884 das erste rauchlose Schießpulver mixte, wuchs der Mühlenbetrieb zur führenden Pulverfabrik des Reiches heran. Sie besaß jahrzehntelang das Arbeitsmonopol und blockierte andere Industrieansiedlungen. Nach 1945 konnte sie ihre Erzeugung auf Kunststoffe und Kunstfasern umstellen.
Daneben behaupteten sich die Getreidemühlen in der Au. Hier wurde der goldene Überfluß vermahlen, welchen die fruchtbare Lettenkohle der Schwarzwaldvorebene und der fette Liasboden des Albvorlandes hervorbrachte. Und so verdankt Rottweil mittelbar dem Neckar seine frühere Bedeutung als Getreidehandelsplatz. Vom Rottweiler Fruchtmarkt zogen im 17. und 18. Jahrhundert kornbeladene Planenwagen bis nach Straßburg, Freiburg und in die Schweiz. Noch 1844 hatte die Rottweiler Schranne einen Umsatz von 65 000 Zentnern Getreide. Heute noch gehören neben den bunt inkrustierten Erkern die vielen Aufzüge unterm Zwerchgiebel der Kornspeicher zum charakteristischen Bild der Altstadt. Das Heiligkreuzmünster mit dem kostbar zerbrechlichen Schatz seiner Zunftlaternen, die Kapellenkirche mit dem gotischen Skulpturenmantel ihres 70 Meter hohen Westturms, das Rathaus mit dem Prunk seiner Wappenscheiben, Hochturm und Schwarzer Torturm repräsentieren Wirtschaftskraft, Selbstbewußtsein und Opfersinn der Reichsstadt. Der Schweizer Landsknecht auf dem Marktbrunnen steht für den Ewigen Bund mit der Eidgenossenschaft gerade, der bis heute offiziell nicht aufgehoben ist. Rottweiler Bürger fochten gegen Burgund und mit den katholischen Kantonen gegen Zwingli. Mit der Treue zum Reich hat das die Stadt allemal verantwortet, auch wenn sie dem Kaiserstandbild im Ratssaal nach jeder Krönung jeweils nur einen neuen Kopf aufmalen ließ.
Als sich ein Teil der Zünfte der Reformation zuwandte, drohte Kaiser Karl V. mit dem Entzug des Hofgerichts. 400 Protestanten wurden zum Exodus gezwungen. Das Hofgericht, zuständig für Schwaben und halb Franken, tagte unter freiem Himmel, zuletzt in der Hochbrücker Vorstadt an der Königsstraße, wo heute noch eine Kopie des steinernen Gerichtsstuhls von 1781 steht.
Wie so vielen anderen Reichsstädten brach der Dreißigjährige Krieg auch Rottweil das Rückgrat. Von 4000 steuerpflichtigen Bürgern überlebten nur 625 die Kette der Drangsale, Seuchen, Belagerungen. Das Deckengemälde in der ehemaligen Dominikanerkirche schildert den Sturm der Franzosen anno 1643 und die Verwundung des Marschalls Guébriant. Die Franzosen bestatteten dessen Eingeweide im Chor der Kirche und nahmen den Leichnam ihres Feldherrn mit in die Heimat. Daran erinnert der grobianische Spruch: »Der Marschall Guébriant/hot in Rotwil d' Chuttle g'la«.
Handel und Gewerbe waren ruiniert. Rottweil zog sich auf seine kornschwere Landschaft zurück. Der Barock hat hier nur noch barockisiert, kaum mehr gebaut. Württemberg annektierte eine konservative Agrarstadt. In die ehemalige »Jesuiter-Residenz« zog ein bischöfliches Konvikt für den Priesternachwuchs ein, das, inzwischen berufsoffenes kirchliches Internat, sein 150jähriges Bestehen feiern konnte. Für den bewahrenden Geist des Gemeinwesens spricht auch die »Versammlung der Heiligen«, jene Sammlung mittelalterlicher Plastiken in der Lorenzkapelle, die der Pfarrer Georg Martin Dursch zu Beginn des vorigen Jahrhunderts zusammengetragen hat. Was hinter der Fassade behäbiger Bürgerlichkeit schlummert, wird einem an den beiden Tagen vor Aschermittwoch klar, wenn mit dem Achtuhrschlag früh aus dem Schwarzen Tor der Schwarm der Rottweiler Narren hervorbricht. Holzgeschnitzte Masken und Narrenkleidle, Schellen und Peitschenknallen und der dunkle Ruf »Hu, Hu, Hu«, aber auch das »Aufsagen«, das ungenierte Schnabelwetzen der Narren, all das hat die Fasnet-Verbote der Obrigkeiten überlebt. Wenn heute an der Spitze des Narrensprungs ein Reiter die Standarte der Reichsstadt stemmt, so bekennt sich Rottweil zu seiner Geschichte und Landschaft, zu seiner Herkunft.
Als ich von Rottweil zur Neckarburg wanderte, stieß ich hinter der verfallenden alten Pulverfabrik auf die graue Werkstadt der Kunststoffindustrie. Der markierte Wanderweg überschritt unterhalb der Spitalmühle den Fluß, winkelte dann auf der Markthöhe links ab in die steile Talschlucht zurück und tastete sich unter überhängenden Kalkwänden den Prallhang entlang. Dann weitete sich das Tal ein wenig. Aus seinem Tunnelmaul sprang ein glitzernder Schienenstrang, der auf hochgemauertem Damm den Neckar begleitete. Klar, kalt und grün strömte hier der Fluß, bis die Wasser auf einmal zu stocken schienen. Ein Wehr staute den Neckar und leitete ihn durch einen Stollen einem Elektrizitätswerk zu. Vor mir sprossen die Mauertorsi der Neckarburg pfeilergleich aus

dem Bergwald. 793 schon taucht die Veste als »Nehhepurc« aus dem Dämmer der Alamannenzeit auf. Der Neckar hat hier eine seiner Doppelschleifen verlassen und das wacholderüberzüngelte »Bergle« als Umlaufhügel in dem Trockental zurückgelassen.

Zwischen Rottweil und Oberndorf mäandert der Fluß, gelassen und quick zugleich, durch die lichtgrauen Pakete des Hauptmuschelkalks. Auf der Sonnseite duften Thymianpolster, düstern im grusigen Hangschutt die schlanken Kerzen und gebuckelten Koboldfiguren des Wacholders. Immer wieder schieben sich dem Neckar mächtige Bergschultern in die Quere. Steinbrüche klaffen da, ein Schotterwerk pudert Baum, Strauch und Weg mehlweiß. Nicht nur bei der Neckarburg, auch unterhalb von Schloß Hohenstein, an der Ruine der Schenkenburg und am Käpfle bei Altoberndorf hat der Fluß klassische Modelle von Umlaufbergen herausgefräst. Sie bilden die eigentliche Signatur der Tallandschaft.

Bei Hohenstein, wo die Autobahn von Stuttgart zum Bodensee den Neckar überspringt, wechselt der Fluß in den Mittleren Muschelkalk mit seinen weicheren Mergeln und Tonen, Steinsalzlagern und Gipslinsen über. Hier schürft er nun in die Breite und unterwühlt die Talwände. Hinter Rottweil gönnte seine Schlucht kaum einem Gehöft Platz. Mit Talhausen, man spürt dem Namen die Erleichterung an, beginnt wieder eine Siedlungsgasse. Schroffe Felszinnen, Kanzeln, Kalktürme und Kalknadeln verraten aber auch die Energie, mit der das Wasser an den Grundfesten der Talwände nagt, bis sie rissig werden, sich spalten und absacken. Ein anschauliches Beispiel dafür, wie gründlich der Neckar das Salzgebirge ausgelaugt hat, bieten die Felsengärten bei Aistaig, Sulz, Horb, Wettenburg, Bieringen, Obernau und Niedernau.

» Waffenkammer des Reiches«

Ein wenig westlich von Talhausen liegt das einstige Bergstädtchen Herrenzimmern, heute ein Dorf, und dazwischen ragen die Trümmer zweier Burgen, Stammsitze der Grafen von Zimmern. »Die Chronik Derer von Zimmern«, um 1565 hauptsächlich von Graf Froben Christoph verfaßt, liest sich als eine deftige, farbige, schwänkesaftige Familiengeschichte, Kulturhistorie und chronique scandaleuse der spätmittelalterlichen Landschaft zwischen Neckar und Bodensee. Die Einsicht des Chronisten, »also gehet ein Geschlecht uf, das ander ab«, hat sich an den Grafen bestätigt. Aus den Steinen der unteren Burg hat die Gemeinde ihr Armenhaus gebaut.

Bei Epfendorf überquerte eine Römerstraße den Nekkar, mündet die Schlichem. An seinem Unterlauf hat das Forellengewässer den Talsporn durchschnitten, zum Umlaufberg isoliert und mit dem Gefällegewinn die wasserdurchstäubte Schlichemklamm geschaffen. Auch hier trägt der Umlaufberg eine Burgruine. Einer der Burgherren, Konrad von Irslingen, wurde 1187 von Barbarossa zum Herzog von Spoleto ernannt. Konrad regierte später als Reichsverweser Sizilien, seine Frau hat den frischgeborenen Barbarossa-Enkel Friedrich gestillt und aufgezogen. Talabwärts fällt der Schenkenbach dem Neckar zu. Die Schenkenburg auf steilem Bergkegel war Sommersitz der von Scheffel phantasievoll porträtierten Herzogin Hadwig. Vom Kreuzberg bei Altoberndorf schaut eine hübsche Wendelinskapelle ins Tal. Als schauprächtigstes Kuriosum der Karstlandschaft am oberen Neckar gilt die Oberndorfer Wasserfallhöhle.

Der gegen den Fluß jäh abfallende Tuffsteinklotz, an den Flanken von Sulzbach und Wasserfallbach schluchtig begrenzt, verlockte die Herzöge von Teck um 1250 zur Gründung der Stadt Oberndorf. Eine Serie von Feuersbrünsten hat vom mittelalterlichen Stadtkern nicht viel übriggelassen; der Turm der romanischen Stadtkirche war ursprünglich dem Mauerring einbezogen. Vor dem klassizistischen Rathaus plätschert als vergnüglicher Blickfang der Stadtbrunnen. Größter Platz ist aber der Schuhmarkt. Nicht von ungefähr. Als Handwerkerstadt und Marktflecken hat dieses Oberndorf seine ländliche Umgebung versorgt.

Gleichzeitig mit der Stadterhebung entstand drunten in der Neckaraue ein Augustinerinnenkloster, ein Versorgungssitz für die ledigggebliebenen Töchter der schwäbischen Burgherren ringsum, nach dem Urteil der Zimmer'schen Chronik freilich mehr »des Adels Hurhaus als des Adels Spital«. Den vornehmen Nönnchen folgten im späten 16. Jahrhundert Augustinereremiten. Sie bauten eine neue Klosterkirche, für die der Rokokomaler Johann Baptist Enderle seine eleganten Fresken schuf. Als das vorderösterreichische Oberndorf 1806 an Württemberg fiel, wurde das Kloster erst zur Kaserne profaniert, dann als staatliche Gewehrfabrik eingerichtet. Bekannter und beliebter als deren Erzeugnisse waren die Blätter des 1835 gegründeten »Schwarzwälder Boten«, nach dem »Schwäbischen Merkur« bald das auflagenstärkste Blatt im Land.

Für die Waffenfabrik hatte man den Neckar hochwassersicher verlegt und sich seiner Triebkraft versichert. Holz lieferte der nahe Schwarzwald, Eisen der in Fluorn errichtete Hochofen, der mit heimischem Bohnerz beschickt wurde. 1874 verkaufte Württemberg seine Gewehrfabrik an die Brüder Paul und Wilhelm Mauser, die hier beide als Büchsenmacher gelernt und früh erkannt hatten: »Der Hinterlader muß uns Brot bringen.« Ihr neukonstruiertes Mausergewehr brachte es zur Standardwaffe des Heeres. Zusammen mit der Pulverfabrik in Rottweil galt die Talkammer des oberen Neckars damals als »des deutschen Reiches Waffenkammer«. Der Erste Weltkrieg bescherte prompt ein halbes Dutzend Fliegerangriffe. Im Juli 1918 kam es sogar zu Luftkämpfen über der Stadt. Nach dem Krieg stiegen die Mauser-Werke auf Nähmaschinen, Meßwerkzeuge, Rechenmaschinen und Kleinautos um. Mit der Wiederaufrüstung wurde die Waffenproduktion wieder angekurbelt. 12 000 Rüstungsarbeiter waren in Oberndorf zusammengepfercht. Die französische Besatzungsmacht demontierte gründlich, noch im Dezember 1948 sprengte sie den großen Schornstein der Mauser-Werke. Neue Betriebe, nicht nur der Metallbranche, haben sich inzwischen angesiedelt. Die Stadt hat das Kloster am Neckar als Rathaus schmuck hergerichtet.

In Sulz scheidet der Neckar die ehemals ummauerte Altstadt von der linksufrigen Vorstadt. Anfang der fünfziger Jahre haben die Sulzer den Wasserlauf korrigiert und damit Industriegelände und ein Baugebiet gewonnen. Zuvor hatte vom Mühlkanal bis zur unteren Brücke die Stadtmauer als Hochwasserschutz herhalten müssen. Zusammen mit der spätgotischen Pfarrkirche erinnert sie an das mittelalterliche Sulz, das 1794 in einem verheerenden Brand untergegangen war. In zweckhafter Regelmäßigkeit ist die Stadt wieder erstanden.

Namen wie Gründung verdankt Sulz dem Salz. Ein römisches Kastell an der Guldenhalde deckte hier einen Flußübergang. Wahrscheinlich haben Römer und Alamannen schon die Salzquelle genutzt, die im Mittelalter mitten auf dem Marktplatz floß. Mitte des 13. Jahrhunderts schenkten die Grafen von Sulz das »Gesöd« dem Kloster Frauenalb. 1473 sicherte sich Wirtemberg die Saline. 14 Sudhäuser standen damals auf dem Marktplatz. Später zog die Saline auf das Untere Wöhrd um, wo sich heute die Pappeln der Neckarpromenade im zitternden Wasser spiegeln. Zwischen den beiden Neckarbrücken floß ein Salinenkanal. Nach einem Hochwasser wurde 1742 die schöne Steinbrücke errichtet und über sie die Sole aus dem Marktplatzschacht zu den Gradierhäusern geleitet. Dielhelm notierte: »Es geschiehet dieses vermittelst eines gewissen Mühlrads, welches ohne Unterlaß von dem Neckarfluß getrieben wird.« Als Mitte des vorigen Jahrhunderts die Marktquelle zu versiegen drohte, erschloß man bei Bergfelden, eine knappe Wegstunde südöstlich von Sulz, ein Steinsalzlager im Mittleren Muschelkalk. Ein vom Mühlbach getriebenes Rad schaffte nun die hochprozentige Sole in Teicheln zum Wöhrd. Zwischen den beiden Ortschaften steht heute noch der »Salzstock«, das alte Entlüftungsventil der Soleleitung im Feld. 1924 wurde der Salinenbetrieb eingestellt. Dafür silbern noch immer die Siederhaken im Stadtwappen.

Ein wichtiges Nebenprodukt der Salzgewinnung war die Hallerde, ein von Salz und Gips durchsetzter Ton, der, mit Mutterlauge genetzt, einen vielgefragten Dünger gab. Diese Hallerde wurde sogar bergmännisch zusammen mit Gips gewonnen. Die aufgelassenen Stollen hat man während des Krieges für den Luftschutz ausgebaut. Eine besondere Attraktion der Sulzer Gruben stellte ein lichtblauer, durchsichtiger Gips dar, der als »blauer Marmor« auch im Neuen Schloß in Stuttgart verwendet worden ist.

Talaufwärts schaut Burg Albeck als schwarzäugige Ruine herab. Sie ist natürlich kein versprengter Vorposten der Schwäbischen Alb, sondern geht als »Alwicksburg« auf den im Geroldsecker Grafenhaus beliebten Vornamen Alwig zurück. Die 1688 von den Franzosen zerstörte Burg läßt auf eine Anlage »von arabischer Regelmäßigkeit« schließen. Im luftigen Saal des Herrenhauses fand ich einen im Mauerwerk ausgesparten Tresor für Kleinodien und Urkunden, wie er auch aus dem staufischen Castel del Monte bekannt ist. Ein Waldlehrpfad erschließt das Naturschutzgebiet mit seiner Wacholderheide.

1 Postkutsche und Neckarfloß begegnen sich auf dieser reizenden Ansicht des Salinenstädtchens Sulz, einer Lithographie um 1835. Ganze Wälder schwammen den Neckar und Rhein hinab bis Holland. Das benachbarte Aistaig hat dem Flößer ein zünftiges Denkmal gesetzt.

Wasserheilige wachen am Fluß

Wälder und Auwiesen färben das Tal grün. Bei Fischingen mündet der Mühlbach. Hier rieselt der Neckar über ein breites Streichwehr. Das Dorf, 772 als »Fiscina« erwähnt, geht wahrscheinlich auf einen herrschaftlichen Fischteich, lateinisch »piscina« zurück. Die Burgruine Wehrstein überm Ort blickt schon hinüber zur Glatt. Dieser Flößerfluß kommt aus dem Buntsandstein und könnte den purpurnen Fingerhut im Wappen führen. Ab Aach war die Glatt floßbar gemacht. Das Gros der Floßmannschaften rekrutierte sich aus dem hoch überm Neckar gelegenen Dörfchen Betra. Ein originelles Brunnendenkmal hat Aistaig dem Neckarflößer gesetzt.

In Wellenrüschchen schäumt der Fluß um den stämmigen St. Christophorus, der bunt gemalt am Chor der Horber Stiftskirche prangt. Der Maler hat sich vielleicht von dem seinerzeit noch unkorrigierten Neckar inspirieren lassen, der rasch, flach, klargrün, ein halber Gebirgsbach noch, am Städtchen vorbeirauschte. Auf dem Kirchenhügel hatten die Horber wenig zu fürchten, aber drunten in der Au haben sie oft genug den Heiligen in Wassernot angerufen, etwa am 15. Mai 1578, als nach einem Wolkenbruch der Neckar anschwoll und Vieh und Menschen, Haus und Garten mit sich riß. Die frommen Horber witterten hinter der Naturkatastrophe Zauberei und Teufelswerk, und so beschließt die Oberamtsbeschreibung ihren Hochwasserbericht: »Die Obrigkeit sowohl als der Pöbel schrieben dies den Hexen zu. Den 7. Juni wurden dann wirklich neun alte, der Hexerei beschuldigte Weiber auf Scheiterhaufen verbrannt.«

Horb hat sich im Reitersitz auf den abschüssigen Bergrücken zwischen Neckar und Schwarzwaldvorland geschwungen. Ein Bachgrund trennt die Bergstadt von der Hochfläche. An seiner terrassierten Sommerhalde reifte in der Hut zweier Rundtürme und einer eidechsenüberzuckten Hangmauer der Wein. Der nördliche Stadthang dagegen liegt im Schatten. »Wintergasse« heißt hier ein verfallendes Fachwerkquartier. Die Türkenkinder waren beim Spiel um einen graustrünkigen Holunder unter sich, auf der Schattenseite der honetten kleinstädtischen Gesellschaft.

Von der Aussichtsrampe der Stiftskirche tat sich mir gegen den Neckar eine ganz andere Welt auf. Auch hier schachtelten Giebeldächer, eng, steil, winklig am Hang auf, auch hier zackten Mäuerle und Staffeln, aber das alles badete im Licht, reckte der Sonne Balkone, Gartenhäuschen, Terrassen entgegen, gönnte dem zärtlichen Pfirsich und der Pergola, dem Salatbeet und Steingarten eine im Frühjahr rasch erwärmte dunkle Krume.

Das Rathaus schlägt am kopfsteinholprigen Straßenmarkt dem Betrachter ein Bilderbuch der Stadtgeschichte auf. 1927 hat der heimische Künstler Wilhelm Klink in Keim'schen Mineralfarben Wappen, Medaillonporträts und Bürgergruppen an die Fassade gemalt. Als berühmtester Sohn der Stadt hängt da Martin Gerbert, barocker Fürstabt von St. Blasien und Geschichtsschreiber des Schwarzwaldes. »Schwarzwälder Dorfgeschichten« schrieb der in Nordstetten über Horb geborene Berthold Auerbach.

Der 1101 erstmals fixierte Ortsname »horre« verweist noch auf einen Sumpf, auf eine Wasserburg derer von Hornau rechts des Neckars. Hinter der Stiftskirche erinnert dann der Schurkenturm an eine Bergfeste der Grafen von Hohenberg, und beim Spital stand eine Burg der Tübinger Pfalzgrafen, denen Horb seit 1258 das Stadtrecht verdankt. Hohenberg verkaufte den festen Platz an Vorderösterreich. Das Wassertor an einem kräftigen Kanalarm des Neckars, das Gaißtor, durch das der Hirt die Ziegen auf eine Flußinsel zur Weide trieb, wachten an der Neckarfront. Als es im Frühjahr 1945 zu heftigen Kämpfen um den Flußübergang kam, blieb Horb zum Glück heil.

Das gotisch gegründete, im Geschmack des Barock umgebaute Gotteshaus öffnet sich als festlich heller Saal, überspielt von einem graziösen Orgelprospekt des Rokoko. Rechterhand fällt das Mittagslicht auf die berühmte »Horber Madonna«, um 1430 aus einem Muschelkalkblock gehauen. Der Maler Klink hat die vergessene Kostbarkeit unter allerlei Gerümpel auf dem Speicher des »Steinhauses«, der mittelalterlichen Spitalscheuer, geborgen. Leider hat man der Himmelsmutter bei der Restaurierung eine übergroße, überschwere Krone aufs Haupt gedrückt. Die Sage erzählt, der unbekannte Meister, dessen Zeichen übrigens auch in Ulm und Straßburg auftaucht, habe eine junge Nonne des Horber Dominikanerinnenklosters geliebt und seiner Madonna deren Züge geliehen. Das Steinbild lächelt, sinnt und schweigt.

Im Zug fuhr ich von Horb neckarabwärts. Kugelige Weiden, Schilffahnen, Erlenspaliere begleiteten den Fluß

2 Das Niedernauer Bad im »schwefelduftenden Wiesengrunde« hat seine Glanzzeit im Biedermeier erlebt, nachdem sich der Rottenburger Arzt Franz Xaver Raidt seiner angenommen hatte. Erholsam ist eine Kur im stillen Katzenbachtal auch heute noch.

jetzt wieder dichter. Angler standen am Ufer, grau und still wie die Reiher, die bei Eyach in einer kleinen Kolonie horsten. Hinter Mühlen, wo die Gäubahn den Neckar erreicht, stürzte gischtend die Eyach zu Tal. Ab Bad Imnau war das Flüßchen einmal floßbar. Welche Gewalttätigkeit das Albgewässer entfalten kann, hat die Sommerflut des Jahres 1895 bewiesen, als allein am Oberlauf bei Balingen 41 Menschen ertranken. Haigerloch ist im Mai in wahre Wälder verwilderten Flieders gebettet. Im ganzen Zollerländle heißt dann die Devise: »Mr goht en d'Zyrenkeblüat nach Hoagerloch.«

Bei Börstingen tauchte überm linken Steilufer die Silhouette der Weitenburg auf, von den Freiherrn von Raßler im neugotischen Windsorstil umgebaut. Dann schluckte der 469 Meter lange Kapftunnel die Neckarbahn. Gegenüber von Bieringen mündet die Starzel; Carl Julius Weber spottete, nur Stubengeographen bezeichneten sie als Fluß, denn sie gleiche »dem Bache Kidron, über den man fast das ganze Jahr trocknen Fußes wandeln kann«. Immerhin bildete die Starzel einmal den eigentlichen Staatsfluß des Fürstentums Hohenzollern-Hechingen. Als versprengte Meteorite maßloser Machtpolitik muten einen die Porphyrsärge der Staufer im Dom zu Palermo an; auf Burg Hohenzollern über Hechingen, dem schwäbischen Stammhaus der letzten deutschen Kaiserdynastie, haben die Särge Friedrichs des Großen und seines Vaters Friedrich Wilhelms I. ihre hoffentlich letzte Ruhe gefunden.

Obernau, im Mittelalter ein Städtchen der Herren von Ow, besaß bis Ende des vorigen Jahrhunderts einen regen Badebetrieb. Die kohlensäurehaltigen Mineralquellen der Talaue werden heute als Heilwasser versandt und von der Getränkeindustrie genutzt. Bad Niedernau, rechts des Neckars im schmalen Katzenbachtal gelegen, konnte seinen Kurbetrieb aufrecht erhalten. Das halbe Dutzend Mineralquellen und die freien Gasaustritte, wie etwa an der Neckarbrücke, sind als nachvulkanische Erscheinungen zu deuten. Der berühmte Tübinger Jurageologe Friedrich August Quenstedt hat die »kochenden Sulzen« beschrieben und sich gewundert: »Der ganze Boden des Neckartals vom Katzenbach bis zur Eyach strömt von Kohlensäure über.« Seit der Limeszeit wird hier im »schwefelduftenden Wiesengrunde« gebadet. 1836 fand man bei der Neufassung der »Römerquelle« etwas südlich des Dorfes 300 römische Münzen vom 1. bis zum 4. Jahrhundert, dazu ein Apollorelief, Perlen, Ringe, Gefäße, alles Opfergaben an die Heilgötter und Nymphen des Tälchens. Seine Glanzzeit erlebte Bad Niedernau, nachdem 1804 der Rottenburger Arzt Franz Xaver Raidt den verschluderten Betrieb übernommen hatte. Als der freisinnige Mann in den Landtag gewählt wurde, verzichteten plötzlich auffallend viele Stuttgarter Beamte auf ihre Brunnenkur. Prominente Gäste waren dafür Uhland, Kerner, Schwab, Silcher, Auerbach, Freiligrath und die Wildermuth. Heute gehört das Bad der Genossenschaft der Armen Schulschwestern.

En Raoteburg stoht uf dr Bruck
e Heiliger Sankt Nepomuk. –
Komm, so pressant hoscht's ete',
mr wend gschwend zua-n-em bette':

»O Heiliger Sankt Nepomuk,
bewahr me ao vor Schade'
beim schwemme-n-ond beim bade';
gib uf de' Necker acht ond guck,
daß dren koa' Ga's ond Geit versauft,
ond daß r jo et überlauft,
et daß r
mit seim Wasser
de' Weag en d Stadt ond d Häuser nemmt
ond aos de' Wei' em Kear romschwemmt.
O Heiliger Sankt Nepomuk,
do tätest aos en baöse' Duck!

Ond loht se halt
mit äller Gwalt
s Hochwasser et verklemme',
noh hao' en Ei'seah', guater Ma'
ond fang mit überschwemme'
e bißl weiter donne' a':
dia Goge' nemmets et so gnau,
en deane ihren saure' Wei'
därf wohl e bißle Wasser nei'
– ond evangelisch send se ao . . .«

Dem Rottenburger Brückenheiligen hat Sebastian Blau mit seinem »St. Nepomuk« zu literarischen Ehren verholfen. 1976 hat die Stadt ihre mittlere Brücke auf den Namen des 75 Jahre alten Josef Eberle getauft. Der hat darauf seinem Brückenkameraden eine sechs Pfund schwere Kerze mit dem Bittspruch in die Nische getan:

»Behüat dia Bruck, daß nonz passiert – sust semmer alle zwee pitschiert!«

Als ich mich beflissen auf die Suche nach dem Heiligen machte, stieß ich gleich auf drei Nepomuke. Am linken Neckarufer, an einem windschiefen Haus, überschattet von einem warzigen Weidenbaum hing der erste brav im Schilderhäuschen; auf der Ehinger Neckarseite hinter St. Moriz prangte ein schon etwas vornehmerer Kollege am Mauereck; aber auch der dritte, der Blau'sche Wasserpatron, stand längst nicht mehr auf der Bruck, sondern an der rechtsufrigen Neckarpromenade in einem steinernen Schrein, barhaupt, das Birett ehrbietig gezogen, aber ohne das dazu gehörige Kruzifix im Arm. Ein Chorherr von St. Moriz hat die Figur 1732 gestiftet.

Die Stadt hatte den Helfer in Wassernöten öfter nötig, aber sie verdankt dem Neckar auch wiederum viel. Hier, wo der Fluß aus dem engen, waldvermummten Muschelkalktal ins Tübinger Keuperbecken tritt, lud eine Furt zum Siedeln ein. Der Name der römischen Gaugemeinde, Sumelocenna läßt auf eine ältere Niederlassung der Keltenzeit schließen. Die römische Wehrmauer umfaßte ein Areal, dreimal so groß wie das mittelalterliche Rottenburg. Vom Rommelsbachtal zog ein sieben Kilometer langer Aquädukt hierher; die nahgelegene Bronnbachquelle, eine kräftig schüttende Karstquelle, hatten die Römer wohl aus guten Gründen nicht in ihre Wasserversorgung einbezogen.

Aus dem roten Ziegelschutt des zerstörten Sumelocenna erstand das weithin leuchtende Mauerwerk der mittelalterlichen Rotenburg. Sie war der Sitz des Grafen Albert von Hohenberg, der Rottenburg um 1270 das Stadtrecht gab. Zuvor soll hier die sagenhafte Stadt Landskron »durch Erdbeben und Gewässer« untergegangen sein. Alberts Schwester Gertrud heiratete Rudolf von Habsburg und wurde so zur Stammutter der Dynastie. 1381 erwarb Herzog Leopold von Österreich die Grafschaft Hohenberg. Als der Thronfolger der Donaumonarchie Franz Ferdinand höchst unstandesgemäß, weil aus Neigung, die einfache Gräfin Sophie Chotek heiratete, griff man in der Wiener Hofburg auf den historischen Titelfundus zurück und erhob die Gräfin 1909 zur Herzogin von Hohenberg.

Seine schillerndste Zeit erlebte Rottenburg unter der Erzherzogin Mechthild, die hier im 15. Jahrhundert residierte und dem Humanismus die erste Heimstatt am Neckar gab. Ihr Musenhof gilt in der Dichtung des Hermann von Sachsenheim als Modell des Venusberges, und die Zimmer'sche Chronik hat von der lebenslustigen Witwe, »diesem überfleischgierigen Weib«, verwegene Liebesgeschichten überliefert. Als Denkmal ihrer schwäbischen Herrschaft hat sie Rottenburg die spätgotische Figurensäule des Marktbrunnens hinterlassen.

Weit weniger großzügig zeigte sich die österreichische Regierung, als nach dem glücklosen Ende des Bauernkriegs am oberen Neckar Wiedertäufer zu predigen begannen. Von Luthers Totschlag-Appellen enttäuscht, vom Blutbad der Obrigkeiten angewidert, hofften sie auf eine brüderliche Gemeinschaft der freiwillig Wiedergetauften. Dafür erlitten sie bald schon den Terror der neuen wie der alten Kirche. Mit den Exzessen der späteren Wiedertäufer in Münster hatten sie nichts gemein. 29 Brüder und Schwestern waren nachts zwischen Dettingen und Horb getauft worden, als ihr Prediger Michael Sattler samt einigen Anhängern verhaftet wurde. In Rottenburg tagte das Gericht. Die Männer wurden verbrannt, nachdem man dem standhaften Sattler auf dem Marktplatz die Zunge abgeschnitten und ihm mit glühenden Zangen Fleischstücke aus dem Leib gerissen hatte; die Frauen ertränkte man gnadenhalber im Neckar. Trotz der beiden gotischen Kirchen, St. Martin mit seiner luftig durchbrochenen Helmpyramide und St. Moriz mit seinen packenden Fresken, präsentiert sich Rottenburg als barock geprägte Stadt der Klöster, Adelshöfe, Bürgerhäuser. In den letzten Jahrzehnten der vorderösterreichischen Herrschaft wurde der Neckar bis zur Landesgrenze am Spitzberg mit einem Aufwand von 34 564 Gulden korrigiert, um Kiebingen, Bühl und Hirschau vor Hochwasser und stetigem Landfraß zu bewahren. Die unverhoffte Freiheit im Keuperbecken hatte der Fluß zu lustvoller Schlingenbildung genutzt. Flößer, Fischer, Müller und Bauern hatten das Nachsehen.

Die württembergische Regierung verwandelte das Rottenburger Stadtschloß in ein Zuchthaus, erhob das in einem Sternbild von Feldkapellen gelegene Rottenburg 1828 aber auch zum Sitz des neuen Landesbistums. Ausschlaggebend war dabei die Nachbarschaft der Universität Tübingen, obwohl die Beziehungen zwischen Ordinariat und Theologischer Fakultät, der berühmt-berüchtigten »Tübinger Schule«, bis heute ziemlich kühl geblieben sind. Während der Weinbau einging und nur noch die Urbanbruderschaft mit dem »Urbeswengert« in der vorderen Ehehalde tapfer den Karst hochhält, brachte der

Hopfenbau ökonomischen Ausgleich. Noch in den achtziger Jahren gab es Rekordernten von 18 000 Zentnern. Im überflüssigsten aller Neckarbücher wunderte sich Max Nentwich 1921 angesichts der Rottenburger Hopfenlandschaft: »Hier wird die Rebe an hohen, kreuzweis angeordneten Stangen, just wie die Bohnen gezogen.« Der Fluß teilt die Stadt nicht nur, er schenkt ihr Glanz, Wasseratem, befreiende Weite. Nicht nur mit St. Nepomuk, auch mit dem Neckar pflegt der Rottenburger sehr persönlich Umgang. Ein Sprichwort weiß: »Wer vor Fronleichnamtag im Neckar badet, ertrinkt.« Und im »Rößle« hing überm Stammtisch der Flößer lang noch deren Zunftzeichen, der gedrehte Weidenkranz.

3 Ein Naturdenkmal fast schon im Schatten der Hochhäuser, so präsentiert sich auf unserem Bild das Schwenninger Moos. Der Neckar entspringt hier als fadendünnes Rinnsal aus dem Torffilz. Der Talbach, der einen Steinwurf weiter aus dem Neuen Moosweiher fließt, fällt schon der Brigach, einem Quellfluß der Donau zu.

4 Ein Wahrzeichen Rottweils stellt der Marktbrunnen mit der Figur des Schweizer Landsknechts dar. Er erinnert an die Waffenbrüderschaft zwischen alemannischer Reichsstadt und Eidgenossen.

5 Nicht nur die farbig inkrustierten Erker, auch die Aufzüge der Kornspeicher unterm Zwerchgiebel zeugen vom Wohlstand der Handelsstadt Rottweil.

6   Prunkstück der römischen Sammlungen im Rottweiler Stadtmuseum ist das 1834 geborgene Orpheus-Mosaik. Gebannt lauscht allerlei Getier, oben die Elster, dem Sänger und seinem Leierspiel.

7   Watteweiß und schwer lastet der Nebel noch in der engen Talgasse des oberen Neckars.

8 Seit 1742 spannt sich die schöne Gewölbebrücke bei Sulz über den jungen Fluß.

9 Im ehemaligen Augustinerkloster drunten in der Neckaraue amtiert heute die Stadtverwaltung von Oberndorf. Sehenswert sind die Rokokofresken Enderles in der Klosterkirche.

*Vorhergehende Seiten:
10 Ein Bilderbuch der Stadthistorie schlägt das farbig bemalte Rathaus in Horb auf.*

11 Eine Stadt im Reitersitz: Horb zwischen Neckar und Schwarzwald.

12 Am Chor der Horber Stiftskirche prangt das Bild des heiligen Christophorus. Ihn haben die Bürger der Unterstadt oft in Wassernöten angerufen.

13 Schwefelgelb knallt das blühende Rapsfeld aus dem vertrauten Braun und Grün der Landschaft am oberen Neckar. Die Aufnahme entstand bei Sulzau.

14 Überm verschlungenen Flußlauf der Eyach schmiegt sich, treppt sich, steilt und winkelt Haigerloch. Das Albstädtchen ist im Mai Ziel wahrer Wallfahrten »en d' Zyrenkeblüat«.

15   Über der Bischofsstadt Rottenburg schimmert der silbriggraue, zierlich durchbrochene gotische Turmhelm von St. Martin. Vor dem Dom plätschert der Marktbrunnen, eine stilgetreue Kopie des spätmittelalterlichen Kunstwerks. Gestiftet wurde das Brunnendenkmal von der in Rottenburg residierenden Erzherzogin Mechthild.

16   Gleich drei Nepomuken begegnen wir am Rottenburger Neckar. Dieser hier hängt an einem verwitterten Häuschen im Schattengesprenkel einer Weide am linken, stadtseitigen Ufer.

17 Eine geheimnisvolle Brücke schlägt der siebenfarbene Regenbogen zwischen Himmel und Erde. Im Licht der Gewittersonne gleißen die Mauern der Wurmlinger Kapelle hell auf.

*Umseitig:
18 Zum Kranz der Kapellen rund um Rottenburg gehört die flußabwärts gelegene Gutleutehauskapelle. Das Kirchlein gehörte zu einem Siechenhaus, unweit einer alten Neckarfurt.*

Geniewinkel und Musensitz

Hinter Rottenburg ändert sich das Talgesicht. Aus der Felsengasse des Muschelkalks wechselt der Neckar in eine von sanftgerundeten Keuperhöhen umgrenzte Ebene. Zur Linken flügelt wolkenweiß die Wurmlinger Bergkapelle, rechts dehnt sich der wälderblaue, von Wildsaurotten durchstreifte Rammert. Daß der Neckar stetig neue Triasschichten anschneidet, wie zuvor schon bei Dettingen den Oberen Buntsandstein, rührt von der Aufwölbung des Schwarzwalds und anderen tektonischen Störungen her, die das schulbuchvertraute Schichtengefüge von Keuper, Muschelkalk, Buntsandstein immer wieder durcheinanderbringt. Hier nun hat der pendelnde Fluß den hochgedrückten Keuper mit seinen weichen Gipsmergeln ausgeräumt und die Niederung mit Lehm und Kies aufgefüllt. Baggerseen und feuchte Talsenken begleiten fortan den Neckar, eine wahre Oase der Zugvögel. Wenn sich das Tal dann doch rasch wieder trichterförmig verengt, dann deshalb, weil der Fluß bis Plochingen geologisch gesehen bergauf in immer höhere und jüngere Schichten sägt. An der Tübinger Eberhardsbrücke steht schon der harte Schilfsandstein an, und bei Kirchentellinsfurt hat der Neckar den Stubensandstein erreicht, der flußaufwärts noch die Schädeldecke des Wurmlinger Kapellenbergs formierte.

Ein künstlerisch geformtes Kartenaquarell des Neckars bei Kilchberg aus dem Jahr 1632 beweist, daß auch auf württembergischem Gebiet immer wieder versucht worden ist, den Schlingenlauf zu bändigen. Deutlich sehen wir auf dem Bild, wie die ins Wasser gerammten Pfahlreihen den Neckar von seinen Seitenarmen abschnüren. Das Aquarell gilt als bisher ältestes Dokument einer planmäßigen Flußkorrektur im deutschen Südwesten.

Der breite, mit Juraschottern vollgepackte Schuttfächer der Steinlach hat den Neckar bei Tübingen an den Prallhang abgedrängt. Der Name Steinlach spricht für sich. Anders die Ammer. Träg windet sie sich zwischen dem Schönbuch und dem langgestreckten Keuperrücken von Spitzberg und Oesterberg parallel zum Neckar, ehe sie den forellenführenden Goldersbach aufnimmt und bei Lustnau in den Fluß mündet. Anfang des 15. Jahrhunderts trieb man vom Ammerkanal der Altstadt einen Stollen zum Neckar. Der Kanal sollte das versumpfte Seitental entlasten und mit seinem stärkeren Gefälle Mühlen treiben. Der zwischen Schloßberg und Oesterberg durch die weichen Buntmergel getriebene Stollen krachte später ein, wurde darauf als Mühlgraben genutzt und bildet heute im Bergsattel eine künstlich befestigte Schlucht, durch die der Verkehr der Mühlstraße tost. 1887 wurde der Mühlkanal unter die Straße verlegt. Am Café Neckartor ist der alte Stollen noch sichtbar.

In seiner »Beschreibung einer Reise durch Deutschland und die Schweiz im Jahre 1781« hat der Berliner Aufklärer Friedrich Nicolai den mittelalterlichen Kanalbau und das Stollenprojekt gerühmt: »Ehe die Ammer beim Haagtore bis zur Stadt kommt, treibt sie eine Schleifmühle, eine Tabaksmühle, einen Kupferhammer, eine Pulvermühle, eine Lohmühle, eine Sägemühle, eine Graupenmühle, zwei Mahlmühlen und eine Walkmühle. Alsdann tritt sie in die Stadt, wo sie zu Färbereien und Gerbereien vorteilhaft gebraucht wird. Jenseits der Stadt ist damals zugleich der Oesterberg durchgraben worden, so daß man auf der Ammer durch ein unterirdisches Gewölbe fährt. Jenseits dieses Gewölbes treibt sie noch zwei Mühlen und fällt sodann in den Neckar ... Es ist sonderbar genug, daß in allen Beschreibungen von Tübingen und auch in der mit soviel andern unnützen Dingen ausgedehnten Geographie und Statistik Wirtembergs von diesem großen und gemeinnützigen Unternehmen einen Fluß durch eine Stadt zu leiten und deßfalls einen Berg abzutragen und durchzugraben, auch nicht ein Wort gesagt wird.«

Bis zu Beginn des 19. Jahrhunderts umschloß ein südlicher Neckararm das Wöhrd, dem ein von der Steinlach abgezweigter Mühlkanal zufloß. Der Flußarm wurde stillgelegt und aufgefüllt. Daß heute die Plataneninsel mit dem »Seufzerwäldchen« wieder vom Neckar umfangen wird, ist dem 1909 angelegten Flutkanal zu danken, der dem Neckar die Erosionskraft nahm und sich unter der Eberhardsbrücke wieder mit ihm vereint. Damals wurde auch der vom Steinlacher Mühlkanal gespeiste Anlagensee ausgehoben, in dem brotlaibdicke Karpfen schwimmen und Johann Heinrich Danneckers rundbrüstige Nymphengruppe sich beschaut.

Ausgerechnet Tübingen, Hochburg der Altertumswissenschaften, kann keinerlei Reminiszenzen der Römerzeit vorzeigen. Für die Caesaren und Literaten der Antike war der Neckarparnaß ein blinder Fleck auf der Provinzenkarte des Imperiums. Nicht einmal die römische Heerstraße folgte hier dem Tal; sie zog von Rottenburg kommend das nördliche Ammerufer entlang und überquerte den Neckar bei Lustnau. Der Spitzbergrücken blieb ausgespart. Schließlich prallte an dessen Südflanke der Neckar, und mit dem war nicht zu spaßen.

Auch das frühe Mittelalter blieb dieser Trasse treu. Dann aber taucht 1078 unversehens, anläßlich einer erfolglosen Belagerung durch Kaiser Heinrich IV. ein »castrum Twingia« auf. Der Burgherr, ein Graf Hugo, und seine Nachkommen nannten sich bald darauf schon Grafen von Tübingen und gründeten unterhalb der burggekrönten Felsterrasse eine Stadt.

Was hatte diesen unwegsamen Buckel plötzlich aufgewertet? Ein Blick auf die mittelalterliche Territorienkarte hilft weiter.

Die von Haus aus wahrscheinlich im Nagoldgau beheimateten Grafen waren nicht nur im Schwarzwald und am Oberrhein, sondern auch im Gäu, im Schönbuch, am Neckar und auf der Alb begütert. Mitten durch diesen Streubesitz lief die Fernstraße von Ulm über Urach nach Straßburg und schnitt den Neckar bei Lustnau. Diesen wichtigen Flußübergang galt es durch eine schwer bezwingbare Höhenburg zu sichern. Die offene Talaue war dafür kaum geeignet. Der Landeshistoriker Hansmartin Decker-Hauff kombinierte nun ähnlich wie vor bald 1000 Jahren der Graf Hugo gedacht haben mag: »Ganz anders, wenn man den Übergang flußaufwärts verlegte; die Scharte im Bergzug über dem Neckarsteilufer westlich der heutigen Tübinger Stiftskirche bot sich dafür förmlich an, wenn man nur erst einmal hier in der Nähe einen Brückenbau geschaffen und zugleich die alte Neckarbrücke bei Lustnau stillgelegt, ja zerstört haben würde.«

Genau so kam es. Burg und Brücke standen bei der Gründung Tübingens Pate. Ein herrscherlicher Willensakt hat dieser Zwinge, diesem sperrigen Gelände die Stadt abgetrotzt, abgelistet. Gruppierten sich um die Burgsteige die Handwerkerquartiere des neuen Burgweilers, hatten nördlich des Schloßbergs beidseits der Ammer alamannische Bauern gesiedelt, so entwickelte sich seit dem frühen 12. Jahrhundert im Schirm der Burg ein Markt, der vom Stapelzwang der Brückenzollstation für all die durchreisenden Kaufleute profitierte, eine Münzprägestätte und schließlich eine ummauerte, mit Turm und Tor bewehrte Residenzstadt.

Diese Vorrangstellung konnte Tübingen auch nach dem Niedergang der Pfalzgrafen behaupten. Erbteilungen, Klostergründungen, fromme Schenkungen und wohl auch allzu großzügiges Wirtschaften zwangen den Hals über Kopf verschuldeten Pfalzgrafen Götz 1342 dazu, den sehr viel haushälterischen Wirtembergern Stadt und Herrschaft Tübingen zu verkaufen. Der letzte Sproß des Geschlechts, der illegitime Sohn eines Herrn von Lichteneck, starb, wie das Schicksal so spielt, 1667 als Schloßhauptmann auf Hohentübingen.

1477 gründete Graf Eberhard im Bart, Sohn der Rottenburger Erzherzogin Mechthild aus erster Ehe, die Universität Tübingen. Seine Mutter, gebürtige Heidelbergerin, hatte zwei Jahrzehnte zuvor schon bei der Gründung der Alma mater in Freiburg mitgewirkt; sie beriet ihren Eberhard bei dem verdienstvollen Werk und ruht neben ihm im Chor der Tübinger Stiftskirche. Unter den Figuren der spätgotischen Glasmalereien fand ich kniend im roten Rock auch den ersten Rektor Johannes Vergen-

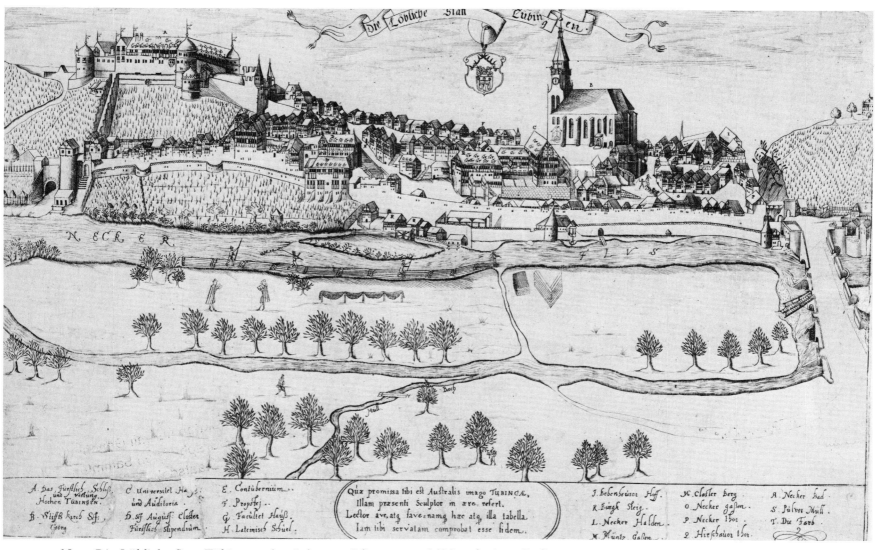

19 »Die Löbliche Statt Tübingen« hat Johannes Pfister anno 1620 auf seiner Radierung festgehalten. Ein Langholzfloß treibt den Neckar abwärts. Auf der Insel zwischen den beiden Flußarmen hängen Fischernetze aufgespannt zum Trocknen.

hans, genannt Naukleros; er hat die junge Neckaruniversität als guter Ferge gesteuert.

Die 1482 begonnene erste Steinbrücke Tübingens zielte nach Süden, sie sollte vor allem die wirtembergischen Plätze Balingen, Ebingen, Tuttlingen mit der Machtzentrale verbinden. Die berühmte Schweizerstraße, über die Neckarwein und Gäukorn nach Schaffhausen und Zürich rollten, wurde erst im 18. Jahrhundert ausgebaut. Die mittelalterliche fünfbogige Eberhardsbrücke stand ein wenig oberhalb der jetzigen Brücke, die 1901 erbaut und ein halbes Jahrhundert später verbreitet worden ist.

Hälftig von der Eberhardsbrücke, umfassender von der Platanenallee, entrollte sich mir die Flußfront Tübingens. Eine vergraste Ufermauer, stubenkleine Gärtchen, zwischen Trauerweiden ein Spitzturm; dahinter, Schulter an Schulter hochbordige Bürgerhäuser; überm Giebel-

20 Der Hölderlinturm in Tübingen. Angeblich hat Ernst Zimmer, Hölderlins Hausherr, das Aquarell gemalt.

kamm staffelten sich die gaubenfenstrigen Baublöcke von Alter Aula, Bursa und Stift auf zum ziegelgefleckten Steildach und sandiggrauen Steinkranz von St. Martin, auf zu dem von ungemütlich dicken Geschütztürmen flankierten Schloß. Prallweiße Betten hingen aus den Fenstern. Studentenvolk hockte auf dem Zwingelmäuerchen und träumte den Mädchensilhouetten nach. Von der Plataneninsel herüber trommelte ein Specht. Drei Stocherkähne lagen halb abgesoffen am Ufer vertäut, der vierte, der »Sauigel« entschwand gerade gemächlich um die Inselspitze . . .

Ein sonnbemaltes, freundlich konserviertes Kleinstadtidyll, aber zugleich auch ein klassischer Prospekt europäischer Geistesgeschichte. Dieses verhockte Bergnest war ein Geniewinkel, eine Herberge großer Geister, und sie alle, so Alfons Paquet, »bedurften nicht der Meerfahrt. Ein kleiner Fluß genügte ihnen, um die alte ewige Melodie des Wassers zu vernehmen.«

In dem gelbgetünchten Spitzturm hat Friedrich Hölderlin die Hälfte des Lebens in sanft dämmerndem Wahnsinn verbracht. In der Bursa lehrte das wissenschaftliche Wunderkind Melanchthon Griechisch. In einem der südlich geneigten Gärtchen hat vielleicht der Botaniker Leonhard Fuchs seine Heilkräuter und fremdartig schönen Pflanzenkinder umsorgt. Der Student Sebastian Münster zog von hier aus im Frühtau auf den Oesterberg und erinnert sich in seiner Kosmographie: – »im Maien ist er wie ein Paradeis«. In der Klinikumgasse wohnte der unglückliche Nikodemus Frischlin, von mißgünstigen Kollegen als »queckend Fröschlin« verhöhnt und verfolgt, bis er sich bei der Flucht vom Hohenurach zu Tod stürzte. Wilhelm Schickhardt, Neffe des Landbaumeisters Heinrich, konstruierte hier am Neckar die erste verläßliche Rechenmaschine der Welt, vor ein paar Jahren, vielbestaunt, wieder nachgebaut. Auf seiner Stube grübelte der Stiftsstipendiat Johannes Kepler dem Kreisen der Planeten nach; er wurde später für seine Erkenntnisse von den ehemaligen Lehrern als »Schwindelhirnlein« beschimpft und von der Tübinger Orthodoxie, »dem lutherischen Spanien«, wegen seiner Einschätzung des Abendmahls exkommuniziert. Hegel, Hölderlin und Schelling hausten im Stift auf einem Zimmer. Mörike entwarf hier seine Trauminsel Orplid. Strauß schrieb im Repetentenzimmer, am Fenster, das gegen den Torbogen schaut, sein erstes Buch »Das Leben Jesu«; das »macht ihn über Nacht zum berühmten Mann und vernichtete seine Zukunft«. Uhlands Wohnhaus an der Eberhardsbrücke wurde im letzten Weltkrieg von einer Luftmine zerrissen. Auf der Plataneninsel erinnert ein Denkmal an den Universitätsmusikdirektor Friedrich Silcher, an der Neckarhalde 4 eine Tafel an Mörikes Liederkomponisten Hugo Wolf. Und nach dem Abbruch ihres Gasthauses in der Hirschgasse verlegte die legendäre »Tante Emilie«, wohl die einzige Studentenwirtin von Weltruf, ihr Lokal neben das Café Neckartor.

Stiftsköpfe, Gôgen, Flößerstiefel

Was wäre die »Geniestatistik des Landes, eifrig gepflegt«, ohne das Tübinger Stift, nur wenig jünger als die Universität, 1548 von Herzog Ulrich in dem ehemaligen Augustinerkloster überm Neckar eingerichtet? Begabte Landeskinder sollten hier bei freiem Unterhalt zu künftigen Dienern der Staatskirche und des Erziehungswesens herangezogen werden. Die Anstalt hat ihren Zweck brav erfüllt und Generationen eifriger Pfarrer, tüchtiger Lehrer und Wissenschaftler entlassen. Aber nicht die Masse derer, die hier ihren korrekten Bildungsgang absolviert und anschließend im Dienst der Kirche und des Staates ihren Mann gestanden haben, sondern die aufsässigen, dem Normalmaß spottenden, die aus der Art geschlagenen und abtrünnigen Stiftler haben dem Institut zu Ruhm verholfen: Der Astronom Kepler, die Philosophen Hegel, Schelling, der Diplomat Reinhard, die Dichter Hölderlin, Waiblinger, Mörike, Hermann Kurz und Herwegh, der Historiker des Bauernkriegs Wilhelm Zimmermann und der Dogmenerschütterer Christoph Schrempf, die Mundartforscher Adalbert Keller, Hermann Fischer, Karl Bohnenberger und Wilhelm Pfleiderer, der Aesthetiker Vischer, der Geologe und Paläontologe Oskar Fraas, der Landeskundler Robert Gradmann und der Japanologe Wilhelm Gundert, sie alle sind »Stiftsköpfe«, um einen Titel Ernst Müllers zu zitieren, der natürlich auch aus dem Stift gekommen ist. Müller hat versucht, das oft konträr schillernde Wesen dieser Männer, zu denen auch so unterschiedliche Gottesgelehrte wie der apokalyptisch gestimmte Prälat Bengel, der Theosoph Oetinger, der bibelkritische Christian Friedrich Baur und der Kirchenhistoriker Karl Holl zählen, auf einen spekulativen, das heißt spezifisch schwäbischen Nenner zu bringen: »Sie sind Dialektiker, Anbeter des Geistes, der alles Gegenständliche und Stoffliche durchdringt, sie sind, auch wo sie das Konservative bis aufs Messer bekämpft haben, Humanisten, Versöhner im erasmischen Sinne des Wortes, die eine große Tradition protestantischer Provenienz nicht vernichten, sondern umschaffen und umdeuten mit dem ganzen Eigensinn, den sie ihrer Herkunft schuldig sind. Wer sie von der Stiftserziehung her versteht, wird auch ihr ›Geschmäckle‹ schmecken, das in ihren geistigen Leistungen ruchbar ist.«

Einen schweren Aderlaß für die ehrwürdige Landesuniversität bedeutete die Gründung der Karlsschule. 1791 war die Gesamtzahl der Studenten auf 188 zurückgegangen. Die Hohe Schule Karl Eugens war als geistige Kadettenanstalt des aufgeklärten Absolutismus konzipiert. Sie brachte nach den Erinnerungen des Malers Johann Baptist Pflug aber auch »etwas von der Sonne Griechenlands in die Neckarluft«. Dagegen lebten die Stiftler noch halb nach klösterlichen Regeln. Goethe notierte auf seiner Schwabenreise 1797 in Tübingen kritisch: »Die großen Stiftungen scheinen den großen Gebäuden gleich, in die sie eingeschlossen sind, sie stehen wie ruhige Kolosse auf sich selbst gegründet und bringen keine lebhafte Tätigkeit hervor, die sie zu ihrer Erhaltung nicht bedürfen.« Die Spottdrossel des Biedermeier, Carl Julius Weber, urteilte über Karlsschule und Stift: »Militärgeist ist doch noch besser als Mönchsgeist.« Und Reinhard schrieb rückblickend an Schiller, er danke dem Stift nichts als sein «durch peinliche Erfahrungen auf einen hohen Grad gestimmtes Freiheitsbedürfnis.«

Von Goethe unbemerkt, von Karl Eugen argwöhnisch beobachtet, hatte sich nämlich bereits der Geist der Rebellion im Stift verbreitet. Viele Stiftler, darunter junge Leute aus der Frankreich benachbarten Grafschaft Mömpelgard, begeisterten sich für die menschheitsbeglückenden Parolen der Großen Revolution. Schelling soll die Marseillaise übersetzt, Hegel einem heimlich aufgerichteten Freiheitsbaum seine Reverenz erwiesen haben. Dem Herzog ging eine Anzeige der vorderösterreichischen Regierung zu, daß im Stift »die Stimmung äußerst demokratisch sein solle, besonders aber ohne Scheu die französische Anarchie und der Königsmord öffentlich verteidigt werden.« Wenn freilich Hölderlin heute als eiskalter Jakobiner gedeutet wird, so widersprechen dem die Briefzeugnisse. Hölderlin war Republikaner, aber wenn schon als Parteimann zu etikettieren, dann eher als Girondist, dem sich »die ganze Schändlichkeit der Robespierroten enthüllt« hatte.

Stift und Universität haben die Wallungen und Wandlungen des Zeitgeistes getreulich mitvollzogen. 1812 ist von »hochauflodernder Deutschheit« die Rede. Ende der zwanziger Jahre wurde wegen »demagogischer Umtriebe« der Belagerungszustand über Tübingen verhängt. Und um die Jahrhundertmitte beherrschte Hegels dialektische Philosophie die Diskussionen, so daß der Repetent Karl Gerok, später als Dichter geistlicher Lieder bekannt geworden, bekümmert feststellen mußte, das Stift sei »den Frommen zum Schrecken und den Kirchlichen zum Ärgernis geworden.« Allein acht Ehemalige gehörten dann dem Paulskirchenparlament an: Römer, Wurm, Gfrörer, Eisenlohr, Vischer, Zimmermann, Hoffmann und Rümelin.

Damals setzte auch die nachhaltige Förderung von Medizin und Naturwissenschaften an der Alma mater ein. Namen wie Autenrieth, Kielmeyer, Quenstedt sind hier zu nennen. Der Neubau der Kliniken und Institute vor dem Lustnauer Tor sprengte die mittelalterliche Geschlossenheit des akademischen Neckarquartiers. Es war auch die hohe Zeit der »Gôgen«, der Wengerter, die in der unteren Stadt, ammerwärts, ihren Eigenbau ausschenkten und dabei, der Lokallegende nach, mit Professoren und Musensöhnen ebenso schlagfertig wie erkenntniskritisch über Kant, Faust und Hegel disputierten. Dem Charaktergewächs des Tübinger »Gôgen« hat Theodor Haering in seinem spukhaft-romantischen Buch »Der Mond braust durch das Neckartal« ein literarisches, Ugge Bärtle mit dem Wengerterbrunnen an der Krummen Brücke ein steinernes Denkmal gesetzt. Ein Kapitel für sich ergäbe der nach lautstarkem Ritual geführte Kleinkrieg zwischen Neckarflößern und Studenten. Sobald sich ein Floß blicken ließ, scholl es von Stift und Zwingel her: »Jockele sperr! S' geit en Eilaboga!« In umständlichem Schriftdeutsch heißt das: »Jaköbchen, bremse mit der Stange, sonst bricht unser Floß entzwei!« Nun geht dieser Spottruf gewiß auf einen authentischen Hilferuf zurück. Sowohl an der Eberhardsbrücke wie am Schwenk des Oesterbergs bestand die Gefahr eines »Ellenbogens«, eines Floßbruchs. 1533 schon ist dieser akademische Schimpf bezeugt; damals schon wanderten Studenten in den Karzer, weil sie vorbeifahrende Flößer »fexiert« hatten. Die Stiftler hängten dazu noch lange Flößerstiefel zum Fenster heraus, worauf es gelegentlich vom Fluß her scholl: »Dues nei, se send jo doch et zahlt!« Am 26. Oktober 1899 schwamm das letzte Floß vom oberen Neckar an Tübingen vorbei. Die enge Verbundenheit zwischen Stift und Fluß wurde damals mit der Gründung der Korporation »Nikaria« besiegelt.

Nach der Reichsgründung begann eine zunächst noch bescheidene Industrieansiedlung, die bis heute das Stadtbild kaum belastet. Die französische Besatzungsmacht wählte das heilgebliebene Tübingen nach 1945 zur Hauptstadt des neuen Neckar-Alb-Staates Südwürttemberg-Hohenzollern. Heute würgt der Verkehr die bucklige Altstadt. Für den Freitagsmarkt rund um den Neptunbrunnen ist trotzdem noch Platz. Der Renaissancebrunnen wurde 1617 von Heinrich Schickhardt und dem Bildhauer Georg Müller in Stein geschaffen, der Neptun selbst später durch eine Bronzekopie ersetzt. Die Sgraffitomalereien am Rathaus zeigen neben allerlei Allegorien die Köpfe berühmter Tübinger. Nebenan in der Buchhandlung Heckenhauer standen Hermann Hesse und Josef Eberle als Lehrlinge am Schreibpult.

Der Fluß der Dichter

Theodor Haering hat seinen schwäbischen Professorenkollegen bescheinigt, sie bräuchten eigentlich zwei

Schreibtische, »einen für die abstrakten Begriffe und den andern zum Dichten«! Eine Inschrift bezeichnete das Stift als »Heim Gottes und den Musen geweiht«. Der italienische Gelehrte Bonaventura Tecchi, auf literarischen Spuren in Schwaben unterwegs, fordert: »Mit dem Neckar, dem Fluß der Dichter, muß sich jeder beschäftigen, der einen nicht gerade kleinen Teil deutscher Literatur verstehen möchte.« Das scheint auf Tübingen gemünzt zu sein, freilich auch Tecchi's folgende, leicht einschränkende Erfahrung: »... es bleibt dabei, daß die Eigenheiten schwäbischer Mentalität mit ihrem Wirklichkeitssinn und ihrem derben Witz dem Besucher, der zum erstenmal in ihren Umkreis gerät, nicht gerade als spezifisch dichterisch erscheinen.«

Um eine spitze These Metternichs zu variieren – so wenig wie Deutschland, so wenig ist auch der Neckar »nur ein geographischer Begriff«. Er sammelt die Zuflüsse seiner schwäbischen und fränkischen und deshalb reichlich widerspruchsvollen Geistesprovinzen, an seinen Ufern gediehen Tübinger Romantik und Weltgeistspekulation, Stiftsorthodoxie und Rebellengeist, praktischer Erfindersinn und gläubige Weltenderwartung, Eigenheimkomplex und rotstrümpfig-zünftige Wanderlust. Rei'gschmeckten gegenüber soll der Schwabe gelegentlich mit dem Vierzeiler auftrumpfen: »Der Schelling und der Hegel,/Der Schiller und der Hauff,/Das ist bei uns die Regel,/Das fällt uns gar nicht auf.« Man hat ihm deshalb schon literarischen Stammeschauvinismus angekreidet. Zu Unrecht, denn der Autor der Verse, Eduard Paulus, selbst schwäbisch produktiv im Jambentrab, hat hier die reimende Vielschreiberei seiner Landsleute ironisch aufs Korn nehmen wollen; das verrät die vorhergehende Strophe, die beim genüßlichen Zitieren fast immer unterschlagen wird: »Wir sind das Volk der Dichter,/Ein jeder dichten kann,/Man seh nur die Gesichter/Von unsereinem an.« Kein Wunder, daß auch der Neckar beharrlich angesungen wird, charakteristische, sinnlich präzise Neckarlyrik aber rar wie Flußgold geblieben ist. Als ich etwa erwartungsvoll nach dem 1832 in Tübingen erschienenen Gedichtband »Neckar-Harfe« griff, las ich dort die programmatische Strophe:

Am alten stummen Neckar
Ersteht ein Leben neu,
Wie's lange nicht geklungen,
Da schallen viele Stimmen frei.

Nur daß die Stimmen dieser Harfenzupfer in Tonfall und Thematik landauf, landab in harmlosem Gleichklang tönten. Und als der Herausgeber dieser Studenten-Anthologie, der spätere Pfarrer und Präzeptor Friedrich Richter, sein Gedicht »An den Neckar« emphatisch begann: »Schwabenstrom, Stromesmacht!«, da klappte ich das Bändchen eben wieder resigniert zu.

Nicht nur die Neckardichtung, alle deutsche Fluß- und Strompoesie muß sich mit Hölderlins anspruchsvoll fordernder Lyrik messen. Ihn hat der Neckar sein Leben lang begleitet. In Lauffen ist Hölderlin geboren, in Nürtingen aufgewachsen, in Tübingen reifte er zum Jüngling, hier wie in Stuttgart hat er Freunde fürs Leben gefunden; in Heidelberg erreichte ihn der schicksalhafte Ruf nach Frankfurt, ins Haus Gontard; in Tübingen, im Zwingelturm, hat er seine letzten drei Jahrzehnte verdämmert. 1806 hatte man den kranken Hölderlin in die Autenriethsche Klinik eingeliefert, wo der Medizinpraktikant Justinus Kerner sein Krankentagebuch führte. Das Jahr darauf nahm ihn der Schreinermeister Ernst Zimmer zur Pflege auf. Das Turmzimmer am Neckar war kein Kerker. Gern spazierte Hölderlin im Zwingelgärtchen oder begleitete den Hausherrn in dessen Weinberg. Der junge Wilhelm Waiblinger nahm den verehrten Dichter öfter mit hinauf in sein Gartenhaus am Oesterberg. In der Erzählung »Im Pressel'schen Gartenhaus« hat Hesse eine Begegnung der Freunde Waiblinger und Mörike mit dem gespenstischen Alten eindringlich skizziert. 1843, im Juni, als die Erde hell und für Spaten leicht war, starb Hölderlin, 73jährig. Auf dem Tübinger Stadtfriedhof liegt er begraben. Im Zwingelturm hat man eine kleine Gedenkstätte eingerichtet. Im Gärtchen am Neckar fand ich Beuckers eigenwilliges Hölderlin-Denkmal, den in die Knie sinkenden, von Apoll geschlagenen Jüngling. In dem Gedicht »Der Wanderer« stehen die vielzitierten Verse:

Seliges Land! kein Hügel in dir wächst ohne den Weinstock,
Nieder ins schwellende Gras regnet im Herbst das Obst.
Fröhlich baden im Strome den Fuß die glühenden Berge,
Kränze von Zweigen und Moos kühlen ihr sonniges Haupt.

Das gilt aber, wie mir beim Vergleich mit der zweiten Fassung des Gedichts auffiel, nicht, wie so oft vermutet, der Heimat am Neckar, sondern dem herbstlich leuchtenden Rhein. Erst in den folgenden Zeilen erscheint die

Heimat als Herberge der Kindheit, die Kindheit selbst als wahrhaft erfülltes Dasein im Einvernehmen mit der mütterlichen Natur. So beginnt auch die Ode »Der Neckar«:

In deinen Tälern wachte mein Herz mir auf
  Zum Leben, deine Wellen umspielten mich,
    Und all der holden Hügel, die dich
      Wanderer! kennen, ist keiner fremd mir.

Die Heimat am Fluß war für Hölderlin aber mehr als Stätte der Erinnerung, mehr als nur der heilige Ort der Familie und Freunde. Heimat war ihm auch Erlebnis des Vaterlands und der Geschichte. Dies klingt in der Elegie »Stuttgart« an:

Andres erwacht! ich muß die Landesheroen ihm nennen,
Barbarossa! dich auch, gütiger Christoph, und dich,
Konradin! wie du fielst, so fallen Starke, der Efeu
  Grünt am Fels und die Burg deckt das bacchantische Laub,
Doch Vergangenes ist, wie Künftiges, heilig den Sängern,
  Und in Tagen des Herbsts sühnen die Schatten wir uns.

Und dann rühmt Hölderlin den Fluß als Ordnung und Frucht stiftenden Meister der Landschaft:

Aber der Meister pflügt die Mitte des Landes, die Furchen
Ziehet der Neckarstrom, ziehet den Segen herab.

In der Heimat widerfuhr Hölderlin schließlich die Begegnung mit den Göttern und Grazien Griechenlands, die er heimholen wollte an Neckar und Rhein. Nicht als klassizistische Modelle oder schwärmerisches Ideal, sondern als lebendige, menschenbildende Wirkkräfte. So bricht in die Ode auf den Neckar plötzlich die Sehnsucht nach den Inseln Ioniens, nach den Götterbildern im Schutt ferner Tempel ein. Der entschwundenen Götterherrlichkeit setzt er die tröstliche Gegenwart der vertrauten Kindheitslandschaft entgegen:

Zu euch, ihr Inseln! bringt mich vielleicht, zu euch
  Mein Schutzgott einst; doch weicht mir aus treuem Sinn
    Auch da mein Neckar nicht mit seinen
      Lieblichen Wiesen und Uferweiden.

Eduard Mörike, als geheimer Grieche wie Hölderlin mit den Elementen vertraut, hätte das Zauberwort für den Neckar finden können. Ihm war das Wasser Element der Sehnsucht und Poesie, denken wir nur an die Schilderung des Blautopfs; er hörte aus der Gottheit nächter Ferne die Quellen des Geschicks melodisch rauschen, aber zur »Nixe Binsefuß« und dem Gedicht vom unerlösten Gewässer, »Mein Fluß«, hat ihn nicht der Tübinger Neckar, sondern die grünklare Donau bei Scheer inspiriert.

Der Kreis der »Tübinger Romantik« war nach dem kompetenten Urteil von Gerhard Storz enger, verhockter als die Runde der »Heidelberger Romantiker«. Bis auf Kerner und Karl Mayer haben sich ihre bedeutendsten Repräsentanten Uhland und Hauff bald der Geschichte und zwar der mittelalterlichen als der zeitgemäß »eigentlich romantischen« zugewandt. Auch bei ihnen suchen wir vergebens spezifische Neckarpoesie. Dafür erschienen 1861 im Selbstverlag des Verfassers die »Vaterländischen Gedichte« des Tübinger Ochsenmetzgers Christian Späth, dem wir so suggestive Verse verdanken wie:

Der Mond braust durch das Neckartal.
Die Wolken sehen aus wie Stahl ...
Und in den Straßen sieht man nix
Als nur die Tücke des Geschicks.

Schiller hat den Neckar, vielleicht sogar aus Pietät, in seinen sarkastischen Epigrammen über die deutschen Flüsse ausgespart. Hierzulande kaum bekannt ist die Neckarlyrik Johannes R. Bechers. Als Expressionist nur noch historisch, als Staats- und Parteibarde gar nicht zu genießen, hat Becher 1947 Nachhall und Nachlese seiner Begegnung mit der Neckarlandschaft zwischen den Kriegen veröffentlicht, meist arg konventionelle Reime, aber mit überraschenden Tönen. Hier heißt eine Strophe im »Lied von Flüssen«:

Neckar. Apfelblüte über Schwaben.
... und ein deutscher Traum liegt dort begraben:
Armer Konrad ... Und es segnet ihn
Deine Hymne, Friedrich Hölderlin.

Herzhafter klingt's bei Sebastian Blau in seinem schon zitierten Mundartgedicht »Dr Necker« an:

Sei' Erbtoal kriegt r halb ond halb
vom Schwarzwald ond vor Rauhe'n Alb.
Drom ist r ao toals zart, toals grob,
grad wia sei' Vatter ond sei' Muater;
mit oam Woat gsait: r ist e guater
ond regelreachter Schwob.

Jatz gucket ao des Wässerle,
wias aus em Bode' spritzt,
ond wia e silbriges Messerle
so blank ond sauber glitzt!

Wias pflätscheret ond strudlet
ond wuselet ond hudlet,
wias läbberet ond motzet
ond Kieselbatze' schlotzet!

Sott ma's glaube', schla me-s Blechle,
daß des wenzig, wonzig Bächle
mol en Necker geit?
Freilich, freilich geit es des,
Narr, aus Bibberlen wearet Gä's
ond aus Kender Leut!

Und so weiter, und so fort, bis der Stromer schnurstracks ins Badische hineinläuft, und dort, vor lauter Jammer, »versäuft r se em Rhei'!«
Deftig-barock, der Schaulust hingegeben, ganz und gar unprätentiös hat Georg Britting eine Fahrt »Im Schwabenland« vom Neckar zur Alb, im Gedicht gekeltert, ein Päan, ein Preisgesang auf die Fülle der hochsommerlichen Landschaft:

Und die Bäume, die sind mit Stangen gestützt,
sonst knickten sie unter der Last,
und manchem hat auch das nichts genützt,
von der Fülle brach dann der Ast,
und der Riß lag weißlich und ungeschützt,
an dem Saft hat der Käfer gepraßt.

Die Hänge rauchten im grauen Duft,
und der Wein stieg kletternd hinan,
bis oben, wo rauher das Strauchwerk begann,
und die Felsenkluft
sich öffnete schwarz in den Tann.

Und der Fluß floß unten und dampfte hinauf,
sein Silber war glänzend wie nie.
Wo der Berg schob vorwärts sein Knie,
da standen die Nußbäum' beieinander zuhauf,
im Wind leis rühreten sie
der Blätter behagliches Geschnauf.

Auf den Höhen, da war Gemäuer und Turm,
uralt, zerbröckelnder Stein.
Und die Ebene, kochend im Sonnensturm,

trieb Feuer hinein in den Wein,
und noch im Apfel der weiße Wurm
sog die Hitze wollüstig ein.

Aus Stroh waren die Dächer, steinhart gepreßt,
ein Schafhirt schwang grüßend den Stab.

Und die Blumen wallten das Fenster herab,
herzrot, wie ein glühendes Nest,
und noch bei der Kirch' das verfallene Grab,
in der Ecke verächtlich allein,
das blühte und schwoll, als wär' es ein Fest,
in Schwaben begraben zu sein.

Am Beispiel Esslingens soll hier kurz der Wandel des lyrischen Bildes dargestellt werden. Karl Mayer, ein sonst rührend tüfteliger Genremaler der Poesie, dem Kerner-Kreis zugehörig, schlägt in dem Gedicht »Schwäbische Reichsstadt« ungewohnte Töne an. Ungeniert läßt er Tor, Mauer, Kirche Moral predigen und setzt in den beiden letzten Zeilen deren Eigensinn und Eigenart in kaum verhüllten verächtlichen Gegensatz zur architektonischen Aussage seiner Gegenwart, die ihm keinen einzigen Vers wert zu sein scheint:

Ein jedes Tor der alten Stadt
Ruft türmend: schau und merk!,
Was sie für Kunst und Sitte hat,
Am ehrenfesten Werk!

Dazwischen auch die Mauer spricht,
Von Türmen starr, mich an:
Die Augen auf! Vergiß es nicht,
Wie sie sich wehren kann!

Selbst in den Himmel voller Kraft
Reißt mich ihr hehrer Dom
Und zeigt: das Werk der Bürgerschaft
Herrscht auf und ab am Strom.

Was heutzutag die Städte sagen,
das magst du andre Wanderer fragen.

Probieren wir's und fragen Heinz Piontek, der zwar nicht als Wanderer kam, sondern höchstens zu einem Verlegerplausch oder zu einer Dichterlesung am Neckar D-Zug-Pause gemacht hat. Er reiht lakonisch Notiz an Notiz und fügt die Scherben der Impression heimlich doch zur Charakteristik der Stadt:

Die Küfer
hinter den Spionen:
Geister des Glockenspiels.
Die Berge
sind aus den Scherben
grüner Weinflaschen.
Der Neckar
im Herbst phantasievoll
wie ein Müller.
Die Züge
fahren pünktlich
vorbei.

Mit dem geschulten Blick des Geologen, mit wachem Sinn für die historisch geprägte Weinbergslandschaft des mittleren Neckars hat Otto Linck in »Neckarlandschaft« die Flußszenerie eingefangen:

Doch als er aus dem Walde trat,
da tat sich vor ihm auf
das weite Rund des Weinberglands
mit blankem Stromeslauf.

Das stieg in Stufen steil zu Tal,
gebaut und streng gefügt,
und in des Flusses Biegung lag
das Städtchen hingeschmiegt.

Die Traube kochte rings am Pfahl,
der Pfirsich hing am Rain;
grüngoldne Echse sonnte sich
auf altem Römerstein.

Als aber aus dem kleinen Kreis
sein Blick zur Höhe ging,
erschloß sich Ferne tief und reich,
die dieses Tal umfing.

Groß über der Geborgenheit
stand, Ruf und heller Traum,
in neuer Stufung Berg bei Berg
und dunkler Wäldersaum.

Ein Blitz lief blau am Horizont –
da wars, daß er empfand,
es müssen gute Götter sein
in diesem klaren Land.

Hölderlinisch mutet dieser blaue Mittagsblitz über dem glastenden Tal an, und Hölderlin wird auch in den drei letzten Exempeln zeitgenössischer Neckarlyrik angerufen. Verhalten, melancholisch, sparsam mit Worten zeichnet Johannes Bobrowski seinen »Hölderlin in Tübingen«:

Bäume irdisch, und Licht,
darin der Kahn steht, gerufen,
die Ruderstange gegen das Ufer, die schöne
Neigung, vor dieser Tür
ging der Schatten, der ist
gefallen auf einen Fluß
Neckar, der grün war, Neckar,
hinausgegangen
um Wiesen und Uferweiden.
Turm,
daß er bewohnbar
sei wie ein Tag, der Mauern
Schwere, die Schwere
gegen das Grün,
Bäume und Wasser, zu wiegen
beides in einer Hand:
es läutet die Glocke herab
über die Dächer, die Uhr
rührt sich zum Drehn
der eisernen Fahnen.

In seinem Gedicht »Der Neckar bei Nürtingen« ist der Mythenforscher und Mythenerneuerer Friedrich Alfred Schmid Noerr mit den Nachkriegsschwaben hart ins Gericht gegangen, als wolle er an die leidvoll scharfe Charakteristik der Deutschen im »Hyperion« räsonierend wieder anknüpfen.

Silbernes Licht umwirkt mit zärtlichem Schleier,
Hölderlin, dein betriftetes Kindheitstal.
Weit wie die Hoffnung ists. Aber wie lebensschmal
Hingedehnt untern Schwung deiner Sehnsuchtsfeier!

Graue Weiden umstehn, der frommen Olive
Unfruchtbares Nachbild, des Neckars Gestad:
Nein, es mangelt nicht Schöne. Es mangelt zum Grad
Klassischer Größe nur olympische Tiefe.

Ach! Es mangelt hellenischer Geist diesem Lande
– fast. Nicht so der zänkischen Griechen Geschick:
Rings um Ruinen des Trotzes geistert der Blick,
Sieht auch in Volkes Behagen das Griechenverwandte.

Herber Wein gedeiht. Doch die trefflich gelaugte
Brezel auch, und selbstgefälliger Schmack.
Und es qualmt mit dem Tübinger Stiftstabak
Schwabenschläue, die meist wohl zu besserem taugte.

Denk ich, Hölderlin, dein: Die Seele verhüllt sich.
Dieses Geschlecht ist wie ehmals, so heute gemein,
Daß ich mit dir mich schäme, ein Deutscher zu sein.
Alles verdirbt hier. Nur Übersehnsucht erfüllt sich.

Ebenso bitter schmecken die Verse der Lyrikerin Margarete Hannsmann. In ihrem Gedicht »Tübingen, Dezember 1973« holt sie als gebranntes Kind ihrer Zeit Hölderlin in die Gegenwart politischer Konfrontationen und sterbender, gestorbener Flüsse herein, fand sie den Nekkar schwärzer als Styx –

Heimgekehrt von den adoptierten
Bergen Helikon Akrokorinth
in das Land zwischen Lauffen und Nürtingen
den Turm im Sinn
aus dem ich dich forttrug
fand ich schwärzer den Neckar als Styx
die von deinem Namen beflügelten
Toten zweier Jahrhundertkriege
vergessener als Thermopylä
ungeerntet hängen die gelben
Birnen doch
auch das gestorbene Wasser fließt . . .

Umseitig:
21 Christoph Yelin schuf das Prachtportal der Renaissance am Schloßtor von Hohentübingen. Das Herzogswappen wird vom französischen Ludwigsorden und englischen Hosenbandorden gerahmt.

22 Ein kleinstädtischer, aber weltberühmter Prospekt: Tübingens hochgebaute Neckarpartie mit dem Hölderlinturm; am Zwingel, Flaniersteg der Studenten, liegen die Stocherkähne vertäut.

23 Bündelpfeiler tragen das spätgotische Schiff der Tübinger Stiftskirche St. Georg. Der statuengeschmückte Lettner und ein Gitter trennen das Kirchenschiff und den Chor mit den Glasmalereien des Peter von Andlau.

24 Am Freitag macht der Tübinger Marktplatz mit Gemüseständen, Obstbergen und Blumenbunt seinem Namen Ehre. Der Neptunbrunnen steht seit 1617 auf dem Platz. Die Sgraffitomalereien am Rathaus erweisen berühmten Tübingern ihre Reverenz.

25 Vor dem Bürgerheim an der Krummen Brücke in Tübingen steht der von Ugge Bärtle gehauene Wengerterbrunnen, ein Erinnerungsmal für den »Gôgen«, den grobschlächtigen, fast schon sagenhaften Weingärtner der ammerwärts gelegenen Unteren Stadt.

Im Angesicht der Alb

Von der Quelle bis zum Flußknie bei Plochingen ist das Panorama der Alb am Neckar gegenwärtig, je nach Nähe und Atmosphäre als dunstblaue Mauer oder buchtig aufgerissene Steilwand, weithin von Buchenwäldern ummantelt, aus deren Laubgrün, Herbstbränden oder Frühjahrsviolett die Riffe, Zinnen, Stirnkanten und Klötze des knöchern gebleichten Jurakalks hervorleuchten. Im spukhaft flüchtigen Wechsel von Wolkenschatten und flutendem Sonnenlicht gewinnt die Gebirgsszenerie doppelt an Leben, wölbt sich das Relief plastischer, gleißen die schroffweißen Bastionen hell auf, füllen sich Schrunden, Klüfte, Hangfalten unvermutet mit Finsternissen, zeichnen sich die Silhouetten schärfer ab, scheint die Landschaft lebhafter zu atmen. Vom nördlichen Albtrauf fallen dem Neckar in meist kurzem, aber umso energischeren Gefälle die bedeutendsten Bäche und Flüsse des Oberlaufs zu, Prim und Eyach, Starzel und Steinlach, Echaz und Erms, Steinach und Tiefenbach, Lauter und Fils. Zwischen den Mündungen von Echaz und Erms baut hartbankiger Stubensandstein die Hangpartien überm Neckar auf. Immer wieder narben Steinbrüche die Talwände. Bei Altenburg brach man Mühlsteine, bei Mittelstadt Quader für den Kölner Dom, in Oberensingen und Pliezhausen holten sich die Ulmer den widerstandsfähigen, weißgekörnten Werkstein für ihren Münsterbau.

Bei Kirchentellinsfurt vereinen sich Echaz und Neckar; der silberne Wellengöpel im Ortswappen bezeugt's. Wo in dem mittelalterlichen Kirchheim an der Tälesfurt Fischer und Müller einst ihr Auskommen fanden, rasseln jetzt die Fabrikmaschinen. Überm linken Neckarufer liegt in einer Waldblöße die Domäne Einsiedel, früher Jagdsitz des Grafen Eberhard im Bart; eine Rundwanderung führt hier zu römischen Göttersteinen und einer keltischen Kultschanze im Schönbuch.

»Ganz Reutlingen ist eine Fabrik«, vermerkt 1824 die Oberamtsbeschreibung lapidar. Das trifft heute fürs ganze untere Tal der Echaz zu. Was die Werkhallen an Wiesengrün, Acker und Wald übriggelassen haben, wird von den Kolonnen der langgereihten Siedlungshäuser durchpflügt. Günter Grass fiel auf einer Eisenbahnfahrt, es war Wahlherbst, zwischen Reutlingen und Esslingen auf, »wie beharrlich die Schwaben Landschaft durch Einfamilienhäuser verhindern«. Reutlingen wuchs an und mit der Echaz zu seiner heutigen Bedeutung heran. Die Reichsstadt bezog Posten an einer Furt des schmalen, aber ungestümen Albflüßchens, das von den amtlichen Topographen des vorigen Jahrhunderts mit einem Sonderlob bedacht wird: »Für die Anwohner hat sie mannigfaltigen Nutzen; sie ist zwar weder schiffbar noch flößbar, sie bewässert aber die Wiesen und erhält diese in einem üppigen Wachstum, sie belebt das Gewerbe, treibt innerhalb des Oberamts allein nicht weniger als 52 Mühlen und Werke, darunter 17 Mahlmühlen, sie führt treffliche Forellen und einen zum technischen Gebrauch sehr guten Kies.«

Welch Wunder, daß die Forellen noch immer in der Reutlinger Echaz huschen, am Tübinger Tor sogar in einer 100 Meter langen, tagsüber elektrisch beleuchteten Dole!

Die Echaz füllte den Reutlingern die Stadtgräben und trieb seit 1550 auch die erste Papiermühle, sie weichte den Gerbern die Häute und floß, von der Eichenlohe eingefärbt, oft genug als rostrote Brühe zu Tal. Die Gerberzunft tat sich nicht nur, wie Uhlands Balladen-Reportage berichtet, anno 1377 im Gefecht gegen das wirtembergische Ritteraufgebot hervor, sie spielte auch im Rat der Reichsstadt eine entscheidende Rolle. Der bekannteste Reutlinger, der Eisenbahnpionier und Nationalökonom Friedrich List, begann als Gerberlehrling, ehe er Amtsschreiber wurde und den bürokratischen Trott des Obrigkeitsstaates vom gespitzten Gänsekiel auf kennen und hassen lernte.

Die schaffig versessene Erwerbsgesellschaft Neu-Spuhls hat Gerd Gaiser in seinem Roman »Schlußball« sarkastisch porträtiert. Behauptet hat sich hier aber auch der trotzige Bürgermut der Reichsstadtzeit, leibhaftig verkörpert in dem noch immer viel zu wenig bekannten und gelesenen Schriftsteller und Journalisten Hermann Kurz. Der Vikar Gustav Werner, begann hier als »Vater Werner« eine Sozialpolitik der Selbsthilfe zu praktizieren, vom Strickverein bis zur Gründung einer Maschinenfabrik, in der Gottlieb Daimler dann den jungen Wilhelm Maybach kennenlernte. Durch Eingemeindungen und Kraftwerksbau griff Reutlingen in den zwanziger Jahren an den Neckar aus, von dem die Stadt so lange abgeschnürt war.

Über den Dächern Reutlingens ist der Kegel der Achalm gegenwärtig, scharfkantig, dunstmattiert, von Nebelfetzen umgeistert, ein stummer steinerner Ruf an Bürohocker und Fabrikler, Asphalttreter und Autofahrer, am Wochenende wieder einmal mit Stock und Rucksack aufzubrechen, sich freizulaufen, freizuwandern. Für die Reutlinger ist die Achalm heute ein Berg der Freiheit, für ihre Vorfahren war's ein Zwing-Uri. Die junge Stadt hatte sich noch im Schirm der staufischen Reichsburg entwickelt, aber mit dem wirtembergischen Burgvogt, der 1330 auf dem Juranest einritt, bekamen die Reichsstädter »gleichsam die Katz aufs Käfig gesetzt«. Als dann nach der Währungsreform die herzogliche Rentkammer den Berg zum Verkauf anbot, verloren die Reutlinger das einstweilen letzte Gefecht um die Achalm. Dafür erhält die Schäferei den Bergkegel durch Beweiden von Gestrüpp und Wald frei. Der Holzschneider HAP Grieshaber führt von hier aus seinen Feldzug für den Erhalt der von Verwuchern bedrohten Wacholderalb.

Baggerseen sprenkeln das Tal

Vor der Industriegasse des kanalisierten Neckars öffnet sich nach Kirchentellinsfurt noch einmal ein ackerfriedliches, wiesenstilles, von Weiden gemustertes Talstück. Kachelgrüne Baggerseen füllen stellenweise fast die ganze Au aus. An den Wochenenden tupfen die Dreieckssegel der Bootsfahrer die Seenplatte. Altwasserarme, morastige Lachen, Ufergehölz begleiten den Fluß. Angler und Wasservögel finden hier noch ein kleines Paradies.

Bei Neckartenzlingen drängt der Schuttkegel der Erms den Neckar dann nach Norden ab. Ein bei Neuhausen entdeckter Votivstein hat uns den römisch-keltischen Namen der Erms, Armissa, überliefert. Von den Uracher Bergen wurde bis 1824 das Scheitholz nach Stuttgart-Berg geflößt. Wie den Reutlinger Lederfabriken und Baumwollspinnereien, so hat auch die Erms den Gerbern, Leinwebern und Tuchmachern des Tals die Wasserkraft geliefert. Angeregt durch den Flachsbau auf der Alb, der die herben Steinrücken sommers in Himmelblau tauchte, ermutigt auch durch den Ulmer Barchenthandel, gründete man um 1660 in Urach eine Leinwandhandlungscompagnie, die ihre Erzeugnisse bis Frankreich, Italien und in die Schweiz vertrieb. Das Weberviertel des heiter in Fachwerk gebauten Städtchens erinnert daran. Aus 700 Meter Tiefe, angeschürt von der Esse Vulkans, steigen hier die heißen Wasser des jungen Thermalbads empor. In Metzingen, berühmt für das Weinaltertum seiner sieben Keltern, reift auf dem verwitterten Basalttuff ein herb apartes Weißgewächs.

Um Neckartailfingen verschwindet der Stubensandstein. Der darüber anstehende rutschige rote Knollenmergel, der Schrecken aller Straßenplaner und Häuslebauer, ein wahrer Landschaden, widerstand der Erosion des Neckars umso weniger, als dieser bis Plochingen nun in der Senke des Fildergrabens fließt. In seiner geweiteten Talaue zerfranste der Fluß in seichte, fischreiche Rinnen. Lange litten die Neckartailfinger und Neckarhausener unter dem »kalten Fieber«, das aus den versumpften Altwassern kroch.

Den mörderischen Kroateneinfall des Dreißigjährigen Krieges haben hier nur die Fachwerk-Kelter und die Martinskirche überstanden. Burgähnlich streng und steil ragt dieses Gotteshaus über Neckartailfingen. Hirsauer Mönche haben die Kirche um 1150 errichtet; der West-

26 Die wiesengrüne Kulturlandschaft der Fils bewahrt diese aquarellierte Tuschzeichnung von 1535. Im Hintergrund, realistisch getreu, die Burgen Staufeneck und Ramsberg.

turm ist ein halbes Jahrtausend jünger. Frühgotische Fresken leuchten in zartem skizzenhaftem Umriß von den Wänden. Wegen des wassersammelnden Knollenmergels mußten schon die Mönche einen Regenkanal anlegen; trotzdem neigt sich der Turm leicht seitwärts. Die Reformation schlug St. Martin samt dem Kirchengut der Universität Tübingen zu. Der barocke Türstein am Pfarrhaus mit den gekreuzten Pedellenstäben erinnert daran. Auf dem Friedhof ruht der Landschaftsmaler Hermann Drück, der sein Lebenswerk dem sehnsuchtsblauen Panorama der Schwäbischen Alb und dem Nekkar mit den im Licht flirrenden Pappeln gewidmet hat. Im Angesicht Nürtingens mündet die Aich in den Nekkar, »eine Tochter des Schönbuchs«. Die Stadt sammelte sich auf einem alten Umlaufberg des Flusses; Steinach und Tiefenbach füllten die aufgegebene Neckarschlinge. Dieser jungen Abschnürung verdankt der Nürtinger Neckar sein starkes Gefälle, das vom Mühlenwehr oberhalb der Brücke erhalten und genutzt wird. Nach dem Bau leistungsfähiger Kläranlagen gehört das Flußstück zwischen Neckartenzlingen und Nürtingen wieder zu den saubersten Gewässerstrecken des Landes.

Unterhalb des hochwassersicheren, ummauerten Stadthügels kreuzten sich in einer Neckarfurt die Römerstraße von Rottenburg nach Köngen mit einem frühmittelalterlichen Fernweg vom Schwarzwald zur Alb. Nachfolgerin der Furt ist die 1304 erstmals erwähnte Brücke, in Merians barocker Schwaben-Topographie als »ein lustige Brücken/mit steinernen Pfeilern« verzeichnet. Im Mauerring rund um die Wehrkirche entwickelte sich Nürtingen als Marktflecken, Zollstation, Gerichtsstätte und Amtsstadt. Der Brückenzoll floß dem »Heiligen«, dem Kirchenvermögen von St. Laurentius, später der Stadtkasse zu. Die Stadt hat 1832 dann auch die neue Steinbrücke über den Neckar geschlagen.

Trotz des freundlichen Fachwerks am Rathaus oder der Alten Schmiede, trotz der saalartig lichten spätgotischen Stadtkirche mit ihrem kalkstaubbepuderten Turmhelm weist Nürtingen kaum noch mittelalterliche Reminiszenzen auf. Schuld daran ist der große Stadtbrand des Jahres 1750. Damals wurde auch das gebrechliche Schloß, bevorzugter Witwensitz des herzoglichen Hauses, abgebrochen. Die Nürtinger Lateinschule hatte einen guten Ruf im Ländle. Hölderlin und Schelling haben dort die Schulbank gewetzt; ein Gedenkstein an der Marktstraße mit Versen Mörikes hält die Erinnerung daran fest.

Mörikes Mutter war 1825 nach Nürtingen gezogen, der Sohn hat dort als Tübinger Student und Vikar seine Ferien verlebt. In seinem nächtig genialen Roman »Maler Nolten« hat Mörike auch die Landschaft zwischen Neckar und Alb gemalt und in einer Anmerkung sogar den Blick vom Geigersbühl bei Großbettlingen, halbwegs zwischen Nürtingen und Metzingen, mit dem kalkhellen Klotz der Festungsruine Hohenneuffen als Leitmarke lokalisiert: »Welch ein Genuß nun aber, sich mit durstigem Auge in dieses Glanzmeer der Landschaft hinunterzustürzen, das Violett der fernsten Berge einzuschlürfen, dann wieder über die nächsten Ortschaften, Wälder und Felder, Landstraßen und Wasser, im unerschöpflichen Wechsel von Linien und Farben, hinzugleiten!

Hier schaute, gar nicht allzuweit entfernt, eine langgedehnte Albtraufe ernsthaft und groß herüber; sie verschloß beinah die ganze Ostseite, Berg hinter Berg verschiebend und ineinanderwickelnd, so doch, daß man zuweilen ein ganz entlegenes Tal, wie es stellenweise von der Sonne beschienen war, mit oder ohne Fernrohr erspähen und sich einander freudig zeigen konnte. Besonders lang verweilte Agnes auf den Falten der vorderen Gebirgsseite, worein der schwüle Dunst des Mittags sich so reizend lagerte, die ahnungsvolle Beleuchtung mit vorrückendem Abend immer verändernd, bald dunkel, bald stahlblau, bald licht, bald schwärzlich anzusehn. Es schienen Nebelgeister in jenen feuchtwarmen Gründen irgendein goldenes Geheimnis zu hüten. Eine bedeutende Ruine krönte die lange Kette des Gebirgs, und selbst durch einen schwächeren Tubus glaubte man ihre Mauern mit Händen greifen zu können...«

Hölderlins Geschick ist hier in Nürtingen mit dem Fluß eng verknüpft. Vorfahren des Dichters sind seit dem 16. Jahrhundert als Fischer und Bader »an der Nekkerbruck« nachgewiesen. Gemeinsames Familienwappen war der Holunderbaum, mundartlich Holder genannt. Ab dem vierten Lebensjahr verbrachte Hölderlin seine Kindheit im Schweizerhof, am Anfang der Schloßgartenstraße. Sein Stiefvater, der Bürgermeister Gock, holte sich 1778 bei den Rettungsarbeiten an der hochwassergefährdeten Brücke die tödliche Krankheit. Auf der Nürtinger Neckarbrücke soll im Juli 1802 der aus Frankreich zurückgekehrte schon vom Wahnsinn gestreifte Hölderlin Mutter und Schwester erstmals begegnet sein.

Flußabwärts schimmern wieder Baggerseen in der Talaue. Unterboihingen, als Reichsritterdorf früher eine katholische Enklave, ist mit Wendlingen zu einer kompakten Industriegemeinde zusammengewachsen; Sinnbild dieser Einheit ist das neue Rathaus mit dem vielgeknipsten Denkmal des Dorfbüttels, der, von den Neckargänsen angezischt, gerade ausschellt. In Köngen spannt sich die schönste Brücke weit und breit über den Fluß, 1602 von Heinrich Schickhardt errichtet. Von ihrer hölzernen Vorgängerin soll sich der Herzog Ulrich, umzingelt von den Streifscharen des Schwäbischen Bundes, anno 1519 mit einem kühnen Reitersprung in den Neckar gerettet haben; nachzulesen in Hauffs vaterländischem Roman »Lichtenstein«. Kurz vor dem Ersten Weltkrieg wurde die ursprünglich nur vierbogige Brücke um zwei Joche verlängert, später nocheinmal verbreitert. Mir erschien der aus warmbraunem Keupersandstein gefugte Bau mit dem bekrönenden Wappenobelisken, dem »Bruckenspitz« noch immer als eine rhythmisch geglückte, spannungsvoll gedrungene Schöpfung. Aber der Kunsthistoriker Christ, der die Köngener Brücke noch als Schickhardt'sches Original vor Augen hatte, sah sie schon durch den ersten Umbau zu einem »Monument zweiten Ranges degradiert«. Denn »was an der Esslinger Brücke noch etwas ungeschlachte Masse war, ist hier in eine wundervoll einfache und strenge Disziplin gebracht. Vier gleiche Bogenwölbungen spannen über den Fluß und zwischen ihnen schieben Eisbrecher in Form dreieckiger Prismen ihren scharfen Bug in den Strom hinein ... Es sind gewisse Feinheiten, wie die diskrete Betonung der Brückenmitte durch einen spitzen Obelisken, dann die raffinierte Krümmung der Auffahrtsrampe, die im Vergleich zu den abstrakt geometrischen Bogenlinien der Esslinger Brücke fein verlebendigten Kurven, die nur ein Künstler von hohem Geschmack so kennt.«

In der hangwärts gelegenen, dem Fischerpatron Petrus geweihten Kirche stehn die Grabmäler der Dorfherren, der Thumb von Neuburg, flußaufwärts, ebenfalls am Hang, ragt im Gewann »Altenburg« die vom Schwäbischen Albverein restaurierte Lagerecke des Römerkastells. Von dem Platz, den schon die Kelten befestigt hatten, schweift der Blick über die Lautermündung bis hin zu Achalm und Hohenstaufen. Vielleicht geht die römische Kastell-Adresse Grinario auf den keltischen Namen der Lauter zurück.

Die Industriegasse der Fils

Bis Wernau scheint das Neckartal in eine Kette blinkender Baggerseen aufgelöst. Der Fluß hat hier stark aufgeschottert und viel Kies abgeladen. 1938 haben sich die ehemals ritterschaftlichen Dörfer Steinbach und Pfauhausen zur Gemeinde Wernau zusammengetan, die in unseren Tagen, dank ihrer industriellen Potenz, das Stadtrecht erhalten hat.

Talabwärts bei Plochingen prallt der Neckar gegen den Riegel des Schurwaldes und wird nach Westen abgedrängt. Sein überraschender, fast schon gegenläufiger Bogenschlag läßt sich aber nicht allein aus dem Relief der Landschaft erklären. Als die Albtafel noch weit nach Norden reichte und die Fils zur Donau hin entwässerte, bildete der Neckar zwischen Esslingen und Plochingen ein Stück dieser Ur-Fils, der von Nürtingen her noch ein Nebenfluß zufiel. Als dann der Odenwaldneckar rückwärts schürfte, polte er das Gefälle der Fils um, und das aggressive Rheinsystem drängte den Albtrauf auf seine heutige Linie zurück.

Die Fils entspringt bei Wiesensteig auf der Alb, ihre Weißjuraquellen sind hier in einem Steinbecken gefaßt, in ihrer Geburtsurkunde aus dem Jahr 861 wird sie »Filisa« genannt. Nach einem nur 63 Kilometer langen Lauf mündet die Fils bei Plochingen in den Neckar und macht ihn schiffbar. So idyllisch das Geißentäle am Oberlauf anmutet, oder das Roggental mit seinen ledriggrünen Eiben am Himmelsfelsen, so zugebaut und zersiedelt erschreckt die Strecke zwischen Geislingen und Reichenbach. Mit der Industrialisierung begann man im vorigen Jahrhundert auch die Wasserkraft der Fils auszunutzen, die immerhin von der Quelle bis zur Mündung 377 Meter Gefälle aufweist. Aus der Leinenweberei entwickelte sich eine Textilindustrie, aus den Reparaturwerkstätten für die Webstühle eigene Maschinenfabriken. Wo früher nur die »Papierer« und Kornmüller ihre Räder laufen ließen, rauschte bald Wasserwerk hinter Wasserwerk. Der Bau der Bahnstrecke Stuttgart – Ulm mit der meisterlichen Überwindung der Geislinger Steige gab den Unternehmen Auftrieb. Heute leidet das als »schwäbisches Ruhrgebiet« hochgelobte Filstal unter der überkommenen Strukturierung der industriellen Gründerjahre.

Ein Intermezzo blieb der Bergbau auf Doggererze im Braunen Jura. 1717 rauchte in Donzdorf der erste Eisenschmelzofen. In den Zwanzigerjahren begann bei Geislingen-Altenstadt eine Tochter der Gutehoffnungshütte wieder zu schürfen. 1959 noch wurden im »Stauferstollen« monatlich 30 000 Tonnen gefördert, täglich rollte ein Güterzug mit Erz an Rhein und Ruhr. Dann erloschen die Grubenlampen. Unvermindert sprudeln dafür die Mineralquellen von Bad Ditzingen und Bad Überkingen; aus den Poseidonienschiefern entspringt die Schwefelwasserstoffquelle von Bad Boll; Göppingen verdankt seinen Kohlensäuerlingen das fürstlich protegierte Christophsbad.

Am Filsknie, wo der Albaufstieg beginnt, gründeten die Grafen von Helfenstein die Stadt Geislingen an der Steige. Als Wappentier führten die Helfensteiner seit den Kreuzzügen den Elefanten, und die Elfenbeinschnitzereien des Städtchens waren als »Geislinger Ware« in ganz Europa gefragt. Später erwarb die Reichsstadt Ulm den festen straßensperrenden Platz. Ein neues Zeitalter begann mit der Gründung der Württembergischen Metallwarenfabrik, der Süddeutschen Baumwoll-Industrie und der Maschinenfabrik.

Göppingen ist Sitz einer weltweit bekannten Maschinenindustrie, auch die Märklin-Bastelkästen kommen von hier. Als ein Blitzschlag 1782 die Stadt fast völlig einäscherte, befahl Herzog Karl Eugen den Wiederaufbau in strengem Schachbrettschema. Verschont von dem Stadtverderben blieben damals das Christophsbad, das Schloß mit der manieristisch delikaten Rebenstiege und die gotische Oberhofenkirche; in ihrer südlichen Eingangshalle hat man als spätmittelalterliches Fresko die einzige Ansicht der noch unzerstörten Burg Hohenstaufen freigelegt.

Eingepreßt zwischen Rehgebirge, Schurwald und die Vorberge der Alb im Süden hat die Industrie ihr Grau dem Tal nicht völlig aufzwingen können. Immer wieder setzt der Wald ein grünes Fermate. Umso teurer hat der Fluß bezahlt. Im vorigen Jahrhundert galt die Fils noch als Forellengewässer. Heute wird sie unter allen Nebenflüssen des Neckars von giftigen Schwermetallen am verheerendsten verseucht. Ihr Unterlauf, so der amtliche Bescheid, ist »nahezu fischleer«.

Seit dem Sommer 1968 ist Plochingen Endhafen des Neckarkanals, symbolisiert von dem einem schnittigen Schiffssteven nachempfundenen Denkmal am Molenkopf der Schleuse. Beim Hafenbau mußte der Neckar etwas südwärts verlegt werden, ein Teil des alten Flußbogens blieb als Kühlwasserkanal für das Wärmekraftwerk Altbach erhalten. Die Korrektion sollte auch die leidigen Überschwemmungen bannen; der Name des trockengelegten Industriegebiets »Fröschweide« spricht da für sich. Übers Hafenviertel schwingt die Otto-Konz-Brücke, benannt nach dem planerischen Vater des Neckarkanals.

Als um die Jahrhundertwende die Eisenbahnbrücke über den Neckar geschlagen wurde, fanden die Arbeiter im Flußbett eine Menge Bronzewaffen; sie wurden bis auf ein paar fürs Landesmuseum gerettete Schwerter verschleudert. Zuvor hatte man die 1778 von Christian Adam Etzel errichtete Archenbrücke abgerissen, ein kerniges Meisterwerk der Zimmermannskunst; bei einer Länge von 70 Metern und einer Fahrbahnbreite von gut viereinhalb Meter übersprang diese Brücke den Fluß ohne einen einzigen Zwischenpfeiler. Über sie rollten die Karossen, trabten die Kuriere der Thurn und Taxis'schen Post zwischen Antwerpen und Venedig.

Plochingen war seit dem Mittelalter Weinort mit vier Keltern und ein bedeutender Marktflecken. Zuflucht boten die hoch überm Neckarknie gelegene Wehrkirche und eine Wasserburg. In dem Backsteinmassiv der Waldhorn-Brauerei fand 1827 das erste Deutsche Sängerfest statt und wurde 1888 der Schwäbische Albverein gegründet. Als Schienenknoten der Eisenbahnstrecken Stuttgart – Ulm und Stuttgart – Tübingen hat Plochingen lang vor dem Hafenbau von der Gunst seiner Verkehrslage profitiert.

Die Schornsteine der Dampfkraftwerke Altbach stecken den Eingang zur Esslinger Industriezone ab. Vom Neckar als dem »wandernden Idyll der Hügellandschaft« ist hier im breiter ausgeräumten Keupertal kaum noch was zu sehen. Die Körsch, die hinter Deizisau dem Fluß zufällt, führt die Bäche und Rinnsale der Filder mit sich. Der Landeskundler Friedrich Huttenlocher hat ihr Einzugsnetz mit seinem Bündel gleichlaufender Adern einmal als sanft flutende, gefiederte Wasserpflanze gezeichnet. Aber in der Körsch kann heute kein Fisch mehr, kaum noch eine Wasserpflanze atmen.

Der Körschmündung gegenüber liegt Zell, wohl eine frühe Mönchsgründung. Im linksufrigen Berkheim besaß das Kloster Denkendorf das Fischrecht im Neckar. Von der frühromanischen Pelagiuskirche des Klosterdorfes blieb nur der Turm erhalten. Nach einer Pilgerfahrt schenkte der adlige Kirchenherr das Denkendorfer Gotteshaus den Brüdern vom Heiligen Grab in Jerusalem. Sie bauten um 1200 eine größere Basilika, unter der sich die Krypta mit dem symbolisch leeren Grab Christi verbirgt. Eine Wallfahrt nach Denkendorf galt im Mittelalter fast soviel wie eine Pilgerreise ins Heilige Land. Nach der Reformation sorgte das Kloster als Seminar für den theologischen Nachwuchs des Landes; heute gehört es der Inneren Mission.

Esslingen aus der Brückenperspektive

Otto Borst, der Geschichte spannend und farbig und in unverwechselbarem Tonfall zu erzählen weiß, hat Esslingens Vergangenheit einmal aus der Brückenperspektive betrachtet, an der Pliensaubrücke aufgehängt. Daraus ist

27 Jahrhundertelang verband die Pliensaubrücke als Schlagader des Verkehrs Esslingen mit der Welt. Das auf Solnhofener Schiefer gemalte Ölbild Pfisters zeigt auch die Neckarkanäle.

ein ganzes Buch geworden. Denn dieses Wasserbauwerk der Stauferzeit, nach der Regensburger Donaubrücke wohl die älteste erhaltene Steinbrücke nördlich der Alpen, gilt ihm als der Schlüssel zur Reichsstadtgeschichte Esslingens.

Wer Merians Kupferstich oder Pfisters auf Solnhofener Schiefer gemalte Ansicht mit der heutigen Brückenszenerie vergleicht, ermißt den Verlust. Die historischen Veduten zeigen einen gut 200 Meter langen, von massigen Pfeilerköpfen und elf knappen Bogen skandierten Steinrücken, mittleibs überragt vom gedrungenen Brückenturm, eingespannt zwischen dem Pliensautor-turm und dessen Widerpart, dem linksufrigen Brückentor, zu dem sich noch die dachreiterüberspitzte Heiligkreuzkapelle gesellt. Heute spannt sich stadtseits ein flacher Betonsteg über den Neckarkanal; auf der Zollbergseite rollt der Verkehr der autobahngleich ausgebauten B 10 durch die aufs Trockene gesetzten Brückenbögen; die steinernen Akzente, Brückenturm, Brückentor und Kreuzkapelle, sind längst gebrochen; den Pliensautorturm hat man von seiner Brücke abgeschnitten, ringsum aufgeschüttet, zugemauert, von Stadt, Straße und Fluß isoliert.

Mehr als sieben Jahrhunderte lang, allzulang, hat allein

die Pliensaubrücke den Schurwald und die Filder miteinander verbunden. Über sie zog aber auch ein Gutteil des Verkehrs zwischen Oberitalien und Flandern, Nordsee und Adria. Kein Eisgang, kein Wasserprall, kein Bombardement oder Sprengkommando hat dieser Brücke das Rückgrat gebrochen; weil man sich vor dem unumgänglichen zweiten Brückenschlag drückte, wurde an diesem Brückenorganismus der Stauferzeit herumgepfuscht. Schon im ersten Drittel des vorigen Jahrhunderts fielen Brückentor, Brückenturm und Kapelle. Als sich die Eisenbahn zwischen Stadt und Fluß eine Bresche brach, zerriß sie den Verbund von Brücke und Neckarfront. Die Brückenstraße, noch immer die wichtigste Verkehrsader Esslingens, kreuzte nun den Schienenstrang. Das war auf die Dauer unhaltbar. 1927 wurde die Pliensaubrücke verbreitert und in eine Zwangsjacke von Betonbrüstungen gesteckt; ihre Fahrbahn hob man stadteinwärts leicht an, führte sie um den Pliensautorturm herum und auf einer Rampenbrücke übers Schienennetz hinweg. Der Torturm hatte damit Proportion und Funktion, die Brücke ihren ersten Bogen und damit ihr charakteristisches Ufergefälle verloren.

»Eine neue Brücke stromaufwärts«, bemerkt dazu Harald Hanson, »wäre auch damals die einzig richtige Lösung gewesen. Es fehlte nicht an Einsichtigen. Aber niemand wollte mit der Stadt die größeren Kosten tragen.« Nicht einmal der anschwellende Autoverkehr der Nachkriegsjahre brachte Einsicht. Der Bau des Schiffahrtkanals von Stuttgart nach Plochingen preßte den Neckar stadteinwärts in ein engeres Bett. Die nördliche Hälfte der Joche wurde zugunsten des Kanalstegs geopfert. Gegen den Widerstand der staatlichen Straßenbauer konnte wenigstens der Abbruch der restlichen Brückenjoche verhindert werden. 1970 endlich hat man den Torso der Pliensaubrücke restauriert, kurz darauf vom rollenden Verkehr befreit. Der überfällige zweite Brückenschlag über den Neckar wurde binnen zweier Jahrzehnte nachgeholt: Sirnauer-, Mettinger-, Konrad-Adenauer- und Vogelsangbrücke reihen sich jetzt am Esslinger Neckar auf. Das Brückendenkmal der Stauferzeit aber blieb unwiederbringlich verstümmelt.

Die Wasserarme des vom Hammerkanal abzweigenden Wehrneckars und Roßneckars schieden schon im Mittelalter Kernstadt und Pliensauvorstadt. Aber auch der Hauptarm des Neckars war damals in zahlreiche Flußrinnen aufgespalten. Dazwischen standen die kieselharten Sandsteinbänke des Mittleren Keupers an. Diese Stelle war zur Furt wie geschaffen. Hier mußte sich ein Verkehrsknoten schürzen. Denn gerade an dieser seichten Passage stieß die von Cannstatt übers Filstal zur Donau zielende linksufrige Fernstraße auf den Eisberg, der sich mit seinen rutschignassen Knollenmergeln bis an den Neckar heranschob. Sein immer veränderlicher Hang bildete ein gefährliches, ja unüberwindbares Hindernis. Erst in den Fünfzigerjahren konnte die Bundesstraße 10 nach aufwendigen Sicherungsbauten weitergeführt werden. Bis dahin zwang der Eisberg den Talverkehr aufs rechte, aufs Esslinger Ufer; die Römer hatten ihre Straße von Cannstatt nach Köngen schon bei Weil über die Filder geleitet.

Bei Grabungen in der Stadtkirche St. Dionysius entdeckten die Archäologen Siedlungsspuren der späten Bronzezeit wie der römischen Ära. Die erste urkundliche Nachricht von Esslingen stammt aus dem Jahr 777. Damals vermachte der Abt Fulrad, einer der maßgeblichen Männer am Karolingerhof, die von einem alamannischen Adligen überlassene Cella samt Reliquien des heiligen Vitalis dem Kloster St. Denis. Auch Esslingen war also ursprünglich ein Zell am Neckar, erhöht freilich durch die Wallfahrt zum Grab des Heiligen, protegiert durch Gunst und Ungunst der Natur, Eisberg und Furt. Statt der erwarteten Pfostenlöcher einer bescheidenen Zelle kamen bei den Grabungen in St. Dionys die Fundamente einer fürs frühe 8. Jahrhundert ungewöhnlich stattlichen Basilika ans Licht. Als man beim Kanalbau das alte Neckarwehr oberhalb der Pliensaubrücke wegräumte, trat auch noch einmal die Furtbarre des Kieselsandsteins zutage. Sie mußte gesprengt werden. Als Erinnerungsmal an Furt und Fähre hat Bernhard Heiliger bei der Sirnauer Brücke die winddurchwehte, bergende Plastik des Fährmanns aufgerichtet.

Die Sonne der Staufer leuchtete den Esslingern nur kurz. Trotzdem hat das staufische Saekulum die Silhouette der Stadt geprägt. Damals erstand die türmegespickte Mauerwehr samt der Bastion auf dem Schönenberg und dem Wolfstor mit dem imperialen Löwenpaar; die Stadtkirche erhielt die Farbeninbrunst ihrer Glasmalereien im Chor, eine Teppichwelt von Figuren, Pflanzenornamenten, Szenenmedaillons in Asternrot, sprossendem Grün, Reblaubgold und abgründigem Blau; Albertus Magnus weihte das Münster St. Paul, die älteste Bettelordenskirche Deutschlands, trotz späterer systematischer Zweck-

28 Auf dem barocken Deckengemälde im Esslinger Rathaus hat der Künstler P. A. Reith dem Flußgott Neckar das Ruder als Zeichen der Schiffbarkeit zugesellt.

entfremdung noch immer »von schlechthin unzerstörbarer Wucht«. Als Friedrich II. St. Dionys dem Speyrer Domkapitel schenkte, da baute die Bürgerschaft auf eigene Faust und Kosten die Frauenkirche mit ihrem kostbar zerbrechlichen Turmfiligran; und um die Mitte des 13. Jahrhunderts wölbten staufische Bautrupps die Pliensaubrücke über den Neckar.

1259 heißt es in einer Urkunde »apud pontem Blineshowe«. Kurz darauf taucht eine Adelsfamilie »von Bliensowe« mit dem Beinamen »genannt Brückenschlegel« auf. 1286 wird für Esslingen ein Neckarbrückenablaß »ad reparandum pontem« ausgeschrieben. Einige Steinmetzzeichen an der Brücke finden sich übrigens auch an der Stadtkirche und anderen Bauwerken dieses Jahrhunderts wieder; allerdings muß man dabei bedenken, daß die von Eisschollen und Wogenprall zerlöcherte Pliensaubrücke immer wieder mit Quadern der Stadtbefestigung geflickt worden ist.

Über die Brücke zog die Reichsstraße von Venedig, Bozen, Innsbruck, Augsburg, Ulm, Geislingen weiter nach Cannstatt, Vaihingen an der Enz, Bruchsal und Speyer nach Antwerpen. Die Brückentore waren Stationen des berüchtigten Esslinger Zolls, den seit Mitte des 14. Jahrhunderts die Stadt kassierte. Die dreifach übertürmte Neckarbrücke galt als Wahrzeichen der Reichsstadt, sie war Esslingens Nabelschnur zur Welt, Gerichtsstätte und gefreiter Ort zugleich. Eine auf der Brücke begangene Straftat wurde schärfer geahndet als sonst; die zum Wassertod Verurteilten stieß man bei der Heiligkreuzkapelle gefesselt in einen Neckargumpen; bei der Brücke tagte das Hochgericht mit dem Galgen als Eideshelfer; wer aus der Stadt verbannt wurde, den jagte man mit Ruten über die Brücke und ließ ihn an deren Ende ein Nimmerwiedersehn schwören.

Esslingens Grundriß, so Borst, »öffnet sich völlig zur Brücke und zum Oberen Tor hin«. Die Stadt war nach dem Gesetz angetreten, Transit und Rast, Markt und Handel zu bündeln, zu sichern, zu nutzen. Aber schon in ihrem natürlichen Einzugsbereich, den fruchtbaren Fildern, traf sie auf die Konkurrenz und bedrohliche Umklammerung Wirtembergs. Die fortifikatorische Breitseite der Reichsstadt schaute zur Grafschaft. Esslingen machte Front gegen den Neckar, notgedrungen und wie es anfänglich schien, mit Erfolg. Rudolf von Habsburg startete von hier aus seine Strafaktion gegen den Grafen Eberhard. Im Reichskrieg Heinrichs VII. brachen die Bürger die neckarabwärts gelegene Stammburg Wirtemberg und verwüsteten die Grafengruft in Beutelsbach. 1312 kapitulierten die wirtembergischen Städte Stuttgart, Leonberg, Waiblingen, Schorndorf und Backnang, die Stuttgarter mußten den Esslingern zuschwören »ewiglich untertänig« zu sein. Die Umrisse einer neuen Neckarmacht, eines territorial kompakten reichsfreien innerschwäbischen Städtebundes zeichneten sich ab. Aber die unglückliche Doppelwahl Ludwigs des Baiern und Friedrichs des Schönen von Österreich rettete den Grafen Eberhard. Bei Esslingen lagen sich die Heere beider Thronkandidaten im September 1316 gegenüber. »Und als man abends dann von beiden Seiten/Die Gäul' im Neckar in die Schwemme ritt,/Da hub sich mitten in dem Strom ein Krieg,/Davon bei hundert Ross' erstochen wurden/Und stundenweit der Neckar floß wie Blut.« So schildert chronikgetreu Uhland in seinem Schauspiel »Ludwig der Baier« die Schlappe der Städtepartei. Ludwig mußte sich zurückziehen, Esslingen gegen Jahresende zu einem Vergleich mit Eberhard bequemen. Die Umklammerung blieb bestehen.

Als Vorstreiterin des Schwäbischen Städtebundes setzte Esslingen den Kampf gegen Wirtemberg auch nach der Niederlage bei Döffingen 1388 fort, immer verzweifelter, opferreicher, erschöpfter. Zwar hielt die Stadtfestung allen Angriffen stand, aber vor den Mauern hackten die Belagerer den Bürgern die Rebstöcke heraus, gingen die städtischen »Filialen« in Flammen auf, lähmten die von Wirtemberg verhängten Sperrzölle Handel und Wandel.

Als die Reichsstadt 1473 den in der Folgezeit immer wieder erneuerten kostenpflichtigen Schirmvertrag mit Wirtemberg schloß, waren die Würfel endgültig zugunsten des fürstlichen Flächenstaats gefallen. Im Poker um die Wirtschaftsblockade hatte Esslingen verspielt, ihm blieb nur das Arrangement mit dem übermächtig gewordenen Nachbarn und die barock bewegte Klage, daß sich seine Gemarkung »kaum ein Pistolschuß über die Stadt-Pfordten hinaus erstrecket«. In Oberesslingen schon saßen die herzoglichen Zöllner.

Was der Stadt als natürliche Domäne blieb, waren Weinbau und Weinhandel. Mit 600 Hektar erreichte das Rebareal im späten Mittelalter seine größte Ausdehnung. Die knappe, haldensteile Gemarkung hätte hier gar keine extensive Dreifelderwirtschaft erlaubt. Nicht nur das Patriziat, fast jeder Bürger besaß einen Weinberg. Die Reichsstraße über den Neckar war jahrhundertelang auch eine Straße des Weines, auf der das Fuhrmannslied erklang:

Zieh, Schimmel, zieh!
Im Dreck bis an die Knie;
Schieb dich fein in diesen Karren,
Wir wollen an den Neckar fahren.
Zieh, Schimmel, zieh!
Mein lieber Schimmel mein,
Dort lad ich lauter Wein,
Mein Schimmel geht die Weinstraß gern,
Hat's gwiß von seinem Herrn gelernt.
Zieh, Schimmel, zieh!

Augapfel und Zankapfel blieb die Pliensaubrücke. 1570 gewährte Kaiser Maximilian den Esslingern eine Erhöhung des Wegegeldes für den Erhalt der Pliensaubrücke und »des Hl. Römischen Reiches Landstraße«, und zwar vier Schillinge von jedem geladenen Wagen, zwei Schillinge vom geladenen Karren. Dies waren nun die Sternstunden einer Stadt, die einmal Fürstenheeren getrotzt hatte. Michael Stiefel und Ambrosius Blarer führten die Reformation ein. Zuvor hatte ein Bildersturm die Kirchen, Klöster und Kapellen leergefegt. Ein ungnädiger Kaiser Karl V. schloß dann die Zünfte von jeglicher politischer Mitsprache aus, das Stadtregiment war fortan in Erbpacht des Patriziats. Schickhardt hängte dem gotischen Rathaus seine Prachtierfassade im Geschmack der Renaissance an.

Das Mélac-Häuschen auf der Burg mit seiner rührseligen Sage vom Opfergang einer hübschen Bürgerstochter erinnert an die Kriegsgreuel des 17. Jahrhunderts. Esslingen erlitt nur noch Geschichte. Nach dem Stadtbrand von 1701 hellte der Barock das fachwerkkarierte, gassendüstere Stadtbild auf. Im neuen Rathaus am Neckarkanal, heute Amtsgericht, malte Paul Ambrosius Reith sein Deckenfresko, eine allegorische Huldigung an die reichsstädtische Libertät, mit der Pliensaubrücke im Hintergrund und dem Flußgott Neckar, der als Zeichen der Schiffbarkeit das Ruder trägt. Das Barockpalais, jetzt Sitz des Landratsamtes, baute sich der Ritterkanton Kocher. Im Palm'schen Bau, dessen donauländischer Barock höchst liebenswürdig die Orientierung der schwäbischen Reichsstadt nach Wien bekundet, residiert inzwischen der Oberbürgermeister der künftigen Großstadt Esslingen. Kurz vor dem Ende des Alten Reiches, 1796, wäre die Pliensaubrücke um ein Haar vor den anrückenden Franzosen in die Luft gejagt worden. Dabei floß der Neckar damals so seicht wie im heißen Frühjahr 1945, als das Sprengkommando der Wehrmacht mit Bedacht nur einen Brückenpfeiler zündete.

Als Württemberg 1803 die historische Neckar-Rivalin okkupierte, lebte Esslingen vom Handwerk und Weinbau. Der lukrative Weinexport lag weitgehend in den Händen der Stadtaristokratie. Drei Jahrzehnte darauf galt Esslingen als die am stärksten industrialisierte Stadt des ganzen Königreichs. Dies überrascht umso mehr, als die industrielle Gründergeneration hier nicht aus dem eingesessenen Handwerk stammte; dieses nutzte erst nach der Reichsgründung seine Chance. Die Pioniere der Textil- und Lederhandschuhbetriebe, der Metallwarenfabrik und des Lokomotivenbaus waren keine gebürtigen Esslinger. Nach seinen Erfahrungen bei der Witwe Cliquot gründete der Heilbronner Georg Christian Keßler im historischen Speyerer Pfleghof die erste Sektfabrik Deutschlands und machte sein Glück mit »schäumendem Neckarhaldenwein«.

Dem Stadtbild und der Pliensaubrücke kamen die Gründerjahre teuer zu stehen. Zwischen Stadtmauer und Fluß schob sich die Eisenbahn und nivellierte die türmereiche Neckarfront. Zwischen 1837 und 1844, in sieben bösen Jahren, fielen das Äußere Brückentor und »das Kirchle an der Brücke«, wich die mittelalterliche Pliensaumühle mit ihrem mächtigen Walmdach der vom Lokomotivbauer Emil Keßler gegründeten Maschinenfabrik.

Hatte der Neckar in der Rottweiler Mühlengasse »sei' Gsellestuck« probiert, so holte er nun in Esslingen sein Meisterstück nach. All die frühen Industriebetriebe waren auf die Wasserkraft des Flusses angewiesen. Seine Kanäle, Wehrbauten und Mühlgerechtsame bildeten »den wahren Grundstock der Stadt«. So hatte es 1828 der Gemeinderat formuliert, als der Staat seine Hand auf das Esslinger Kanalsystem legen wollte. Ein Anteil an Wasserkraft wurde in der Geschäftswelt wie eine heiße Aktie gehandelt. 1872 noch hieß es in einem Visitationsbericht des Oberamts, die Entwicklung Esslingens beruhe darauf, daß »die Wasserkraft des Neckars in sinnreicher Weise vollständig der Industrie dienstbar gemacht ist«.

Als Veteran der reichsstädtischen Wasserfront ragte nur noch der Pliensautorturm auf, für den anschwellenden Verkehr ein leidiges Nadelöhr, dem kommerziellen Fortschritt ein sprichwörtlicher Stein des Anstoßes, eng, kantig, ungeschlacht, unzeitgemäß. Vor dem Abbruch konnten ihn die Altertumsfreunde, wie es damals geringschätzig hieß, retten, vor dem Ausgemustertwerden nicht. Nach dem Bau der Straßenrampe um den Turm schloß sich das Brückentor im Herbst 1926 für immer.

Zwischen Roßneckar und Wehrneckar schmiegt sich das grüne Herzblatt Esslingens, die Maille, unnachahmlich schwäbische Namenskonserve für den Schauplatz eines italienischen Ballspiels Palli mall, das im 18. Jahrhundert auf der Lindeninsel gespielt wurde. Heute liegt die Maille zwischen der hochgestelzten Vogelsangbrücke und der Inneren Brücke, die den Wagentroß der Jahrhunderte, aber auch den motorisierten Durchgangsverkehr Stuttgart-Ulm in die Altstadt geleitet hat. Das Mittelalter hat ihr die gotische Nikolauskapelle gestiftet, der Barock die luftigen Basarbuden durch kecke Brückenhäuschen ersetzt. Inzwischen gehört die Innere Brücke über Roßneckar und Wehrneckar ebenso wie das Parkmedaillon der Maille zur Fußgängerzone und ist ein beschaulicher Flaniersteg geworden.

Als ich die Burgsteige hinaufstieg, um im Dicken Turm einen Esslinger Spätburgunder zu probieren, schaute ich auf eine vor zwei Jahrzehnten noch grün umbuschte, jetzt graue Werkstattlandschaft, auf Kaimauern, Straßenbänder, Brückenspangen, Lagerhäuser, Fabriken, Silos und die silbrigen Boviste der Mineralöltanks. Um so erstaunlicher, daß flußabwärts, an der sonnesaugenden Neckarhalde Fels und Mauerwerk und fette Weinbergserde keuperrot leuchten, daß hier Rebzeilen und Obstbäume statt Reihenhäuser und Bungalows den Südhang bändern. Der steile Prallhang einer alten Neckarschlinge hat dort die Gefahr der Zersiedelung abgeblockt. Ich hob das Glas Schenkenberger Roten und trank auf den Fluß und sein Erbstück, sein Geschenk, die Rebe.

29 Das schaffige Reutlingen mit seinen Hochhäusern, Kirchtürmen, Fabrikschloten, Spitzgiebeln, Büroburgen, zwischen denen der Tübinger Torturm als versprengter Veteran der Reichsstadtwehr eine gute Figur macht, verebbt am waldummantelten Albtrauf. Hausberg der Reutlinger ist die Achalm. Hinter ihrem Ruinenkegel warten die Wacholderheiden, Wanderwege, Höhlenwunder der Alb.

30 Hirsauer Mönche errichteten die romanische Martinskirche in Neckartailfingen.

31 Kirche, Pfarrhaus, Pfarrhausgarten gehören im Schwäbischen zusammen, wie hier in Pliezhausen.

32 An den Wochenenden tupfen schnittige Dreieckssegel die Baggerseen zwischen Tübingen und Nürtingen. Die Seenplatte bietet auch den Wasservögeln ein schutzwürdiges Refugium.

33 Ein im ganzen Ländle vertrautes Bild: Die Nürtinger Neckarpartie. Mit dem Bau leistungsfähiger Kläranlagen hat sich hier die Fischfauna des Flusses wieder regeneriert.

34 Die klassische Ausgewogenheit der Köngener Neckarbrücke hat der Fotograf in diesem Bild getroffen. Heinrich Schickhardt wölbte die Brücke im Jahr 1602 ein. Später hat man ihr zwei Joche angehängt und die Fahrbahn verbreitert. Der mit dem Herzogswappen geschmückte »Bruckenspitz« betont den unmerklich sanften Schwung des Brückenleibs.

35 Lebhafter geht's auf und unter der Neckarbrücke von Plochingen zu. Hier, an der Mündung der Fils in den Neckar, hat sich längst vor dem Bau der Eisenbahnlinie schon der Verkehr geknotet. Heute ist Plochingen Endhafen des Neckarkanals. Das hochgelegene Gotteshaus bot als Wehrkirche den Bürgern in unruhiger Zeit eine Zuflucht.

36 Marktplatz, Münster und Burg – dieser Dreiklang mittelalterlicher Stadtgeschichte wird hier angeschlagen. Dabei gehörte die Esslinger »Burg« von Amts wegen in Anführungszeichen gesetzt. Sie war nie Sitz eines adeligen oder fürstlichen Potentaten, sondern mit dem Dicken Turm nur das nördlichste Bollwerk der reichsstädtischen Festungslinien.

Umseitig:
37 Von der Vegetation entblößt, zeichnet sich die graphische Struktur der Weinberge am schärfsten ab. An der mauergewappneten Esslinger Neckarhalde regiert noch die herkömmliche Stockerziehung.

Neckarhafen und Nesenbach

Wer Stuttgart als Hafenstadt erleben will, hat's nicht leicht. Im Stadtprospekt ist zwar von Hafenrundfahrten die Rede, aber als ich auf der Straße fragte, wo's zu den Schiffen gehe, wurde ich prompt zur »Wilhelma« geschickt, wo die Lände der Ausflugsdämpferle liegt. Der Neckarhafen zählt zum Hinterhof der Landeshauptstadt. Als dreisprossiges Wassergeweih zeichnet er sich im Stadtplan ab, mit dem Stumpen des Ölhafens, dem mittleren, doppelt so langen Sicherheitshafen und dem langgestreckten, von Kaimauern und Bahngleisen umkanteten Becken, das sich hinter der Schleuse Obertürkheim als Neckarkanal talaufwärts bis Plochingen fortsetzt. Die Flaggen der niederrheinischen, pfälzischen, holländischen, belgischen, französischen Reedereien und Partikuliere tupfen die schwäbische Wasserlandschaft mit einem verschämten Klecks Exotik. Einer der Verantwortlichen im Hafenamt freilich meinte resigniert: »Die Stuttgarter kennen nur den Killesberg, die Wilhelma, den Fernsehturm. Vom Hafen nehmen sie so gut wie keine Notiz.«

Dieses Glück im Winkel hat Tradition. Stuttgart wuchs am Nesenbach, nicht am Neckar. Dort draußen flutete mit dem Fluß der Verkehr, hißten die Fabriken ihre Dampfstandarten. Am Neckar und nicht in der talversteckten Residenz wurden die Wegmarken der technischen Revolution abgesteckt: 1845 fauchten die ersten Lokomotiven zwischen Cannstatt und Untertürkheim; am 10. November 1885 gelang es dem Sohn Gottlieb Daimlers »mit dem Motorrad die kolossale Entfernung von Cannstatt nach Untertürkheim, das sind drei Kilometer, zurückzulegen«; 1911 starteten Hellmuth Hirth und Ernst Heinkel mit der Rumpler-Taube auf dem Cannstatter Wasen, wo sie als Schulbuben ihre Drachen hatten steigen lassen.

Die beiden Weingärtnerdörfer Obertürkheim und Untertürkheim haben sich Ende des vorigen Jahrhunderts der Industrie verschrieben. 1903, nach einem Brand im Cannstatter Stammwerk, zog die Daimler-Motoren-Gesellschaft nach Untertürkheim um. Neben den Fließbändern der heutigen Daimler-Benz AG bummeln Besucher aus aller Welt durch das berühmteste Automobil-Museum der Welt. Der Fabrikort wurde zusammen mit Cannstatt und Wangen 1905 eingemeindet. Es folgten Obertürkheim mit dem damals noch bäuerlich behäbigen Neckarvorort Hedelfingen, dann Münster, mit seinem Dampfkraftwerk längst schon Motor der großstädtischen Elektrizitätserzeugung, und der Weinweiler Rotenberg. Auf dem Keuperkegel des Rotenbergs, bekrönt von Giovanni Saluccis klassizistischer Grabkapelle, buckelte bis ins frühe 19. Jahrhundert die Burg Wirtemberg. Ein in die Nordwand der Rotunde eingelassener Fundstein berichtet, daß hier 1083 die Burgkapelle geweiht worden ist. Mit dieser ältesten mittelalterlichen Steininschrift des Landes tritt erstmals auch ein Konrad von Wirtemberg ins Licht der Geschichte. Auf dem Söller des Burgpalas hatte die Königin Katharina, eine russische Zarentochter, ihren Lieblingssitz. Hier oben wollte sie auch begraben sein. So ließ König Wilhelm I. den Stammsitz seiner Ahnen abreißen und die neumodische, inzwischen auch schon pietätvoll patinierte Gruftkapelle erbauen. Seiner

Frau verdankt Württemberg nicht nur Katharinenstift, Katharinenspital und Katharinenpflege, sondern auch die erste Landessparkasse. Die Schwaben, Vernunft-Republikaner wie die meisten deutschen Landsleute, hegen für den monarchischen Kapellengipfel eine heimliche, verzeihliche Schwäche. Für jeden guten Stuttgarter ist es Ehrenpflicht, Gäste und Rei'gschmeckte durch die keupergescheckten Rebstücke heraufzuführen. Der Panoramablick übers Neckarland ist großartig. Die stammespatriotischen Gefühle hat Karl Gerok in einer gutgemeinten Verskolonne ausgesprochen:

Sei gegrüßt, erlauchter Hügel,
Herzblatt meines Schwabenlands',
Lieblich in des Neckars Spiegel
Malt sich ab dein Rebenkranz...

Gaisburg und Berg zählten mit ihren festen Steinhäusern zum mittelalterlichen Burgenkranz der Grafenresidenz. Gegenüber, am rechten Flußufer, weitet sich das Oval des Neckarstadions, Arena erregender Trickdibbeleien um das runde Leder. Der »Gaisburger Marsch«, ein schwäbisches Nationalgericht aus Siedfleisch, Salzkartoffeln und Spätzle, verdankt seine Existenz angeblich einem unbekannten Feldwebel der nahgelegenen Berg-Kaserne. Die Einjährigen, Rekruten mit mittlerer Schulreife und daher Offiziersanwärter, waren vom Kantinenessen befreit; am liebsten marschierten sie in die »Bäckerschmiede« nach Gaisburg, wo es samstags das bewußte Lieblingsessen gab. Und dazu kommandierte der Feldwebel: »Antreten zum Gaisburger Marsch!«

Industriell gewitzter als die Residenzler zeigten sich die Leute im Neckarvorort Berg. 1812 bemerkt Johann Daniel Memminger, der Begründer der Württembergischen Jahrbücher: »Der Neckar, der in Kanälen durch den Ort geleitet ist, bewegt und belebt hier jeden Zweig des Gewerbefleißes, und die Einwohner, ein rasches und matrosenähnliches Volk, taugen recht gut zu den Geschäften, die er veranlaßt.« Kurz zuvor war hier die erste Maschinenspinnerei Württembergs gegründet worden. 1836 griff Stuttgart mit der Eingemeindung Bergs erstmals an den Neckar und seine Triebkanäle aus.

Die Villa Berg, eine Schöpfung des Königsbauarchitekten Christian Friedrich Leins, ist heute durch das Studio des Süddeutschen Rundfunks landesweit ein Begriff. Ausgemalt hat sie Paul Wirth, ein flackerndes Talent, den man eines Tages tot aus dem Neckar barg, weil »ihn Wirtshausschild und dahinter die Weinflasche zu mächtig angezogen«. Als Sitz des Städtischen Neckarwerkes blieb Berg dem Fluß verbunden. Daß im Frühjahr 1945 der Berger Steg, die Schlagader der Landeswasserversorgung, vor der Sprengung bewahrt blieb, war für Stuttgart ein Glücksfall.

Mit dem Verkauf von 5000 Neckarkieseln als »Cannstatter Bröckele« haben Bürger unlängst für die Rettung des Stadtkerns von Cannstatt geworben. Trotz der Bombennächte und des Kahlschlags der Wiederaufbaujahre sammeln sich hier ums Erbsenbrünnele spitzgiebelige Häuser wie Glucken. Und trotz seiner mehr als 70jährigen Bindestrich-Koppelung an die Landeshauptstadt fühlt sich der Cannstatter als urbanes Eigengewächs, will er sein Zuhause, so Thaddäus Troll, am liebsten als »Staat im Stadtstaate« respektiert haben. So mußte am Fasnachtsdienstag 1949 der Oberbürgermeister Arnulf Klett, die mühsam geflickte und inzwischen auch schon wieder abgebrochene König-Karls-Brücke zum zweitenmal, nämlich auf Cannstatter Seite, einweihen; im Herbst zuvor hatte er dies Ritual nämlich nur auf dem falschen, dem Stuttgarter Ufer vollzogen. Kein rechter Kannenheber hat es vergessen und verwunden, daß ein schöner Batzen linksufrigen Neckargeländes, darunter auch der Killesberg, einst zur Cannstatter Gemarkung gehörte. Und wenn sein VfB die Stuttgarter Kickers einmal knapp, aber verdient schlägt, ist er für eine Weile wieder mit dem herben Geschick des historisch Zukurzgekommenen versöhnt.

Denn Cannstatt, nicht Stuttgart stand von Natur und Geschichte her das Erstgeburtsrecht einer Residenz zu. Anders als die Sackgasse des Nesenbachtals bot das Cannstatter Neckarbecken dem Menschen früh schon einen Platz an der Sonne. Die warmen Mineralquellen, in deren Kohlensäure noch die Aktivität tertiärer Vulkane spukt und deren Tagesschüttung von 20 Millionen Liter in Europa nur noch von den Budapester Quellen übertroffen wird, förderten eine üppige Vegetation, lockten das Großwild und damit die Jäger im Frührot der Geschichte an.

Die Flußschotter, der eiszeitliche Löß, aber auch die jungen Travertinkalke der Quellen haben Knochen, Waffen und Gerät versiegelt und als Urkunden im wahrsten Sinn des Wortes archiviert. So stieß man im Herbst 1816 in einer Lößgrube am Seelberg auf einen augenfällig von

38 August Seyffer hat die Burg Wirtemberg kurz vor ihrem Abbruch zugunsten der monarchischen Gruftkapelle noch in Kupfer gestochen. In den Obstbäumen versteckt sich Untertürkheim.

Menschenhand zusammengetragenen Haufen von Mammutstoßzähnen, der vom König Friedrich selbst inspiziert wurde. Das hatte fatale Folgen, die ein abergläubisches Gemüt analog zum »Fluch des Pharao« als »Rache der Mammuts« am Ausgräber deuten kann, denn »dem längeren Verweilen in der feuchten Grube bei Kälte und regnerischer Herbstwitterung am 23. Oktober wird die Erkältung zugeschrieben, die sich rasch in eine gefährliche Krankheit verwandelte und nach wenigen Tagen Württemberg seines ersten Königs beraubte.«

Auch die Funddichte keltischer Gräber belegt die Bedeutung des Talbeckens für Siedlung und Verkehr. Als politische und militärische »Drehscheibe des Landes« profilierte sich Cannstatt endgültig unter römischer Herrschaft. Am linken Neckarufer, auf der Steig, bezog eine 500 Mann starke Kavallerietruppe, eine Ala, Quartier. 1908 wurde das Gelände kurioserweise mit einer Kaserne für das Reiterregiment 18 überbaut. Hier kreuzten sich in der Limeszeit die Militärstraßen von Mainz, Straßburg, Rottweil und Wimpfen; wahrschein-

39 Vom Kahlenstein, dem heutigen Schloßhügel des Rosenstein, bot sich um 1820 diese idyllische Aussicht auf Cannstatt und den von Flußkähnen und Flößen belebten Neckar.

lich saß hier auch der für die Kastelle am Neckarlimes verantwortliche Kommandeur. Im Norden und Westen des Kastells schlossen sich die Fachwerkhäuser des Lagerdorfes an. Auch die Talsohle beiderseits des Flußes war besiedelt. Als die Truppe nach Welzheim vorverlegt wurde, behielt das zivile Cannstatt seinen wirtschaftlichen Rang als Schiffslände, Straßenstation, Marktflecken, Töpferort und Umschlageplatz des Handels mit rheinischen Waren. An die ersten Einbrüche der Alamannen ins Dekumatenland erinnert der am Wilhelmsplatz gefundene Grabstein für zwei im Jahr 236 als persische Panzerreiter gefallene Brüder.

Für eine ungebrochene Siedlungskontinuität spricht die St. Martinskirche im Trümmerfeld des Kastells auf der

Altenburg wie die Uffkirche rechts des Neckars. Ums Jahr 700 beurkundete der alamannische Herzog Godefrid in »Canstat ad Neccarum« die Schenkung des Dorfes »Biberburgus« an das Kloster St. Gallen; das Dorf lag an der Mündung des Feuerbachs, der damals noch Biberbach hieß. Auf der herzoglichen Gerichtsstätte, dem »Stein« beim Burgholzhof, vollstreckte dann aber Karlmann das Blutgericht über den aufsässigen alamannischen Hochadel. Damit hatte Cannstatt seine Rolle als Landeshauptstadt auch schon ausgespielt.

Was blieb, war seine zentrale Position als Straßenknoten und die Lage am Neckar, der Fische spendete, Mühlen trieb, Flöße und Schiffe beförderte. Mit den Einnahmen aus Zoll und Geleit am Cannstatter Straßenkreuz füllten die Grafen von Wirtemberg ihre Staatskasse und arrondierten ihren Besitz am und um den Neckar. 1330 erhielt Cannstatt das Stadtrecht. 1491 erstand das inzwischen behutsam restaurierte Rathaus, wenig später vollendete Aberlin Jörg die Stadtkirche mit dem Sterngewölbe des gotischen Chors.

Stuttgart besaß die Residenz, Cannstatt den Kommerz. Das schien für immer festgeschrieben. Da erhielt im Frühjahr 1669 Herzog Eberhard III. eine Denkschrift des barocken Universalgelehrten Gottfried Wilhelm von Leibniz. Trotz seiner heillos optimistischen Idee, vom bestehenden Kosmos auf die beste aller möglichen Welten zu schließen, glaubte Leibniz sehr wohl an die politische Reformbedürftigkeit des Reiches. Der Titel seines Gutachtens ist da schon Programm: »Ursachen worumb Cannstatt füglich zur Hauptstatt des Herzogthums Würtenberg zu machen«. Die beste aller möglichen Residenzen, so heißt es, sei diejenige, die als »politisches Herz« Hof, Handel und Wissenschaft in ihren Mauern vereine und zudem einen Strom bei sich habe, den den Verkehr erleichtere und Fortifikationen erspare. Cannstatt erfülle diese Forderungen ideal, man brauche nur noch die Stuttgarter Hofhaltung und die Tübinger Universität dorthin zu verlegen: »Es liegt ohngefähr im Mittelpunkt des Landes, die Posten und Straßen gehen dadurch, der Necker, der das ganze Land durchschneidet, lauft da vorbei und wird nicht weit drunten zu Heilbronn schifflich.«

Die Wasserstraße wird gebaut

Der spekulative Zirkelschlag des Staatsphilosophen blieb ohne praktische Folgen. Das Eigengewicht der Institutionen Hof und Universität erwies sich als stärker. Dafür gewann ein paar Jahrzehnte später ein anderes Reißbrettprojekt Leben – die Schiffbarmachung des Neckars zwischen Cannstatt und Heilbronn. Spätestens im 15. Jahrhundert scheint die Schiffahrt auf dem mittleren Neckar eingegangen zu sein. Jedenfalls bestätigten 1442 in der »Nürtinger Teilung« die Grafen Ludwig und Ulrich, daß sie den Fluß für Schiffe öffnen wollten. Nicht nur während der sommerlichen Trockenperioden verstopften Kies und Geröll die Fahrrinne; die Reichsstadt Heilbronn sperrte mit ihren Mühlwehren den Neckar und ließ flußabwärts nur Flöße durchschlüpfen. 1553 erwirkte Herzog Christoph ein kaiserliches Privileg, den Neckar in seinem Land schiffbar zu machen. Er begründete das einleuchtend damit, daß »dann die niederländischen und Frankfurter Güter leichter, schneller und mit weniger Gefahr als auf der Achse ins Land zu bringen, auch die Fracht wohlfeiler zu erhalten, wodurch vornehmlich in Mißjahren dann allzugroßer Aufschlag vermieden würde«. Die Untertanen hätten die Möglichkeit, »eigene Gewerbe und Gesellschaften zu errichten«; vor allem aber könne man dann den Neckarwein, »welcher vor anderen Weinen besonders in heißen Zeiten anmutig und berühmt sei«, billig nach Niederdeutschland versenden und ebenso Holz aus dem Odenwald beischaffen.

Das Privileg allein half auch nicht weiter. Die natürlichen Hemmnisse waren groß, Arbeitsaufwand und Kosten schwer abzuschätzen. 1598 nahm Herzog Friedrich einen neuen Anlauf. Er schickte seinen technischen und künstlerischen Tausendsassa Heinrich Schickhardt und dessen Bruder Lukas los, um die 70 Kilometer lange Flußstrecke zwischen Cannstatt und Heilbronn mit ihren anliegenden Gebäuden, Mühlen, Wehren und Fähren grob zu kartieren. Die beiden schafften das in viereinhalb Tagen. Ausländische Kanalbauer hatten zuvor die Schiffbarmachung des Neckars als durchaus realisierbar bezeichnet. Der Landbaumeister Schickhardt schätzte die Schwierigkeiten skeptischer ein. An seinen Herzog schrieb er: »Es hat sich aber aus der Niederländer, Italiener und Holländer Ratschlägen befunden, daß sie dafür halten, es werde sich der Neckar zwingen lassen wie die Wasser in

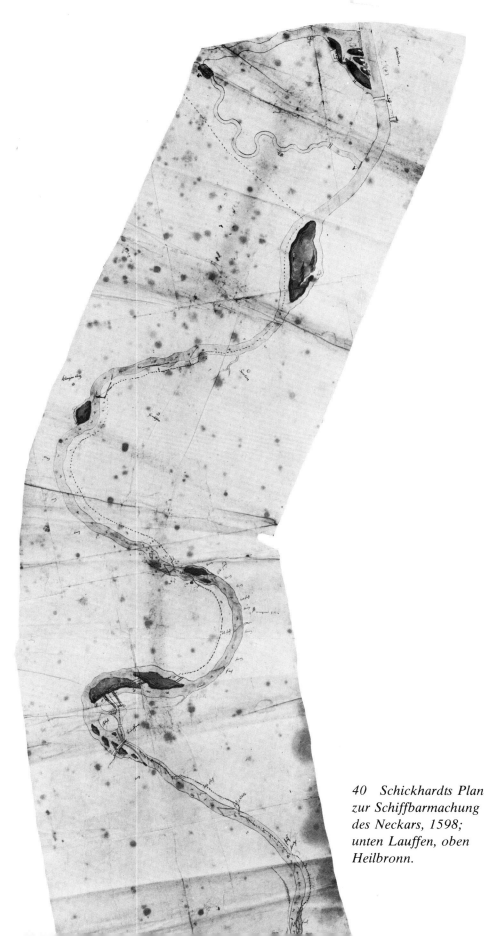

40 Schickhardts Plan zur Schiffbarmachung des Neckars, 1598; unten Lauffen, oben Heilbronn.

ihren ebnen Landen. Mit dem Neckar ist es aber weit anders beschaffen, da er mit so großer Gewalt anläuft, daß er vieles so wider ihn gebaut würde, hinwegreißt; was man gräbt, das Wasser und den Schiffweg tiefer zu machen, das füllt er mit Stein, Sand und Kies wieder aus. Ob ich gleichwohl es nicht für unmöglich erachte, den Neckar von Heilbronn bis gen Cannstatt schiffreich zu machen, so kann es doch ohne große Kosten nicht geschehen.«

Der absolutistische Herzog Eberhard Ludwig packte das Neckarprojekt 1712 ernsthafter an. In Fronarbeit mußten die Anliegergemeinden eine Fahrrinne ausheben. Ein Jahr darauf war der Wasserweg bis Heilbronn und enzaufwärts bis Vaihingen frei. Fischer und Schiffer schlossen sich zu einer Zunft zusammen. Als Obermeister amtierte der jeweilige herzogliche Vogt in Cannstatt. Alle drei Jahre fand hier der Zunfttag mit einem Schifferstechen nach Peter und Paul statt. Die Schiffer mußten die Wasserstraße auf eigene Kosten freihalten; das Holz für die Schutzbauten lieferte die Regierung umsonst. 1743 erhielt der Neckarhafen in Cannstatt einen Kranen. Aber Schickhardt sollte mit seiner Prophezeiung recht behalten. Die allzu hastig ausgehobene Fahrrinne begann nach ein paar Jahren wieder zu versanden. Die zwei Marktschiffe, die anfänglich jede Woche zwischen Cannstatt und Heilbronn verkehrt hatten, mußten ihre Fahrt einstellen.

Erst der 1782 abgeschlossene Handelsvertrag zwischen Wirtemberg und Baiern machte die Neckarkähne am Mittellauf wieder flott. Über die Schwierigkeiten der Treidelschiffahrt berichtet um 1799 der Marbacher Magister Roeder: »Das Bett des Flusses ist zu dem Wasser, das er hat, viel zu breit, und der Fluß wird durch die vielen Mühlwehre und Bauwesen derselben oft so zerteilt und geschwächt, daß die Schiffe oft bei hohem Wasser viele Mühe haben durchzukommen. Würden die beschwerlichen und der Schiffahrt schädlichen Mühlen nicht an dem Neckar sein, so könnte der Fluß zu allen Jahreszeiten befahren werden. So aber können die Schiffe den Fluß oft lange Zeit nicht passieren und öfters bleiben sie mit der Ladung stecken, müssen eine Menge Pferde vorspannen und werden doch noch sehr lange aufgehalten. Und wenn es auch gut geht, so braucht ein Schiff, das mit drei Pferden bespannt ist, drei Tage von Heilbronn nach Cannstatt, ein Weg von nicht zehen starken Stunden.«

1821 wurde mit dem Bau des Wilhelmskanals bei Heilbronn das feste Neckarwehr der Stadt umgangen. Ohne umständliches Umladen konnte jetzt die Fracht von Mannheim bis Cannstatt auf einem Schiff transportiert werden. Bis zum Anbruch der Eisenbahnära hatte die württembergische Schiffahrt ihre hohe Zeit. Der Cannstatter Umschlaghafen lag am Unterkanal der Wassertriebwerke beim Mühlgrün, also unterhalb der früheren Wilhelmsbrücke. Auf Bergfahrt kamen meist Kolonialwaren und Salz aus der Saline Clemenshall bei Offenau an; die Talladungen bestanden aus Wein, Brettern, Getreide sowie österreichischen und italienischen Waren. Die Gesamtfracht kletterte bis 1848 auf 345 000 Tonnen und sank dann stetig ab. Die ersten sechs, natürlich per Schiff aus Philadelphia transportierten Lokomotiven signalisierten den Niedergang der Treidelschiffahrt. Ums Jahr 1865 verödete der mittlere Neckar. Nur die nach der Reichsgründung auf dem Unterlauf eingesetzten Kettenschlepper dampften ab 1889 von Heilbronn weiter bis zum Lauffener Zementwerk. Im Ersten Weltkrieg wurde dieses angehängte Kettenstück für die Rüstungsindustrie verschrottet.

Die Pläne des 1879 gegründeten »Komitees für die Hebung der Neckarschiffahrt« wie des 1916 schon ehrgeiziger firmierten »Südwestdeutschen Kanalvereins für Rhein, Donau und Neckar« peilten längst nicht mehr Cannstatt als Endhafen an. Wie eingangs schon skizziert, träumte man nun von einer durchgehenden Wasserstraße Rhein-Donau, verbunden durch den Neckarkanal. Der Stuttgarter Industrielle Robert Bosch stiftete dem Verein den Gewinn seines Unternehmens aus Rüstungsaufträgen, 13 Millionen Mark. 1919 erklärte Berlin, der Ausbau des Neckars zur Großschiffahrtsstraße bis Plochingen sei Sache des Reiches. Bis zum Ausbruch des Zweiten Weltkriegs war erst die Strecke Mannheim-Heilbronn vollendet.

Am 31. März 1958 konnte der Stuttgarter, nun nicht mehr Cannstatter Hafen eingeweiht werden. In seiner Eröffnungsrede feierte Oberbürgermeister Klett auch die Erfüllung mancher Kindheitsträume: »Jeder von uns hat als Bub, ob nun in Cannstatt, Nürtingen oder Tübingen, sein Papierschifflein dem Neckar anvertraut und davon geträumt, daß das kindliche Erzeugnis seiner Werft den Neckar hinunterfahren, von dort in den Rhein gelangen und schließlich das weite Meer erreichen werde. Wir waren Schiffsbauer, Kapitän, Reeder, Großkaufmann und Weltfahrer, alles in einem, aber nur im Traum. In Wirklichkeit war unser Land vom Weltverkehr, wenn nicht abgeschlossen, so doch schwer zugänglich ... Das Wasser zumal floß zwar auch bei uns bergab dem Meere zu, aber kein Schiff von Bedeutung teilte seine Wellen. Nun ist der Kindertraum Wirklichkeit geworden ...«

Der damalige Bundespräsident Theodor Heuss erinnerte sich in seiner Hafenrede dagegen der Widerstände gegen den Kanalbau: »Meine eigene Funktion in dieser Zeit war bescheiden, aber amüsant. Ich schrieb Aufsätze, daß das Neckartal auch nachher noch schön sein werde. Da gab es einmal einen überraschenden Augenblick, wo gegen alle Tradition schwäbischer Sparsamkeit ein unendlich langes Telegramm von Bruckmann« – dem Heilbronner Vorsitzenden des Kanalvereins – »kam, ein Hilferuf in vielseitiger Depeschenform, weil die Heidelberger einen Schutzverein für ihr Landschaftsbild gebildet hatten ...«

Im Jahrgangsband 1926 der »Frankfurter Zeitung« kann man die Pressefehde zwischen dem Reichstagsabgeordneten Heuss und dem Schriftsteller Paquet nachlesen. Der weitgereiste Paquet beginnt seinen Artikel »Der Neckarkrieg« für Schwaben höchst provozierend: »Ein kleiner Mittelgebirgsfluß, über den man in einem andern Erdteil zur Tagesordnung übergehen könnte ...« Gönnerhaft konzediert er, durch den Kanalbau könne Württembergs provinziellem Dasein »endlich der Pfropfen ausgezogen« werden. Dann aber schlägt er sich auf die Seite der Heidelberger Landschaftsschützer: »Der lebhaft rauschende Fluß ist Dichtern und Gelehrten ein Freund und Einflüsterer gewesen, er hat Büchern, Paragraphen und Versen ans Licht geholfen. Die alte Universität weiß das, darum erhebt sie leidenschaftlichen Einspruch gegen das Projekt. Ehrenvoll gewiß, sich gegen die harten Böschungen zu sträuben, die den grünen launischen Fluß umfassen, sein Getier verjagen, sein Geplauder zum Schweigen bringen werden.« Paquet sah im Neckarkanal einen Akt der Amerikanisierung Deutschlands und schloß: »Wer hier beginnt, an der Pyramide eines Kanals zu bauen, der baut vielleicht an einer Ruine.« Heuss entgegnete, der Fluß sei schon lange geböscht und bürgerlich brav. Für die befürchteten Seitenkanäle an den Staustufen sei in dem engen Tal gar kein Platz, Kanalrinne bleibe das alte Flußbett. Er überschrieb seinen Artikel »Der Neckarfrieden«.

Nur, der Neckar blieb nicht der alte, konnte es auch nicht bleiben, am wenigsten im Stuttgarter Talstück. Der 1958 eröffnete Hafen hinter der Untertürkheimer Schleuse war noch für Massenfrachten wie Kohle, Kies, Sand und Mineralöl konzipiert, weniger für Stückgut. Das änderte sich mit der zweiten Ausbauphase zwischen 1966 und 68. Damals wurde das Becken I als Schiffspassage bis Plochingen verlängert. Das mittlere Becken blieb unverändert. Den alten Neckarbogen, der bis dahin hart an Obertürkheim vorbeigeflossen war, füllte man bis auf einen nördlichen Stummel auf; er bildet seither den Ölhafen. Insgesamt umfaßt das Hafengelände 122 Hektar, die für den Wasserumschlag ausgebauten Kais sind zusammen fast sechs Kilometer lang. Bewirtschaftet wird der Hafen nach dem »Heilbronner System«, das bedeutet: die Stadt stellt Becken, Bahnanlagen und Straßen zur Verfügung, enthält sich aber jeder gewerblichen Tätigkeit und hat die unbebauten Hafengrundstücke an private Unternehmen verpachtet. Diese Betriebe errichten und unterhalten Kräne, Silos, Lagerhallen, Tanks und Verwaltungsgebäude auf eigenes Risiko.

Nach den Rekordzahlen der ersten Boomjahre ging der Umschlag laufend zurück. »Neckarhafen weiter auf Talfahrt« meldeten die Zeitungen mit unschöner Regelmäßigkeit. Das Jahr 1961 hatte mit 4,57 Millionen Tonnen den höchsten Wasserumschlag gebracht. 1975 waren es noch ganze 1,8 Millionen. Das liegt nicht allein an der anhaltenden Konjunkturflaute der siebziger Jahre. Seit 1963 die Raffinerien in Karlsruhe ihren Betrieb aufgenommen haben, wird die Region Mittlerer Neckar fast ausschließlich von dort mit Benzin, Dieselkraftstoff und Heizöl versorgt. Der Wasserweg über Mannheim ist 249, der Schienenweg nur 107 Kilometer lang. Das Massenfrachtgut Kohle wird immer weniger benötigt. Auch bei Baustoffen und Roheisen macht sich die Konkurrenz der Schiene bemerkbar. »Der gefährlichste und volkswirtschaftlich unsinnigste Wettbewerb bei Kies und Sand ist jedoch der Lastkraftwagen«, klagt einer der Hafenverantwortlichen. »Dieses billigste Massengut wird dem umweltfreundlichen, straßenentlastenden und billigen Wasserweg entzogen und mit Kraftfahrzeugen auf die an sich schon überbelasteten und umweltgefährdenden Autobahnen und Bundesstraßen verlagert.«

Wird sich Alfons Paquet's Warnung vor einer Kanalruine am Neckar doch noch als Prophetie erweisen?

Römerbad und Wasenfest

Den historischen Neckarhafen Cannstatt, von den Kanalplanern schnöde ausgebootet, träfe das nicht mehr so hart wie einst. Hier wurde dem Fluß zu Beginn des 19. Jahrhunderts der klassische Festplatz des Landes, der Wasen, abgerungen, bis dahin eine riesige Schotterwildnis, »wo einst Sümpfe Brutstätten des Fiebers waren«. Als König Wilhelm I., der Mäzen der Landwirtschaft, Ende September 1818 auf dem Wasen die ersten »Schwäbischen Saturnalien« eröffnete, schaute er sich nach Viehprämierung und Pferderennen ein großes Schifferstechen auf dem Neckar an, zu dem man die Wasserkämpen aus Cannstatt, Hofen, Neckarrems und Horkheim in russische, englische und holländische Matrosentracht gesteckt hatte. Aus der Paradeschau der schwäbisch-fränkischen Landwirtschaft ist längst ein glitzerbuntes Volksfest geworden, die Fruchtsäule, Denkmal des Erntedanks, schaut etwas verloren, befremdet auf die technisch perfektionierte Rummelplatzpoesie. Und »auf em Wasa graset d' Hasa« längst nicht mehr.

Der Flußverlegung bei Cannstatt verdankt auch Schloß Rosenstein sein Dasein. Der Neckar hatte hier am Prallhang so ungestüm erodiert, daß nur ein felsnackter »Kahlenstein« übrig geblieben war. Im März 1817 gurgelte das Hochwasser so stürmisch um die beiden zur königlichen Sommerfrische »Bellevue« ausgebauten Wirtshäuser am Hang, daß der König das Haus fluchtartig durchs Fenster verlassen mußte. Nach der Neckarkorrektion entstand 1829 auf dem Hügel das von Rosen umloderte Salucci-Schloß. Heute beherbergt Rosenstein das Museum für Naturkunde.

Cannstatt erlebte damals die Glanzzeit seines Bades. Nikolaus Friedrich Thouret baute den klassizistischen Kursaal, der in seinem Park melancholisch den Jahrzehnten nachtrauert, als Cannstatt zusammen mit Wiesbaden oder Kissingen zu den Nobelbädern Europas gehörte. Die vor hundert Jahren einsetzende Industrialisierung vergrämte das vornehme Kurpublikum. Natürlich hatten schon die Römer den inzwischen verschwundenen Mineralwassersee für ihre Thermen angezapft. Die erste Erwähnung eines mittelalterlichen Sauerbrunnens datiert aus dem Jahr 1377. Nicht von ungefähr hat man die Stadtkirche dem frommen Ärztepaar Kosmas und Damian geweiht. Im 19. Jahrhundert wurden weitere Quellen erbohrt.

Am verblassenden Glanz des Neckarbades hat sich noch der Lyriker Ferdinand Freiligrath erwärmt, der 1874 aus dem stickigen Stuttgarter Kessel nach Cannstatt geflohen war und in der Wirtschaft »Zum alten Hafen« für seine beiden letzten Lebensjahre ein Heim gefunden hatte. Unweit davon hat sich damals eine grausam-groteske Dichtertragödie abgespielt. Der alternde Poet Paul Verlaine, fromm geworden und dem Alkohol entsagend, hatte seinen in Stuttgart weilenden jüngeren Freund Arthur Rimbaud in Briefen vergeblich beschworen, sich vor dem Kreuz zu neigen. Im Februar 1875 kam Verlaine nachgereist. Für Rimbaud war es ein zynischer Spaß, den alten Saufkumpan wieder zu einer Zechtour durch die Schänken am Neckar zu verführen. Beim nächtlichen Spaziergang am Fluß gerieten beide wegen Rimbauds lästerlichen Reden in Streit. Am anderen Morgen fanden Bauern den blutig zusammengeschlagenen Verlaine auf dem Cannstatter Uferpfad. Die Freunde haben sich nie wieder gesehen.

Ein Jahrzehnt später machte Gottlieb Daimler, der mit seinem Konstrukteur Wilhelm Maybach in der Taubenheimstraße an einem praktikablen Fahrzeugmotor bastelte, Schlagzeilen. Weil ihm auf den knochenschüttelnden Landpartien mit der Motorkutsche gelegentlich die Steine erboster Spaziergänger nachflogen, probierte Daimler seinen Motor auch an einem Ruderboot aus. Das Cannstatter Blatt blieb dem Teufelsspuk auf den Fersen: »In der letzten Zeit hat ein auf dem Neckar fahrendes, von etwa acht Personen besetztes Boot, das sich, wie von unsichtbarer Kraft getrieben, mit großer Geschwindigkeit stromauf- und -abwärts den Weg durch die Fluten bahnte, bei den Vorübergehenden nicht geringes Aufsehen erregt. Das Schiffchen mit eigenartigem Triebwerk ist von Ingenieur Daimler erbaut.«

Mit der Eingemeindung Cannstatts 1905 konnte Stuttgart seine überbaubare Fläche verdoppeln. Der Neckarregulierung Ende der Zwanzigerjahre mußten die von Thouret und Etzel dem Älteren erbaute Wilhelmsbrücke und ein Teil der Berger Insel weichen. Das in die Altstadtgassen schwappende Hochwasser war damit gebannt. Gleichzeitig suchte man den Cannstatter Kurbetrieb wieder zu beleben. 1933 erhielt der Stadtteil das amtliche Namensprädikat »Bad« verliehen. Eine phantastische Neuauflage erlebte diese gutgemeinte Restaurationspolitik nach Kriegsende, als der Cannstatter Architekt Eugen Merz vorschlug, das zerschlagene Stuttgart als Badestadt wiederaufzubauen. Das Mineralwasser sollte über den Neckar in die Akademie als künftiges Badehaus gepumpt werden, das Neue Schloß als feudales Kurhotel wiedererstehen. In Freibecken, Hallenbädern und einigen Kurhäusern wird heute der verschwenderisch ausgeschüttete Quellensegen erschlossen, nüchterner freilich als zur Zeit der biedermeierlichen Kurpromenade.

»Aber Nasen er mit Düften weidet . . .«

Ins Städtelob Stuttgarts schlingt sich, immer mal wieder, der topographische Vergleich mit Florenz, nur daß dem Arno nicht einmal mehr der glucksende Nesenbach antwortet, nachdem die Stadtverwaltung das rachitische, freilich zu cholerischen Ausbrüchen neigende Wässerlein unter den Asphalt geschickt hat. Vom Nesenbach, dem vielzitierten, wenig gekannten, quantitativ belanglosen, historisch höchst einflußreichen Nebenbach des Neckars reden, heißt einen Nekrolog anstimmen.

Zusammen mit anderen Rinnsalen wie Dobelsbach, Fangelsbach, Erbach, Hoppenlaubach, Klingenbach und Vogelsangbach hat er aus dem weichen Gipskeuper den Stuttgarter Talkessel modelliert. Ohne ihn wäre kein Stutengarten und kein Wasserschloß entstanden, ohne ihn gäbe es kein Stuttgart.

Wie die Flußhistoriker Schwabens festgestellt haben, gehörte der Nesenbach ursprünglich zum Quellbereich der Körsch. Gegen Ende der Riß-Eiszeit aber kam wieder einmal Bewegung in die Erdkruste, das Land um den mittleren Neckar senkte sich leicht, immer tiefer schnitten sich die Stuttgarter Talbäche dank ihres stärkeren Gefälles nach rückwärts ein. Einer von ihnen schürfte den Sandsteinrücken bei Kaltental an, griff auf den Rand der Filder über und riß den stärkeren Quellbach der Körsch mit sich hinab zum Neckar. Das geschah vor ungefähr 20 000 Jahren, und der namenlose Neuankömmling war nun der kräftigste, der Hauptbach des Tals geworden. Als die Kiesbänke des Neckars und Travertinkalke der Cannstatter Mineralquellen seine Mündung immer mehr verdämmten, schotterte der Bach die Talsohle bis zu 20 Meter hoch auf. Der Keuperkessel versumpfte zu einer Tümpelplatte, verwandelte sich in ein Nebelloch. Die ersten Weiler der Landnahmezeit lagen an den trockenen Lößhängen der Prag und unter dem Haigst. Neuerdings wird auch der dritte, lange als ziemlich sagenhaft geltende Weiler Frankenbach ins 8. Jahrhundert datiert. Er soll drunten im Tal gelegen haben, wo Esslinger Straße und Burgsteige den Nesenbach überschritten.

Als Gründer des berühmten Stutengarten wird der unglückliche Ludolf, ein Sohn Kaiser Otto I. angesehen, der das schwäbische Herzogtum allerdings nur kurz, von 949 bis 954 innehatte. Ein Gestüt war damals kein sportlich-feudaler Luxus, sondern im Zeitalter der Ungarneinfälle und der heraufziehenden Ritterheere ein wichtiges Element der mittelalterlichen Rüstungsindustrie. Ein fester Herrensitz mußte den Stutengarten sichern. Diese Burg ragte gewiß schon an der Stelle des Alten Schloßes empor, geborgen von einem breiten, vom Nesenbach gespeisten Wassergraben. Das Gestüt dürfte im Bereich der oberen Anlagen zu suchen sein.

Die folgenden Besitzverhältnisse im Talkessel des Nesenbachs bleiben ziemlich undurchsichtig. Um 1160 wird in den Schenkungsbüchern des Klosters Hirsau erstmals ein Hugo von Stukarten aufgeführt. Um 1200 erscheint als Ortsherr ein Zähringer, wohl der Markgraf Hermann V. von Baden, der im Backnanger Chorherrenstift begraben liegt. Ihm und nicht seinem Schwiegersohn und Erben Konrad von Wirtemberg verdankt Stuttgart sehr wahrscheinlich auch die Stadtwürde.

Die mittelalterliche Stadt, von Sümpfen und Seen umgürtet, glich einer Biberburg. Hier fühlten sich die Wirtemberger sicher. Der Nesenbach, noch schlicht als »der Bach« bezeichnet, hatte damals schon die leidige Last eines Abwasserkanals übernommen. Wer, so eine Verordnung von 1492, keinen eigenen Abtritt besaß, mußte »den Unrat jede Nacht in den Bach hinaustragen«. Bei der Ummauerung Stuttgarts hatte man den Bach vor die Stadt in den Wallgraben verlegt. Die Handwerker, die auf fließendes Wasser angewiesen waren, zogen ihm nach: Färber, Gerber, Schmiede, Küfner, Tuchmacher und Tuchscherer. Sogar die Metzger setzten ihr Schlachthaus rittlings auf den Bach, und in der oberen Leonhardsvorstadt stand das Waschhaus der Stuttgarter Hausfrauen. Talauf, talab klapperten die Mühlen, »gekälkte Giebel weiß über den alten Weiden am Bach, schwerfälliges Rad, das sich tropfensprühend drehte, das Rumpeln des Mühlgangs, alter Geruch durchfeuchteter Mauern und frischer Duft gemahlenen Korns«; so hat Eva Marie Schlicht den Stuttgarter Mühlenlauf vergegenwärtigt.

1503 wird unser Stadtgewässer erstmals bei seinem Namen genannt: »vorm Eßlinger Tor am Nesenbächlin«. Trotz gelegentlicher böser Überschwemmungen, wie anno 1508, als elf Stuttgarter nach einem sommerlichen Wolkenbruch ertranken, war die Wasserführung des Nesenbachs meist so mager, daß Herzog Christoph vom Pfaffensee einen Stollen durch den Berg graben ließ, um dem Bach über die »Heidenklinge« zwischen Heslach und Kaltental Wasser zuzuführen. Als die Glemsmüller klagten, ihnen werde damit das Wasser abgegraben, brach er die Arbeiten ab. Erst zu Beginn des vorigen Jahrhunderts, beim Ausbau der königlichen Anlagen, wurde das Werk vollendet. Herzog Ludwig errichtete stattdessen 1579 beim Neckartor einen Wasserturm. Hier wurde das Nesenbachnaß durch Schöpfräder in einen Kessel hochgeleitet und floß unter Druck in den Lustgarten der Renaissance, um dort den in ganz Europa gefeierten figurenreichen Park mit Wasserspielen zu beleben. Ob das Wasser fürs herzogliche Bronnenwerk zuvor geklärt wurde, ist mehr als fraglich. Über den »Wälz-im-Dreck«, den Nesenbach, hatte schon im Jahr 1500 ein reisender Wiener Domherr die Nase gerümpft. Drei Jahrhunderte später verglich der Wirt »zum wilden Mann«, ein Herr Heinrich, den Stadtbach gar mit dem Nil:

Plötzlich fällt er, und Arome breiten
Sich aus seinem dicken schwarzen Schlamm,
Keine Fruchtbarkeit er zwar verbreitet,
Aber Nasen er mit Düften weidet ...

Schließlich verbot die Stadtverwaltung »Unrat jeder Art in den Nesenbach hineinzuwerfen, denn seine unlieblichen Ausdünstungen fallen jenen, die in seine Nähe kommen, beschwerlich genug auf die Geruchsnerven«. Ein hygienisch aufgeklärter Magistrat begann sich seines mittelalterlichen Stadtbachs zu schämen. Und so ließ man ihn möglichst unauffällig unter die Erde verschwinden. Herzog Karl Eugen hatte das beim Bau der Karlsschule partienweise schon vorexerziert. Ab 1872 begann man das Bachbett zu überdecken und zu überbauen. Die Nesenbachstraße markiert den schnurgerade ausgeho-

41 Um die Mitte des vorigen Jahrhunderts schuf der Lithograph Eberhard Emminger diese Ansicht Stuttgarts aus der Vogelschau. Zwischen der Neckarstraße zur Linken und dem Schienenstrang der Eisenbahn ziehen sich die Schloßanlagen neckarwärts; sogar die Rossebändiger am Ende der Allee hat Emminger hinziseliert. Rechts neben der Reiterkaserne dampft die erste Zuckerfabrik.

benen Wasserlauf vor der alten Stadtmauer. Inzwischen ist sogar der Oberlauf bei Vaihingen bis zu den Sickerquellen im Gewann »Honigwiesen« verdolt. Mit dem Nesenbach verschwanden auch die anderen Talgewässer in finsterer Tiefe, darunter der waldumrauschte kleine Vogelsangsee, der Nikolaus Lenau noch seine »Schilflieder« zugeflüstert hatte. Sogar aus dem Verzeichnis der öffentlichen Gewässer hat man den Nesenbach gestrichen. Er gilt nur noch als Abwasserkanal.

Vielleicht ändert sich das nach der Bundesgartenschau 77. Für das grüne Fest der Freizeitgärtner, Blumenfreunde, Rosenzüchter und Kakteennarren hat man nämlich 850 Meter Nesenbachbett sorgsam mit Lehm abgedichtet und wieder geflutet, und so die Seen im Unteren Schloßgarten miteinander verbunden. Hierfür sprudeln neben der umgeleiteten, aber nur schwach schüttenden Quelle des Schwefelbrünnleins drei unauffällig placierte Wasserrohre in den neu geschaffenen Quellteich, und von dort rinnt das Bächle durch die Bachaue zum Schwefelsee, zum Schwanensee, und vom Eissee guterletzt in den Inselsee.

Auch als Abwasserkanal macht sich der Nesenbach öfter bemerkbar und erinnert die Großstädter daran, daß ihr Talkessel einmal eine unwegsame Wasserfalle gewesen ist. Bei Unwettern wie am 20. Juli 1965 oder am 15. August 1972 schießt das von den Höhen niederstürzende Wasser aus den Dolen, überschwemmt Keller, Straßen, Unterführungen und läßt die parkenden Autos unsanft kreiseln.

Von den Stuttgartern wenig beachtet, schaut ein Stück des verdolten Nesenbachs in ihren Einkaufsalltag. Im Kellergeschoß des Breuninger-Hauses hängt über einer Rolltreppe ein graugestrichener Betonkasten, in dem das Bächle rauscht. Sinnigerweise hat man ihm zwei Aquarien vorgehängt. Ein Verkäufer klärte mich auf, daß das Wasser für die Piranhas in den Glaskasten natürlich aus der Leitung, nicht aus der Bachwanne stamme: »Sonscht wäret dui Fisch scho längscht verreckt.«

Ein stattlicheres Aquarium erwartet den Besucher am Max-Eyth-See draußen in Hofen im »Haus am See«. Drei kapitale Karpfen, ein grünspaniger Hecht, armlang, und ein plumpträger Waller fühlen sich hier in ihrem Element; das Rudel Rotaugen, das sich zwischen ihnen tummelt, ist jeden Morgen prompt in den Bäuchen der Großen verschwunden und wird regelmäßig nachgeliefert.

Draußen auf dem zinngrauen Teller des Max Eyth-Sees stehn die Segelboote wie Falter. Der Anglerverein als Besitzer des aufgelassenen Kiesgrubengeländes wacht darüber, daß kein Motorboot Ruhe und Sauberkeit des Sees stört. Und siehe da, es geht auch ohne Ingenieur Daimlers »eigenartiges Triebwerk«.

42 Statt der vielbewunderten Aussicht vom Rotenberg einmal ein Blick auf den keupergescheckten Rebkegel mit Saluccis klassizistischer Grabkapelle. Im Hintergrund wuchert Fellbach ins Schmidener Feld.

43 Das Luftbild glättet sich beinah schon zur Landkarte. Im Vordergrund, zwischen Obertürkheim und Hedelfingen, dehnt sich der Neckarhafen; dahinter Uhlbach in seinem Weinkessel, der Rotenberg und ganz hinten das Remstal mit Waiblingen.

44 Die Nachtseite der Technik provoziert mit ihren Lichtsensationen Bilder von höllenfeuriger Ästhetik, wie hier das Dampfkraftwerk Stuttgart am Neckar.

Vorhergehende Seiten:
45 Schloß Rosenstein, wie die Kapelle auf dem Rotenberg eine Schöpfung Saluccis, beherbergt jetzt das Museum für Naturkunde. Die Bundesgartenschau 1977 hat das Schloß attraktiv einbezogen.

46 Der Stuttgarter grüne Markt hat sich auf den Schillerplatz mit Thorvaldsens antik gewandetem Denkmalheros geflüchtet. Markttradition wahrt auch der stattliche Fruchtkasten der Renaissance. Links neben der Stiftskirche schaut der Rathausturm vor.

47 Die Stadtlandschaft Bad Cannstatts im Neckarknie; im Eck unten links Berg. Cannstatt in seinem verkehrsfreundlichen Talbecken, nicht dem talversteckten Stuttgart, hatte die Natur das Erstgeburtsrecht einer Landeshauptstadt verliehen. Die List der Geschichte hat anders entschieden. Trotz seiner Eingemeindung fühlt sich der Kannenstädter als urbanes Eigengewächs.

Drunten im Unterland

Für die Geographen wie für die Anrainer des Neckars deckt sich der Begriff Neckarland nur zu einem geringen Teil mit dem tatsächlichen Einzugsgebiet des Flusses. Grob gesagt, bildet er nur zwischen dem Cannstatter Keuperbecken und der Barriere des Odenwälder Buntsandsteins die Achse dieser Landschaft. Das Neckarland oder Unterland umfaßt beidseits die gewellte, lößschwere, kornblonde Ackerebene des Gäus mit so bezeichnenden Namen wie Strohgäu, Langes Feld, Schmidener Feld, Pflugfelden, Kornwestheim, Korntal, Mühlhausen, bezieht aber auch die markant eingekerbten Seitentäler mit ein. Der buchtig aufgelockerte Saum walddunkler Keuperberge schlägt einen kuscheligen Pelz um die Herzgrube des Neckars, der trocken mildes Klima und angewehter mineralienreicher Löß fast schon sprichwörtliche Fruchtbarkeit schenken. Wogt droben der Weizen und strotzen die Rüben, so reift an den Talhängen und gerodeten Bergflanken Obst und Wein in südlicher Fülle.

Üppiger nirgends das Korn und schwellender nirgends die Rebe.
Kräftiger nirgends das Brot, würziger nirgends der Wein!

So schrieb um 1495 der Magister Johannes Tectoris aus Bönnigheim in seinem Gedicht »Nicria«. Die Stuttgarter Alte Weinsteige scheidet nach altem Herkommen schlehenkarges Oberland und gesegnetes Unterland.
Als Provinz der Rebe ist das Neckarland auch »individualisiertes Land« im Sinne meines Wanderlehrers Wilhelm Heinrich Riehl territorial, kulturell und konfessionell bunt parzelliert, mit ehemals ritterschaftlichen Dörfern, umwehrten Rebnestern und weinbäuerlichen Städtchen. Die letzten Jahrzehnte haben dieses bukolisch kolorierte Gewebe gehörig mit industriellen Mustern durchschossen. Kraftwerkschlote und bröcklige Stadtmauern, Aussiedlerhöfe, staufische Bergfriede und Punkthäuser, mittelalterlich terrassierte Weinhalden und monumentale Staustufen fügen sich hier zu einer oft verwirrenden, aber lebenskräftigen Synthese.

Die schwanenweiße »Stuttgart«, für 280 Passagiere gebaut, an diesem schneedurchstöberten Aprilmorgen mit einer Schulklasse und uns paar Ausflüglern nur schwach besetzt, legte Schlag zehn Uhr bei der Wilhelma ab. Am Cannstatter Ufer klafften die ersten Steinbrüche, kletterten zwischen blühendem Geklüft die ersten Reben hoch. Ziegelnackte Weinberghäuschen tupften die noch kahle Wange des Zuckerbergs, dessen »Zuckerle« gottlob als räßer Trollinger und fruchtig herber Rießling im Glas blinkt. Zwischen Mühlhausen und Hofen lief die »Stuttgart« in die erste Schleusenkammer ein. Während das Schiff zwischen glitschiggrünem Algenbeton absackte, tanzten die Schüler auf dem Achterdeck.

Die Einwohner von Hofen waren früher verpflichtet, die Boten der Grafen von Wirtemberg bei Tag und Nacht überzusetzen. Am Ortsende schaut eine stark umwallte Burgruine der Stauferzeit zum Fluß. Mühlhausen liegt an der Mündung des Feuerbachs. Unterhalb der felshohen, im letzten Krieg zerstörten Walpurgiskirche, die jetzt als Freilichtbühne herhalten muß, blieb die gotische Veitskapelle unversehrt. Stifter war der aus Mühlhausen

stammende Bürger Reinhart, der als Bankier in Prag sein Glück gemacht hatte. Eine den Parler nahestehende böhmische Bauhütte war hier am Werk, Prager Hofmaler schufen die Freskentapete mit der Veitslegende. Auf einem der Szenenfelder weigert sich Veit vor seinem Vater Hilas, die Götzensäule anzubeten. Der Text kommentiert: »Hie sluge Ylas Vitum in den arß«.
Ein wenig flußabwärts erstreckt sich das Hauptklärwerk der Stadt Stuttgart mit seinen Schlammteichen. Jede Sekunde speit der Sammelkanal eine Badewanne voller Abwässer ein. Trotzdem bescheinigt die Gütekarte dem rotmarkierten Neckar auf dieser Strecke eine noch immer katastrophale Belastung; nur der Sauerstoffgehalt steigt unterhalb der Remsmündung leicht an. Bei Aldingen glitt die »Stuttgart« in den Ludwigsburger Kreissprengel. Schwarzmaskierte Möwen umgaukelten unser Schiff. Auf einer Bergnase tauchte der neugotische Baukasten von Schloß Remseck, bekannt als Galerie zeitgenössischer Künstler auf. Quer zur Mündung der Rems ankerte ein Baggerschiff. 1937 wurde hier die in Ehren ergraute schindelgedeckte Brücke über den Neckar abgerissen; die nur wenig jüngere hübsche Steinbrücke über die Rems fiel dann der Hochwasserregulierung zum Opfer. Vor dem Ersten Weltkrieg war Neckarrems weit und breit berühmt für seine Gänsezucht. Grauweise Watschelgeschwader belebten die Flußmündung, wo heute die Kranenhälse der Schiffslände in den Himmel stoßen.

Im Sonntagswinkel der Rems

Die Rems entspringt in einer Traufbucht der Schwäbischen Alb bei Essingen und wandert auf ihrem 80 Kilometer langen Lauf mit der Sonne beharrlich von Osten nach Westen. Ihr Tal ist auch eine wahre Sonnenkammer, der »Sonntagswinkel des Württemberger Landes«, wie August Lämmle schwärmte. Die Wengerter und Wirte in Endersbach und Schnait, Stetten, Großheppach und Beutelsbach mit der Remstalkellerei haben sich bedachtsam auf den großstädtischen Wochenendbesuch eingestellt. Die Kammerz, die altväterliche Spalierrebe vorm Fenster, und der Kommerz der Söhne und Enkel, sie sind hier eine gastlich-solide Legierung eingegangen. Strümpfelbach mit der Parade seiner 32 Fachwerkhäuser und der geschmeidigen Wasserweib-Plastik von Fritz Nuss macht da unbestritten die beste Figur.
1292 erscheint der Fluß urkundlich als »die Ramse«. In seinem Talstück zwischen Waiblingen und Schorndorf förderte Wirtemberg mit dem arbeitsintensiven Weinbau zugleich den Flickenteppich der Realteilung, während die auf Selbstversorgung bedachte Reichsstadt Schwäbisch Gmünd am Oberlauf für arrondierten bäuerlichen Besitz sorgte. Der Remstäler Westen wurde protestantisch, der gmündische Osten blieb katholisch. Das färbt die politische Landschaft bis heute ein. Nach dem beharrlichen Ausbau der Kläranlagen an der Rems gilt dieser Fluß als Musterbeispiel dafür, daß unsere Gewässer mit entsprechendem Aufwand sehr wohl zu sanieren sind. Der heutige Fischbestand hat sich wieder dem der Dreißigerjahre angeglichen, der steinerne Flußgott der Rems im Stuttgarter Schloßgarten zeigt seinen kapitalen Hecht nicht mehr wie zum Hohn.
Der Unterlauf des Flusses ist Weinberg, Obsthain, Beerengarten des Landes. Auf den Schwarzerdeböden des Schmidener Feldes brennen Rosenfelder, schwellen Gemüseäcker, gleißen die Gewächshäuser der großen Gartenbetriebe. Waiblingen ist für seine Nelkenkulturen, Fellbach für seine Gladiolen, Dahlien und Baumschulen bekannt. Während Schwäbisch Gmünd mit der Tradition seiner mittelalterlichen Goldschmiedewerkstätten und Sensenschmieden ziemlich rasch Anschluß an industrielle Fertigungsmethoden gewann, hat sich remsabwärts der Wandlungsprozeß vom Weinbauerndorf zur Pendlergemeinde und zum Fabrikort endgültig erst nach 1945 vollzogen. Die Wasserkraft der Rems hat deshalb nie die aktivierende Rolle wie an der Fils oder Neckar gespielt. Die ersten Industriestätten konnten schon Dampfkraft oder Elektrizität einsetzen.
Fellbach und Waiblingen sind schon vom Sog Stuttgarts erfaßt worden, Schwäbisch Gmünd stellt für sein Umland »noch immer die Stadt schlechthin dar«. Schorndorf wahrt hier, nicht nur geographisch, einen mittleren Rang. Weinbau und Weinexport, der Handel mit Korn und Salz haben die Stadt reich gemacht, ehe sie der Ausbau zur Landesfestung in einen steinernen Harnisch zwang. Allen vier berühmten Söhnen Schorndorfs schlug eine revolutionäre Ader: dem mit Goethe befreundeten Diplomaten Reinhard wie dem auf Befehl Napoleons erschossenen Buchhändler Johann Philipp Palm, dem Erfinder des Automobils Daimler wie dem erzliberalen Landes-

politiker Reinhold Maier. Als nach einem Hochwasser und Fruchtverderben der heillos verschuldete Herzog Ulrich im Einvernehmen mit der Ehrbarkeit dem »gemeinen Mann« die Steuerlast drastisch erhöhen wollte, brach 1514 in Beutelsbach der Aufstand des »Armen Konrad« los. In Schorndorf wurden die Volksmänner nach der Niederlage der Bauern und Wengerter geköpft. Blitzlichtartig erhellt dann zwei Jahrhunderte später ein Wortwitz des Pfeffer von Stetten das endlos kolportierte Gerede von der guten alten Zeit. Als das Herzogtum unterm absolutistischen Regime stöhnte, fragte der visitierende Dekan den kleinen Pfeffer in der Schule scherzhaft nach dem kleinsten Fluß des Landes und erhielt, weniger scherzhaft, die Antwort: »Der Überfluß«.

Hinter Neckargröningen, einem alten Fährenort, brach die Sonne endgültig durch die Wolken. Ein mit Kies beladener Kahn aus Hirschhorn pflügte an uns vorbei. Hochberg machte seinem Namen mit dem fachwerkgestirnten Schloß, einst Jagdsitz König Friedrichs, Ehre. An der Poppenweiler Burghalde schimmerten die Piketts verwitterter Weinbergspfähle wie oxydiertes Silber. Dann passierte die »Stuttgart« die Neckarweihinger Brücke, die den rechtsufrigen Vorort mit Ludwigsburg verbindet.

Ludwigsburg liegt überm, nicht am Neckar. Nicht vom Fluß strahlten die Impulse des Wachstums aus; fürstlichem Willen, genauer, fürstlicher Willkür verdankt die ehemalige Residenz ihr Dasein. Bis zu Beginn des 18. Jahrhunderts lagen hier oben nur drei Höfe des Klosters Bebenhausen, Kirchengut also, Stiftungsvermögen, dessen Überschüsse der Herzog nur »zu Trost, Schutz und Schirm von Land und Leuten« angreifen durfte. Unbekümmert darum begann Eberhard Ludwig 1704 für seine Parforcejagden mit dem Bau eines Schloßes. Das Bauholz mußte in kostenloser Fron aus den Schwarzwaldämtern herangeflößt werden. Als der in Denkmalpose auf dem Marktplatz verewigte Gründer starb, war das mit mehr als 450 Räumen ausgestattete Barockschloß im wesentlichen vollendet.

Der Herzog hatte gleichzeitig eine Quadraten-Stadt dazu geplant und Ansiedler geworben. 1724 erhob er, nicht zuletzt auf Drängen seiner Mätresse Wilhelmine von Grävenitz, Ludwigsburg zur alleinigen Residenz. »Lumpenburg« hieß der Fürstensitz damals im Land. Karl Eugen brachte wieder eine prunkvolle, in ganz Europa verlästerte Hofhaltung hierher. Die dreieinhalb Meter hohe Stadtmauer galt nicht dem Schutz der Bürger, sondern sollte den Soldaten das Desertieren erschweren; ein Großteil des Pomps wurde mit Soldatenschacher finanziert. Als 1755 der Hof wieder nach Stuttgart umsiedelte, verödete Ludwigsburg zur »Grasburg«. Aus dem Residenzpflaster wuchs Gras, wie sich Justinus Kerner in seinem »Bilderbuch aus meiner Knabenzeit« erinnerte. Kerner und Mörike, Vischer und Strauß, die so ungleichen wissenschaftlichen und poetischen Dioskuren, sind in Rufweite rund um den Marktplatz geboren. König Friedrich machte Ludwigsburg zum Hauptwaffenplatz des Landes. 1817 zog die Regierung des Neckarkreises hierher, und nach dem Bahnanschluß folgte die Franck'sche Zichorienkaffeefabrik, die ihre Duftschwaden noch immer über den Neckar schickt.

Die von Markgröningen ins Stadtwappen übernommene Reichssturmfahne war mehr als heraldische Spielerei. Die Garnison blieb das Lebenselement Ludwigsburgs, bis hin zu den Lazaretten des Zweiten Weltkriegs, die der Stadt das Schicksal der Bombardierung ersparten. Mit seinen Hochhäusern strebt Ludwigsburg die Großstadtmarke von 100 000 Einwohnern an. Das heilgebliebene Schloß half bis zur Restaurierung des Stuttgarter Konkurrenzbaues als Empfangssalon der Landesregierung für prominente Gäste aus. 1958, zum 250. Jubiläum, erwachte auch der Schloßpark mit der Gartenschau »Blühendes Barock« zu neuem Leben. Die Stilgärten, Flamingowiese und Rhododendrental, das Tal der Vogelstimmen und vor allem der Märchengarten für die Kinder locken jährlich Millionen von Besuchern an.

Das 1936 eingemeindete Hoheneck ist als Stadt kurioserweise um einiges älter als Ludwigsburg. Um 1200 errichteten die Markgrafen von Baden eine Burg, die heute als Ruine inmitten spärlicher Weinberge trauert. Die um die spätgotische Kirche gescharte Talsiedlung erscheint 1345 kurzfristig als Stadt. Bei einer simplen Wasserbohrung trat in der Aue eine mit Jod und Brom geschwängerte Salzquelle zutage. Gegenwärtig wächst hier ein großzügig konzipiertes Heilbad mit einem Mediterraneum hoch. Bescheidener blieben die Wasserfreuden der Großväter: »Manchen Verkehr bringen die im Neckar errichteten Badhäuschen, welche den Sommer über von den Ludwigsburgern häufig besucht werden . . .«

Dichter schraffierten jetzt Reben den Prallhang der Flußschleife, bis sich kurz vor Marbach Neckarlauf und Schiffskanal trennten. Nocheinmal sank die »Stuttgart«

zwischen Schleusenmauern in die Tiefe. Hinter einer Pappelwand blieb das gigantische Kraftwerk, auf dem Uferfels der südlich helle Kuppelbau des Schillermuseums zurück. Fahrplanexakt legte das Ausflugsschiff um dreiviertel eins in Marbach an.

An der Mündung der Murr

Die Endstation unserer Wasserreise hat das erste Zeugnis römischer Neckarschiffahrt überliefert. 1780 teilte der Diakon Urban Keller im »Schwäbischen Magazin« mit, ein Marbacher Maurer habe in seinem Garten über der Murrmündung einen antiken Inschriftenstein gefunden. Das Fundstück war dem »Genius der Schiffergilde« gewidmet. 1967 folgte etwas oberhalb der Flußmündung ein zweiter entscheidender Inschriftenfund. Danach hatte der Kaufmann Lucius Licinus Divixtus im Jahr 227 den Boni Casses, keltischen Gottheiten, einen Altar gestiftet, weil er und die Seinen »nach dem Schiffsuntergang sich wieder im vollen Besitz ihrer Gesundheit« befanden. Schiffergilde und Kaufmannsaltar lassen auf einen rege besuchten Marktort beim Neckarkastell Benningen schließen. Unweit des Eisenbahnviadukts gab der Neckar einen Pfahl mit einem für römische Brücken typischen Eisenschuh frei.

Neckar, Strenzelbach und Eichgraben haben den Kalkklotz herausgemeißelt, der dem um 1280 von den Herzögen von Teck gegründeten Städtchen Marbach Obdach bot. Älter ist das Dorf, das sich im Bachgrund um die romanische, wehrhaft feste Basilika drängte. Die heutige Alexanderkirche ist ein selten rein erhaltenes Werk der Spätgotik. Aberlin Jörg hat Chor und Sakristei, Kaspar Lechler das Langhaus geschaffen. Unter der reichen Ausstattung fiel mir die steinerne Kanzel auf, die aus einem naturalistisch gehauenen Baumstamm wuchs. Der Name der Stadt geht wohl auf einen Markbach zurück; die Stammesgrenze zwischen Franken und Alamannen verlief etwa eine Wegstunde südlich.

Mit der mittelalterlichen Getreidemühle am Neckar begann die technische Nutzung des Flusses. Dem Müller gehörte die Hälfte des Aalfangs, dafür mußte er an Pfingsten den Ratsherren »zur Ergötzlichkeit« ein Fischessen spendieren. 1693 versenkten die Marbacher das Fährschiff, um »die Fahr« gegen die anrückenden Franzosen zu sperren. Es half nichts. Stadt und herzogliches Schloß gingen in Flammen auf. Ende des 18. Jahrhunderts wurde auf der größten der drei Neckarinseln eine Tuchbleiche angelegt. Am Floßgraben, der vom Mühlkanal abzweigte, reihten sich Walkmühle, Farbholzmühle, Sägmühle und Ölmühle auf, und am Mühlweg zur Stadt hoch erinnert eine Gedenktafel an das Hungerjahr 1816/17: »Den 28. Mai 1817 stieg der Neckarstrom hier auf bis an die Wand. Danach fiel eine große Teuerung im ganzen Land . . .«

Die Sagenfigur des Wilden Mannes auf dem Marbacher Wappenbrunnen, von den mythensüchtigen Humanisten als Mars oder Bacchus gedeutet, hat Gustav Schwab zu einem ellenlangen Gedicht von 98 Zeilen »Der Riese von Marbach« beflügelt, in dem er dann natürlich prompt bei Schiller landet: »Von Geist ein Riese wundersam,/Als ob der alte Heidenstamm/Ein junges Reis noch treibe«. Schillers Großvater, der Bäcker und Löwenwirt Kodweiß, war zugleich Holzinspektor des herzoglichen Floßwesens. Der kleine rotschopfige Fritz, der 1759 in dem düsterengen Fachwerkhaus an der Niklastorstraße zur Welt kam, hat nur die vier ersten Lebensjahre in Marbach verbracht. Der Neckar spiegelt sich in seiner Dichtung, auch in seinen Briefen kaum wider. Tecchi begnügte sich mit dem Trost: »Doch sah Schiller als Kind, solange er in Marbach lebte, nur dieses Wasser, nur diesen Fluß, und nach dem, was die Biographen erzählten, nannte er im Dialekt jeden Wasserlauf, der ihm während der Kinderzeit unter die Augen kommt ›Neckerle‹.«

1835 wurde das Schelmengrüble, eine steinige Ödnis überm Neckarhang, auf Anregung des Oberamtsrichters Rooschütz, des Vaters der Schriftstellerin Ottilie Wildermuth, zur Schillerhöhe ernannt. Der Schwäbische Schillerverein erwarb das Geburtshaus des Dichters als Gedächtnisstätte, und 1903 weihte man das Schiller-Nationalmuseum ein, dessen Bau stilistisch bewußt Schloß Solitude, der ersten Hohen Karlsschule nachempfunden ist. Sein Leiter Otto Güntter hat das Institut in mehr als drei Jahrzehnten zu einem »Pantheon des schwäbischen Geistes« entwickelt, als »einzig geglückte Verbindung von Landschaft und schaffendem Geist«. Als der Verlag der »Stuttgarter Zeitung« das Cotta-Archiv mit allein 150 000 Briefen erwarb und als hochherzige Stiftung übergab, war der Grundstock für das benachbarte Deutsche Literaturarchiv gegeben.

Prominenteste, wenn auch unfreiwillige Besucherin des Schillermuseums war im Mai 1965 die englische Königin Elizabeth. Das Protokoll hatte auf Wunsch der Monarchin eine Stippvisite in Marbach vorbereitet, nur daß die Pferdenärrin das Gestüt Marbach auf der Alb gemeint hatte. So sah sich die Queen statt der Araberhengste pflichtschuldigst eine halbe Stunde lang die krausen Handschriften und lockigen Porträts deutscher Dichter an.

Die Murr sammelt die Bäche und Rinnsale der waldigen, klingenzerschnittenen Keuperhöhen. Der Gewährsmann der Marbacher Oberamtsbeschreibung konnte 1866 noch registrieren, daß sich »ihr grünliches Wasser lange nicht mit den klaren Fluten des Neckars vereinigen will und sogar bei der eine viertel Meile unterhalb der Einmündung gelegenen Benninger Brücke noch erkenntlich ist«. Das klingt heute wie eine Mär, ebenso die Notiz, daß sich in dem Dörfchen Murr alle Einwohner freitags ihr Essen fischen durften. Die Abwässer der Gerbereien und Lederfabriken haben die Murr verheerender noch als die Fils verseucht. Ab Murrhardt ist der Fluß ein fischleeres, verödetes, totes Gewässer. Früher machte die Murr als Waldgewässer und Wildfluß nur wegen ihrer Überschwemmungen Kummer, wie etwa 1741, als sie sich auch nicht durch eine eigens aufgesetzte »Wasserfluth-Predigt« des Pfarrers bannen ließ.

Bei Steinheim fließt ihr die Bottwar zu. Deren reizvoll modelliertes, mit Burgen und Reben bestocktes »Täle« zieht vor allem im Herbst die Ausflügler an, wenn in den Wirtschaften der Federweiße bitzelt und röscher Zwiebelkuchen aufgetischt wird, ofenwarm, wie sich's gehört. Als Geheimtips der Kunstkenner gilt die wuchtig gedrungene romanische Stiftskirche in Oberstenfeld mit der dämmerigen dreischiffigen Krypta, einer wahren Gruftkirche, aber auch die auf dem Friedhofshügel gelegene Peterskirche mit Wandmalereien des 13. Jahrhunderts.

Die eiszeitlichen Schottermassen des Steinheimer Beckens haben das urigste Mammutskelett des Landes sowie Knochen und Geweihe von Riesenhirsch, Wisent, Waldelefant, von Wasserbüffel, Wollnashorn, Höhlenbär und Höhlenlöwe konserviert. Im Sommer 1933 erspähte der Besitzer einer Kiesgrube einen schotterverkrusteten Schädel, den er seiner Augenbrauenwülste wegen als Überrest eines Affens ansah. Er deckte einen feuchten Sack über seinen Fund und meldete ihn dem Stuttgarter

48 *Friedrich Schiller. Pastell von Ludowika Simanowiz*

Naturkundemuseum. Dort erkannte man, daß es der Schädel einer jungen Frau war; nach den Tierfossilien der Fundschicht zu schließen, muß er gut 200 000 Jahre alt sein. Im Urmensch-Museum der Stadt Steinheim ist der weltberühmt gewordene homo steinheimiensis zu bestaunen.

Backnang liegt noch im Muschelkalktal der kräftig mäandernden Murr. Der Altstadtkern unterm Burgberg überrascht mit seiner Fachwerkfülle. Grabplatten mit dem Schrägbalken in der Krypta der ehemaligen Stiftskirche erinnern daran, daß Backnang seine Stadterhebung den Markgrafen von Baden verdankt. Seit dem vorigen Jahrhundert hat es sich den Ruf einer Gerberstadt erworben; größter Arbeitgeber ist inzwischen das Werk der AEG-Telefunken, in dem auch diffiziles Zubehör der Nachrichtensatelliten hergestellt wird.

Bei Oppenweiler beginnt das in Wälder versenkte stille Keupertal der Murr. Im Parksee spiegelt sich das klassizistische Achteckschlößchen der Herren von Sturmfeder, und in der Jakobuskirche hängen die Totenschilde der reichsritterlichen Familie. Wald und Wasser vereint dann Murrhardt in seinem Namen. Die gotische Walterichskirche erhebt sich über einem römischen Kultplatz; 1963 barg man das aus antiken Steinplatten gefügte Grab des karolingischen Einsiedlers und Klosterabtes Walterich. Im Mittelalter erhoben die Grafen von Löwenstein Murrhardt zur Stadt. An der ehemaligen Klosterkirche überrascht die ebenfalls nach Walterich benannte romanische Kapelle mit ihrer reichen Ornamentplastik. Zwei Maler von unverwechselbarer Handschrift, Heinrich Zügel und Reinhold Nägele, sind hier geboren. Wirtshausschilder durchschnörkeln das gastliche Städtchen.

Felsengärten überm Fluß

Mit den Ausgrabungen des Humanisten Simon Studion im Kastelldorf Benningen begann die Limesarchäologie im Neckarland. Beim Rathaus ist das einzige freigelegte Straßenstück der Römerzeit im Württembergischen zu bestaunen. Bis zum Bau des Schiffahrtkanals setzte hier eine fugendicht gezimmerte Archenbrücke ans östliche Ufer. Neckarabwärts zwischen Beihingen und Pleidelsheim verläßt der Kanal wieder einmal das felsgründig flache Flußbett. Beihingen hat sich zusammen mit Heutingsheim und Geisingen zur neuen Gemeinde Freiberg am Neckar zusammengetan. Allen drei Dörfern ist eine ritterschaftliche Vergangenheit gemeinsam, eindrucksvoll repräsentiert von nicht weniger als fünf Schlössern. Mit Chorturmkirche und Arkaden, Rathaus, Kelter, Zehntscheuer und Fachwerkhäusern versammelt Pleidelsheim ein geschlossen schönes Dorfensemble. Statt der Rebe werden hier in Sonderkulturen Spargel und Tabak gezogen. Das Naturschutzreservat der verschilften Kiesteiche zwischen dem Kanal und dem Auwald des Altneckars gilt als idealer Beobachtungsplatz für Zugvögel und gefiederte Wintergäste aus dem Norden. Hier wie droben am Kirchheimer Wasen hat der vom Aussterben bedrohte Seefrosch einen seiner letzten Zufluchtsorte gefunden. Gegenüber, am weinbestockten Steilhang liegen Großingersheim und Kleiningersheim, die sich im Zug der Gemeindereform wieder vereint haben. Der Anker im Ortswappen spricht für den früheren engen Verbund mit der Schiffahrt am Fluß.

Bei Mundelsheim holt der Neckar dann wieder zu einer eleganten Wasserschleife aus. Der Fluß muß sich hier durch den hochgewölbten Hauptmuschelkalk des »Hessigheimer Schilds« schürfen und pendelt in ausholenden Schwüngen. Wie am Oberlauf hinter Rottweil spült er auch hier die unterirdischen Salzstöcke des Mittleren Muschelkalks aus, er provoziert Felsstürze und präpariert die Felsengärten bei Hessigheim sowie die dohlenumschwirrten »Krappenfelsen« bei Lauffen heraus.

In Mundelsheim sprechen Namen wie Fischerwört, Dammweg, Fährweg, Urbansstraße von den Lebenselementen des Marktfleckens, dem Wasser und dem Wein. Früher zog ein Neckararm näher an den Ort heran und trieb eine Flußmühle. In der hochgelegenen Gottesackerkirche wie in der Pfarrkirche blätterten beim Restaurieren unterm Verputz gotische Wandmalereien hervor. Das hochbrüstige Stadttor erinnert an die kurze Stadtherrlichkeit: 1460 ruinierten die Reichsstädter auf einem Rachezug die markgräflich badische Exklave so gründlich, daß Mundelsheim wieder zum Dorf verbauerte. Dafür duftete es bei meinem Besuch aus dem Backhaus an der Hauptstraße nach Brot und Kuchen.

Der engterrassierte Käsberg mit seinen wohlgezählt 388 Stäffele eröffnete mir beim Aufstieg den schönsten Blick auf das Talaquarell und verführte zu einer Frühlingswanderung hinüber nach Besigheim. Die Herzkammer des Mundelsheimer Rebgeländes wölbt sich der Sonne entgegen. Als unverdächtigen Zeugen für das südlich temperierte Kleinklima dieser Lage begegnete ich armlangen Opuntien, mediterranen Feigenkakteen, die ein Wengerter auf sein Wegmäuerchen gepflanzt hatte. Auf der Höhe blaute zwischen den Rebstöcken die Traubenhyazinthe, hier wegen ihrer Leinentracht »Baurebüble« genannt, in wahren Blütenlachen, durchsonnt vom Akkergoldstern. Die Rebe wird hier noch mit Weidenruten angeheftet; drunten am Neckar hockten die kropfigen Bindweiden. In Hessigheim schmiegte sich die von Hirsauer Äbten erbaute Martinskirche an den Hang, pa-

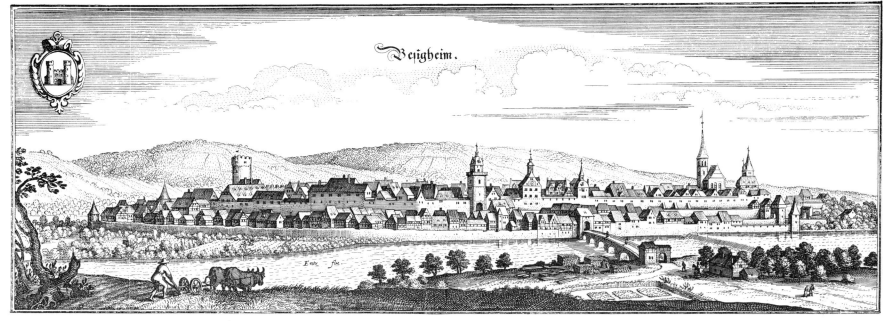

49 Merian hat in seiner »Topographia Sueviae« 1643 Besigheim von der Enz aus porträtiert.

storaler Dank für die Einkünfte des Schwarzwaldklosters aus dem fetten Rebbesitz im Dorf.

Beim Neubau der Weingärtnergenossenschaft begann der Aufstieg zu den Hessigheimer Felsengärten. Kalkgraue Türme, Nadeln, düsternde Kamine zerklüfteten die Hangkante des Wurmbergs; dazwischen stürzten die Felswände senkrecht zum Prallhang des Neckars ab, ein Dorado, ein Klettergarten für die Alpinisten. Stützmauern, bis zu drei Dutzend hintereinandergestaffelt, bewahren den 90 Meter hohen Hang mit seiner kostbaren Weinbergskrume vor dem Abschwemmen. »Schrannen«, so hatte man mir drunten im Dorf gesteckt, heißen diese terrassierten Rebstübchen.

Die Sonne zersplitterte den Flußspiegel in unzählige blitzende Scherben, dahinter stiegen Wiesenstreif, ein verbuschter Baggersee, Ackerbreiten und Waldkappe mählich an. Das Stück unverbauter Neckarlandschaft tat dem Auge wohl. Als ich nach Besigheim abstieg, schäumte das zärtliche Rosa der Pfirsichbäume, Abgesang einer im Einverständnis mit der Natur geformten Kulturlandschaft.

Wasserkinder aus dem Schwarzwald

Martin Zeiller, landeskundiger Texter der Merian'schen Kupferstich-Topographien, hat die Lage Besigheims auf den knappen Nenner gebracht: »Besigheim am Nekkar/wo die Enz darein fället. Hat zwei alte Schlösser / Weingebürg / Wiesen / Wälder / viel Fisch / mittelmäßige Gebäu/eine schöne Kirche in dem obern Teil der Stadt und vier Tore . . .« Die Maler haben hier immer gern ihre Staffelei aufgestellt. Die wuchtig gruppierte Front der Altstadt im Kunterbunt ihrer Dächer, beschirmt von den zyklopischen Rundtürmen zweier abgegangener Stadtburgen, übergiebelt, überspitzt vom Rathaus mit seinen zierlichen Dachreitern – das verführt einfach zum Farbenmischen, Skizzieren oder einem Schnappschuß der Erinnerung. Auf der dreibogigen Enzbrücke, nach ihrer Sprengung im historischen Umriß des 15. Jahrhunderts wiederaufgebaut, stehen wir vor einem »romanhaft mittelalterlichen« Stadtprospekt.

Obwohl sich vor allem »im Kies« zwischen beiden Flüssen ein paar größere Betriebe niedergelassen haben, obwohl die Staustufe des Neckarkanals einen gewichtigen Akzent in die Tallandschaft setzt, ist Besigheim keine Industriestadt geworden. Die »Besgemer«, so meinte einmal ein Freund dieser heimlichen Idylle, hätten die Romantik von Kindheit auf mit Löffeln gefressen. Für den Besucher ist noch genug übrig geblieben. Heimliche Idylle hieß es eben, und wahrhaftig, Besigheim macht nicht viel von sich her, läßt sein Fachwerk unterm Verputz schlafen, lebt unbekümmert mit und in seiner Vergangenheit, ohne sie aufzuputzen und zu vermarkten, und wenn der Hirschenwirt frisch geschlachtet hat, hängt er statt der Schweinsblase einen schinkenfarbenen Luftballon über die Tür.

Der Burgort, auf seinem Hügelstollen dreiseitig umflossen, erhielt im 13. Jahrhundert Stadtrecht von den badischen Markgrafen; einer dieser Herren trutzt noch versteinert auf dem Marktbrunnen. Der obere der beiden rundbäuchigen Buckelquadertürme, der Schochenturm, ist durch einen Torbogen mit dem Steinhaus verbunden, dem sein staufisches Alter trotz einiger Umbauten samt dem Goldlack aus allen Ritzen schaut. Gleich daneben steht die Stadtkirche mit dem Christoph von Urach zugeschriebenen 13 Meter hohen, von Anfang an unbemalten gotischen Schnitzaltar. Die untere Burg wurde beim Franzoseneinfall 1693 zerstört und bis auf den massigen Waldhornturm abgebrochen. Gegenüber, an der Kelter, stauen sich im Herbst die Wagen mit den Traubenbottichen. Im Pfälzer Krieg 1504 eroberte Herzog Ulrich das badische Nest. Steinkugeln dieser Belagerung stecken noch in den Mauern, und ein Landsknechtsliedchen sang: »Besigheim beritt man ob dem Wald;/drei Lager wurden geschlagen bald,/ob den Reben ward gemacht ein Schanz,/daß nit viel Häuser blieben ganz./Sie hätten also ein Übermut/und meinten die Stadt wär so gut/zwischen der Enz und dem Necker,/darum waren sie desto kecker...« Endgültig wurde man hier erst 1595 gut wirtembergisch, friedlich, durch Kauf. Die Besigheimer haben es nicht bereut. Sie sind gut durch die folgenden Jahrhunderte gekommen.

Dielhelm, Verfasser des aufgeklärten aquarischen »Antiquarius«, schreibt vom Neckar, daß er bei Besigheim »den schiffbaren Enzfluß verschlingt«. Dabei war vor dem Kanalstau die Wasserführung der Enz der des Neckars wohl ebenbürtig. Nach den Gesetzen der geographischen Namensgebung müßte der aus Enz, Nagold und Würm gebündelte Wasserstrang ab Pforzheim eigentlich Nagold heißen, denn diese hat beim Zusammenfluß bereits 92, die Enz aber erst 49 Kilometer hinter sich. Georg Wagner hat diese Ungereimtheit mit der Siedlungsgeschichte erklärt. Die Enz erhielt ihren Namen am Unterlauf mit seinen frühbesiedelten Gäurandebenen, die Nagold dagegen erst bei der in karolingischer Zeit erwähnten »Villa Nagalta«, dem heutigen Nagold. Bis dann im Schwarzwald, wo beide Flüsse dicht nebeneinander entspringen, und an der unteren Nagold die ersten Rodungsschneisen geschlagen wurden, hatte sich der Name Enz am Unterlauf des Hauptflusses längst eingebürgert.

Als Floßstraßen waren die Schwarzwaldgewässer jahrhundertelang die wirtschaftlichen Pulsadern der Landschaft. Im Mittelalter wurde Langholz von Pforzheim bis Mainz geflößt, 1691 schwammen die ersten 1000 Stämme aus den Wäldern um Wildbad nach Holland. Im vorigen Jahrhundert wurde ab Gompelscheuer auf der Enz, ab Schorrenthal auf der Nagold, ab Liebeneck auf der Würm geflößt. 1897 trieben noch 285 Flöße an Pforzheim vorbei, 1912 hatte das letzte Stündlein der Enzflößerei geschlagen.

Hinter Wildbad vereinigen sich Enz und Kleine Enz. Der um die Jahrhundertwende wiederentdeckte Thermenschacht der Hirsauer Mönche gilt als Urquell des von Märchenwäldern umrauschten Heilortes, der seinen Rang vom mittelalterlichen Fürstenbad über die internationale Kurpromenade des 19. Jahrhunderts bis heute gewahrt hat. Der Fluß hat an seinen Talflanken erzführende Gänge angeschnitten; daß hier schon die Kelten Eisen schmolzen, haben Funde am Neuenbürger Schloßberg erwiesen.

Im Namen der Stadt Pforzheim lebt das römische »portus«, also Hafen, weiter. Kurz nach dem Zusammenfluß von Enz, Nagold und Würm bot eine Furt dem vom Rhein zum Neckar zielenden Fernweg die Möglichkeit, das Geflecht der drei Wildgewässer zu überschreiten. Um 1200 erscheint Pforzheim, Gelenkstück der West-Ost-Trasse, als Stadt. Wenig später bauten die Markgrafen von Baden die Neustadt auf dem Schloßberg. Als Residenz der ernestinischen Linie und Straßenknoten hatte Pforzheim im martialischen 17. Jahrhundert unsäglich zu leiden. Aus der 1767 im staatlichen Waisenhaus gegründeten Bijouterie-Manufaktur entwickelte sich die weltbekannte Edelmetallindustrie, blendend dokumentiert im Schmuckmuseum. Nach dem Flammeninferno des Luftangriffs am 23. Februar 1945, bei dem 17 600 Menschen ums Leben kamen, ist die Großstadt in zähem Wiederaufbau wiedererstanden, hat ihre Industrie wieder Weltgeltung erreicht. Die Gemeindereform hat dem vitalen Pforzheim den Titel einer Großstadt beschert. Das hochgebaute Altensteig, die alte Tuchmacherstadt Nagold mit ihrer Textilfachschule und das wehrhaft liebenswerte Bergnest Wildberg stecken das obere Nagoldtal ab. Wahrzeichen des Flußes könnte die dem Flößerpatron St. Nikolaus geweihte Brückenkapelle in Calw sein. Mit seinen Tuchmacherbetrieben, seinen Gerbern, seiner »Zeughandelscompagnie« zählte Calw zu den frühesten Industrieorten des Landes. Trotz der Qual der Lateinschule hat Hermann Hesse der Stadt seiner Kindheit als »Gerbersau« in manchen Erzählungen dankbar gedacht. Die Grafen von Calw gründeten flußabwärts das Kloster Hirsau. Als Zentrum der cluniazensischen Reformbewegung, als führende Bauhütte und Schreibschule der Romanik, aber auch als Rodungspionier im Schwarzwald hat das Kloster Geschichte gemacht. Säkularisiert und von den Banden Mélacs zerstört, wäre Hirsau als Steinbruch verkommen, hätte sich nicht der Denkmalschutz der Ruine angenommen. Bad Liebenzell, wegen seiner Erfolge bei Frauenleiden einst als »Storchenbad« an der Nagold gerühmt, vereint modernen Kurkomfort und Fachwerkbehaglichkeit, eine liebenswürdige Mischung.

Das stillste Tal öffnet sich längs der Würm, die nicht im Schwarzwald, sondern im Oberen Gäu entspringt. An ihrem Unterlauf gab es vor 100 Jahren noch nicht einmal eine Straße. Tiefenbronn, 400 Jahre im Besitz derer von Gemmingen, blieb hier eine katholische Insel, eingeschlossen von badischem Gebiet. Das Dorf war auch zu arm, um seine Kirche zu entrümpeln und behielt so seine kostbare mittelalterliche Ausstattung mit dem Hochaltar des Ulmers Hans Schüchlin und dem Lucas Moser aus Weil der Stadt zugeschriebenem Magdalenenaltar, dessen Inschrift, ob nun gotisch oder nur gotisierende Zutat, die zeitlos herbe Zeitkritik des Künstlers verkündet: »... schri. kunst. schri. und. klag. dich. ser. din. begert. jecz. niemen. mer...«

Nagold und Würm haben ihre Talgründe tief in die dem Schwarzwald vorgelagerte rote Sandsteinplatte eingeschnitten. Beim Pforzheimer Kupferhammer vereinen sie sich mit der Enz, die nun in den lichtgrauen Muschelkalk eintritt. Hier wie am Neckar zog mit dem Bau der Eisenbahn die Industrie zu. Musterbeispiel ist die stürmische Entwicklung Mühlackers. Ungebrochen beherrscht dann Schloß Kaltenstein das Vaihinger Stadtbild; gegen den Fluß fugen Rebterrassen den Hang. Bei Bietigheim verlockte wohl eine Furt über die Enz zum Siedeln. Mit der Gründung der Deutschen Linoleum-Werke hat sich das Landstädtchen zum Industrieort hochgeschafft. Als schönstes Wasserdenkmal spreizt eine gekrönte Melusine auf dem Fräuleinbrunnen der Renaissance ihren Fischschwanz. 1853 schlug Karl von Etzel den 330 Meter langen Enztalviadukt übers Tal, mit seinen Sandsteinbögen längst auch schon ein klassisches Denkmal der Eisenbahnhistorie im Neckarland.

Die Lauffener Schlinge

Über dem Zusammenfluß von Neckar und Enz steigt der rebenbestockte Schalksberg auf, der nach Meinung eines biedermeierlichen Reisenden dem Weingärtner »wahrlich eine gemsenartige Gewandtheit« abfordert. Der Kern des Wengerterdorfes Walheim wird von einem römischen Kastell grundiert. Nach der Entdeckung einer antiken Schiffslände barg man 1968 das Bruchstück einer Jupitergigantensäule mit dem Bilderrelief einer von Satyren, Mänaden und Eroten durchwirbelten Weinlese. Gigantensäulen unserer Zeit schickt das Dampfkraftwerk Walheim in den Himmel. Gegenüber, in Gemmrigheim, nahm 1865 die Papierfabrik ihre Produktion in der Getreidemühle am Neckar auf. Die Turmkapelle der Johanneskirche hütet gute frühgotische Fresken.

Streng und eng gewinkelte Weinterrassen begleiten den Fluß. Hinter Kirchheim prallt der Neckar gegen eine Kalkwand und biegt in einer knappen Doppelschleife nach Westen aus; »Krümmling« heißt das ausgesparte obstreiche Gewann. Wie fast alle Rebnester des Neckarlandes war auch das ehemalige Reichsdorf Kirchheim mit Mauer und Graben, Turm und Tor versehen; allein das Starengassentor, so lustig anzuschauen wie sein Name klingt, ist von dieser Wehr übriggeblieben. Am Neckarberg, im aufgelassenen Steinbruch des Lauffener Zementwerks, wurde 1976 das Kernkraftwerk Neckarwestheim mit seinen Kühltürmen in Betrieb genommen. Einzigartig erhaltene Seelilien-Platten des Muschelkalkmeeres sowie eiszeitliche Fossilien vom Neckarberg hat man im Lauffener Werkmuseum geborgen.

Auf der Landkarte wie im Flugbild zeichnet sich die grüne Sichel der alten Lauffener Neckarschlinge gleich eindrucksvoll ab. Wie Torfproben ergaben, hat der Fluß erst vor etwa 5000 Jahren bei einem Hochwasser den Felsendamm zwischen Burginsel und Regiswindiskirche überwunden, er stürzte nun als gischtender Wasserfall zu Tal, bis er rückwärts erodierend sein Gefälle zum Lauffen, zur Stromschnelle abflachte. Zurück blieb der geschwungene Prallhang der abgeschnittenen Flußschlinge mit der hartbankigen Kante des Oberen Muschelkalks. Auf seiner Schattenseite dämmert feuchter Kleebwald aus Eiche, Esche, Ahorn, Ulme und Linde, gefleckt von meerblauer Scilla und bleichem Aronstab, durchwuchert von üppig horstendem Farn. Auf seiner südlich geneigten Sonnenwange reift der mildwürzige Schwarzriesling, in den Sandböden des Gleithangs die begehrte Lauffener Frühkartoffel. Der verlassene Wasserlauf vermoorte. 1454 staute Graf Ulrich V. die Zaber, die kurz vor ihrer Mündung das alte Neckarbett benutzt, zu einem See auf, in dem sich Karpfen, Hechte, Schleien und Karauschen tummelten.

Das Ausfischen des Sees bedeutete für die Lauffener allemal ein mehrwöchiges Volksfest. 1820 legte die Hofkammer das Gewässer trocken. Bei der schwersten Nekkarflut, 1824, durchbrach der Fluß den Seedamm und schwenkte nocheinmal in sein angestammtes Schlingenbett ein. Der Rest des »Alten Sees«, ein von Weiden durchstockter Erlenbruch, umwogt von graugrünem Röhricht, aus dem der Goldhelm der Wasseriris glänzt, wird als Naturschutzgebiet und Trinkwasserreservoir gehütet.

Zwei Muschelkalksporne markieren den Lauffener Neckardurchbruch, den die ersten Steinzeitbauern auf der Lößhöhe vielleicht schon miterlebt haben. Die Alamannen siedelten auf dem linken Ufer, beim heutigen »Dorf«, während das mauerumgürtete kleinere »Städtle« auf der Felsbastion rechts des Neckars erst um 1200 von den Popponen, den späteren Grafen von Lauffen ge-

50 Sinnenfrohes Denkmal römischer Weinkultur:
Die Walheimer Traubensäule.

gründet worden ist. Fränkische Gaugrafen hatten schon in karolingischer Zeit den heutigen Burgfelsen durch einen Flußdurchstich zur Insel gemacht; die Burg, jetzt als Rathaus genutzt, wird an den Wochenenden effektvoll angestrahlt. Stoff für ein rührendes »Son et lumière« – Spektakel gäbe das Burggemäuer auch her. Die ums Jahr 1000 niedergeschriebene Regiswindis-Chronik erzählt dazu: »Es war ein Markgraf, der hieß Ernst, dem gab der Kaiser Ludwig der Fromme, Kaiser Karls des Großen Sohn, viel Güter des Reichs, der nahm seinen Sitz zu Lauffen in dem Schloß auf dem Felsen, der im Neckar stehet ob dem Lauffen zunächst der Kirchen. Der hätt eine liebe Tochter Regiswindis, die vertraut er einer Magd. Da er nun einstmals einen Diener strafte, der dieser Magd Bruder war, da faßte dieselbig einen so heidnischen Haß, daß sie des Markgrafen Töchterlein vom Turm hinabstieß in das Wasser, also daß das Kind in dem großen Lauffen ertrank. Nach dreien Tagen fund man es nahebei Haßmersheim, und war lieblich anzuschauen, lächlet und hätt Rosen um sich und war keine Spur des Tods noch der Felsen zu spüren. Und war ein Mägdelein von sieben Jahren.«

Wahrscheinlich wurde das Grafentöchterlein 1227, anläßlich des Kirchenneubaus überm Neckar, heiliggesprochen und in die nahegelegene pyramidensteile Regiswindiskapelle überführt. Nach dem Aussterben der Lauffener Dynasten sicherte sich Wirtemberg im 14. Jahrhundert den festen Platz. Ein uralter Rennweg hatte den flach überströmten Kalksporn als Furt gewählt. Graf Ulrich baute 1474 die erste Steinbrücke, die 1529 bei einer Neckarflut barst. Kurz darauf erstand die elfbogige Brücke, die längste des Herzogtums, wieder. In der Schlacht von Lauffen, im Mai 1534, als der vertriebene Herzog Ulrich sein Land wiedergewann, hat sie den flüchtenden Soldaten des österreichischen Statthalters wenig geholfen: »Im Necker viel ertrunken sein,/ein groß Summ der Felsenstein/den Hals abbrach. Als ich vernommen,/seind dreizehnhundert Knecht umkommen.«

Im nördlichen Bogen der verlassenen Flußschlinge, unterhalb der Lauffener Rebhalde, fließt jetzt die Zaber dem Neckar zu, deren heiteres Gartengäu von Stromberg und Heuchelberg eingehegt wird. Otto Linck, der dieses farbige Keupergelände als Wissenschaftler und Poet gemalt und gedeutet hat, sinniert: »Man empfindet es als schicksalhaft, daß in der klassisch geformten hellen Landschaft dieses Bogens Friedrich Hölderlin geboren wurde.« Als Sohn des Klosterhofmeisters kam Hölderlin 1770 im »Dörfle«, links der Zaber zur Welt. Die Geburtsstätte wurde 1918 beim Bau des Krankenhauses abgerissen. In vielen Gedichten Hölderlins schimmert die Erinnerung an die Lauffener Kindheitsjahre durch, etwa in »Der Wanderer«:

Aber drüben am See, wo die Ulme das alternde Hoftor
 Übergrünt und den Zaun wilder Holunder umblüht,
Da empfängt mich das Haus und des Gartens heimliches
             Dunkel,
Wo mit den Pflanzen mich einst liebend mein Vater erzog.

Als 1888 der Berliner Zementforscher Wilhelm Michaelis auf einer Neckarfahrt in Lauffen Station machte, begann für die Stadt eine neue Ära. Michaelis erkannte nicht nur die Qualität des hier anstehenden, von tonreichen Mergeln durchsetzten Kalks für die Zementgewinnung, sondern wies auch auf die Wasserkraft der Neckarschnelle für die Stromerzeugung hin. Eine Aktiengesellschaft wurde gegründet, die überschüssige Energie des E-Werks sollte im damals noch unerprobten Drehstromverfahren nach Heilbronn geleitet werden. Oskar von Miller, Gründer des Deutschen Museums in München, wagte für die Internationale Elektrotechnische Ausstellung in Frankfurt am Main 1891 die Generalprobe mit 1000 bunten Glühlampen: »Ein Motor mit 100 PS Leistung, gekoppelt mit einer Pumpe, ließ Wasser über einen zehn Meter hohen Felsen herabstürzen und machte so die dem strömenden Wasser des Neckars in Lauffen entzogene Energie in Frankfurt wieder sichtbar.«

Weder der Kalkpuder des Zementwerks, noch der Schiffskanal, der unterhalb der neuen Wehrbrücke vom Neckar abzweigt und dabei das Vogelreservat der Nachtigalleninsel ausspart, konnten den Reiz dieser Stadt zwischen Fluß und Fels, Inselburg und Kirchenbastei mindern. Lauffen verzaubert noch immer, wie es im Sommer 1910 Marie von Bunsen verzaubert hat. Die sportliche Literatin wollte mit ihrem Ruderboot von Heilbronn aus den Neckar abwärts fahren, und war zuvor in Lauffen eingekehrt. Ihr Tagebuch vom 22. Juli notierte: »Jetzt sitze ich auf der grünumrankten Terrasse; der Landwein vor mir wirkt wie rötlicher Topas. Tintenblaues Gewölk ballt sich über die Türme der Burg und der Regiswindiskirche. Nach der Glut des Reisetages steigt feucht und kühl und wohltuend der Atem des Neckars empor.«

Ein halbes Jahrhundert später schipperte der Reiseschriftsteller Roger Pilkington mit seiner »Commodore«, einer abgetakelten Admiralsbarkasse der Royal Navy, neckaraufwärts und näherte sich gegen Abend dem hinter einem Flußknie noch versteckten Lauffen. Plötzlich rief eine Geisterstimme, das kleine Boot mit der englischen Flagge solle gleich in die – noch gar nicht sichtbare – Schleuse einfahren. Wenig später erklärte der Schleusenwärter dem verdutzten Kapitän, daß er mit Fernsehkamera und Lautsprecher die Schiffe schon hinterm Bergeck in den gekrümmten Stichkanal lotsen müsse. Hier hat der Lauffener Neckardurchbruch dem Menschen seinen einstweilen letzten Streich gespielt.

51 Der Muschelkalk, der Archivar unter den Gesteinen, beschert Fundstücke wie die Seelilie, Encrinus liliiformis, zu bestaunen im Werkmuseum der Lauffener Zementfabrik.

52 Die gotische Veitskapelle in Mühlhausen scheint mit einer wahren Freskentapete ausgekleidet zu sein. Im Auftrag des Bankiers Reinhart, der in Prag sein Glück gemacht hatte, malten böhmische Künstler die Bilderlegende des heiligen Veit.

53 Als »Sonntagswinkel des Württemberger Landes« öffnet sich das Tal der Rems. Am Unterlauf des Flusses herrscht auf den sonnseitigen Hängen die Rebe, wie hier bei Großheppach.

54 In der 1729 vollendeten Ahnengalerie des Ludwigsburger Schlosses hängen die Porträts der wichtigsten württembergischen Regenten samt deren Frauen. »Lumpenburg« hieß der Herzogssitz zu Lebzeiten des Bauherrn Eberhard Ludwig, der sich auf dem Deckengemälde als Mäzen der Künste und Wissenschaften huldigen läßt.

55 Wie einem Gobelin eingewirkt, so präsentieren sich auf diesem Luftbild von Ludwigsburg Schloß, Gartenparterre, Alleen, Wasserspiele samt dem chinoiseriehaft verspielten Favorite im Vordergrund. 1958 erwachte der Schloßpark mit der Gartenschau »Blühendes Barock« zu neuem Leben.

56 Schloß Hochberg über der Neckaranlände war Sitz der reichsritterlichen Familie Nothafte von Hohenberg. Ende des 16. Jahrhunderts baute Heinrich Schickhardt das gotische Herrenhaus um. Später stieg der dicke König Friedrich in Hochberg zur Jagd ab.

57 Wer den Neckar kennenlernen will, muß ihn auch einmal befahren. Am bequemsten geht das mit einem der »Schiffle« der weißen Ausflugsflotille. Gerade läuft einer der Freizeitkreuzer in die Staustufe bei Poppenweiler ein. Zwischen Plochingen und Mannheim wird der Höhenunterschied von 160 Meter auf 27 Staustufen überwunden.

58 Ein wohltuend rein erhaltenes Bauwerk der Spätgotik ist die Alexanderkirche in Marbach am Neckar. Um 1450 hat Aberlin Jörg den Chor, wenig später Kaspar Lechler das Hauptschiff eingewölbt. Die Kanzel wächst aus einem steinernen Baumstamm.

59 Als »einzig geglückte Verbindung von Landschaft und schaffendem Geist« gilt das Schiller-Nationalmuseum in Marbach. Der Bau ist stilistisch Schloß Solitude nachempfunden.

Vorhergehende Seiten:
60 Eine der wenigen dauernd bewohnten Burgen der Stauferzeit: Lichtenberg im Bottwartal.

61 Die Hessigheimer Felsengärten locken zu verwegenen Klettertouren.

62 Der in karolingischer Zeit bezeugte Einsiedler und spätere Klosterabt Walterich hat der reich skulpturierten Kapelle der Murrhardter Klosterkirche seinen Namen geliehen. 1963 fand man sein Grab in der benachbarten Walterichskirche.

63 Beschwerlich ist die Weinlese überm Hessigheimer Neckar.

64 Christoph von Urach wird der um 1520 datierte, von Anfang an farblich ungefaßte Hochaltar in der Besigheimer Stadtkirche zugeschrieben. Im Mittelschrein heilt St. Cyriakus die von Dämonen besessene Tochter des römischen Kaisers Diokletian; die Flügelreliefs erzählen Begebenheiten aus der Jugendgeschichte Jesu.

65 Silbersträhnig, gischtend fällt das Wasser der Enz übers breitrückige Besigheimer Flußwehr. »Romanhaft mittelalterlich« staffelt sich die Stadt auf ihrem dreiseitig umflossenen Hügelrücken auf. Über den sepiabraunen Dächern wuchtet das Rathaus mit seinem verspielten Giebeltürmchen.

66 Als Pioniertat der Ingenieurkunst und Eisenbahnhistorie, aber auch als Denkmal altmeisterlichen Bauhandwerks spannt sich bei Bietigheim der 330 Meter lange Enzviadukt übers Tal. Die Folge der 21 Doppelbögen erinnert an antike Aquädukte. Karl von Etzel, der später die Brennerbahn baute, hat das noch immer funktionstüchtige Brückenwerk 1853 geschaffen.

67 Frühlingserwachen in Vaihingen an der Enz; aus den Rebterrassen ragt Schloß Kaltenstein.

68 Ein Flußdurchstich machte den Lauffener Burgfelsen in karolingischer Zeit zur Insel.

69 Das Kernkraftwerk Neckarwestheim nutzt den Fluß als Kühlwasserlieferanten.

70 In der Mitte des Bildes zeichnet sich der waldschattige Prallhang der aufgegebenen Lauffener Neckarschlinge markant ab; an der Sonnseite fließt die Zaber im letzten Stück des alten Flußbettes. Erst vor 5000 Jahren brach der Neckar bei einem Hochwasser zwischen Lauffener Burg und Regiswindiskirche durch. Das Zementwerk konnte den hinreißenden Kontrast von Fluß und Fels, Inselburg und Kirchenbastei mindern, nicht zerstören.

Das Heilbronner Neckarprivileg

Wie zuvor im »Hessigheimer Schild«, so wölbte sich im »Lauffener Sattel« der Muschelkalk nocheinmal über die Talsohle des Neckars auf. Nun tritt der Fluß in die Fränkische Mulde, die Kraichgausenke, Stromberg, Heuchelberg, Löwensteiner Berge und das Neckarbecken um Heilbronn einschließt. Bedingt durch das tektonische Absinken der Schichten, blieb hier der über den Muschelkalkschilden längst abgetragene Keuper erhalten, die weicheren Partien als Steilhänge, die widerstandsfähigen Sandsteinhorizonte als scharf herauspräparierte Bergstufen. Die in die Tiefe abgesackten, durch eine mächtige Deckschicht vor dem Auslaugen bewahrten Steinsalzspeicher des Mittleren Muschelkalks werden in dieser Muldenlandschaft als kostbarster Bodenschatz ausgebeutet.

Hinter Lauffen hat der Fluß erst im Lettenkeuper, dann im farbig gebänderten Gipskeuper ein immer breiteres Tal ausgeräumt, das sich von 450 Meter bei Horkheim im Heilbronner Becken auf anderthalb Kilometer weitet. Nordheim, am Ausgang des Katzenbachtälchens, baut seinen Wein noch an den nördlichen Ausläufern des Heuchelbergs; der Ort ist als typisches Bahnhofstraßendorf hinab zur Eisenbahnstation am Neckar gewachsen. Das von einem Stauwehr abgeriegelte Flußbett füllt sich nur noch bei Hochwasser auf, die Schiffe gleiten auf dem pappelbeflaggten Kanal vorüber, der erst kurz vor Sontheim wieder in den Neckar einmündet. Über Klingenberg ragt das ockerfarbene Schloß der Grafen von Neipperg. Die zu Nagelfluh verkitteten Schotter der alten Neckarterrasse hängen als zerklüfteter Felsenkranz über den Rebgassen. Die Burg, im Mittelalter von den Heilbronnern geschleift, lieferte die Steine für den reichsstädtischen Götzenturm. Horkheim, am rechten Ufer gegenüber, bewahrt in seinem Ortsnamen wie im Steinhaus der ehemaligen Wasserburg das Andenken an den großen Sumpf zwischen Neckaraue und Schozachmündung. Zwei Dutzend Bauern pflanzen hier auf ihren sandigen Äckern Tabak.

In der Keupermulde pendelte der ungebändigte Neckar nach Herzenslust und veränderte seinen Lauf nach jedem größeren Hochwasser. Das führte zu endlos sich dahinschleppenden Grenzprozessen zwischen dem in Sontheim regierenden Deutschen Orden und der Reichsstadt. Die »Streitinsel« am Sontheimer Altwasser hat davon ihren Namen. Als Ausgleich für die Flußschäden und aufwendigen Schutzbauten erhielt der Orden schließlich das Fischwasser im Neckar von der Gemarkungsgrenze bis zum Heilbronner Götzenturm zugesprochen. Das idyllische, von Steinbrüchen genarbte Muschelkalktälchen der Schozach führt aufwärts nach Talheim, einem kleinen Lehrmodell reichsritterschaftlicher Ganerbenpraxis; im 17. Jahrhundert war das Weindorf bis in Einhundertachtel-Parzellen aufgesplittert.

Bis zum Jahr 1333 floß der Heilbronner Neckar mehr westlich, am Böckinger Ufer entlang, nur ein schmaler Arm zog unter der Neckarhälde an der Stadtmauer entlang. Dann aber brach nach einem Frühjahrshochwasser der Hauptarm nach Osten durch. Zurück blieben das allmählich verlandende Flußbett der Altach und der sechs Morgen große Böckinger See, dessen Wasserspiegel noch zu Beginn des vorigen Jahrhunderts mit dem Neckar stieg und fiel. 1497 wurde im Böckinger See ein bemooster Hecht gefangen, der angeblich einen am Hals eingewachsenen Messingring mit der Inschrift trug: »Ich bin der Fisch, welcher in diesen See ist getan worden/von Friedrich dem zweiten dieses Namens, Regenten der/Welt im Jahr 1230, den 5. October«. Wahrscheinlich hat der Humanist, der uns die Inschrift überlieferte, die letzte Ziffer des Jahresdatums falsch gelesen: Kaiser Friedrich hat Heilbronn erst 1235 besucht. Der See bot im Winter eine herrliche Eisbahn und gab den Böckingern den Spitznamen »Seeräuber«. Nach dem letzten Krieg wurde er endgültig zugeschüttet.

Am heutigen Kanalhafen, an der Uferkante des »Alten Neckars« lag das römische Kastell Böckingen: Auch Spuren einer Schiffslände der Limeszeit fand man hier. Das Kastell deckte einen Flußübergang, der weiter ins Weinsberger Tal führte. Merian's Topographie lobte jedes der vier reichsstädtischen Dörfer mit einem artigen Sprüchlein, Flein für seinen Wein, Böckingen wegen seines Kornbodens, Frankenbach wegen Jagd und Vogelfang und Neckargartach »so der Fisch halber berühmt«. Hier mündet die Lein, auf ihrem 25 Kilometer langen Lauf von dichtem Ufergehölz beschattet. Der rebenreiche Keuperrücken des Heuchelbergs zeigt dem Leintal sein Waldgesicht. Das Fachwerkstädtchen Schwaigern war jahrhundertelang Herrschaftssitz der Neipperg. In der einstigen Wehrkirche von Neckargartach hängt als rares Exempel protestantischer Kirchenmalerei Martin Luther, dargestellt mit einem Schwan, dem Symbol des klagenden Christus am Kreuz.

Durch die Stadtgeschichte Heilbronns rauscht der »Heilige Brunnen«. Nicht nur am Aschermittwoch holen sich die Heilbronner in aller Früh ihr Wasser von dem Siebenröhrenbrunnen an der Kilianskirche. 1958 wurde die, wohl schon in vorchristlicher Zeit verehrte Quelle mitten im Chor der Kirche wiederentdeckt. Sie speist jetzt im Südchor einen Trog, an dem, als einem Born des Heiles, die jüngsten Heilbronner getauft werden.

882 wird eine »villa Helibrunna« genannt. Der Würzburger Bischof erhielt hier aus Königsgut reichen Besitz. Der fränkische Königshof lag im Bereich des heutigen Deutschhofs; 1225 stifteten die Herren von Dürn das Areal für eine Kommende des Deutschen Orden. Die Staufer hatten damals schon Würzburg als Machtfaktor beiseite geschoben und für den nicht weniger ansehnlichen Heilbronner Besitz des Klosters Hirsau die Vogtei erlangt. 1281 erscheint Heilbronn als königliche Stadt. Mit dem Erwerb des Schultheißenamtes und der Vogtei gewann die Bürgerschaft die Reichsfreiheit.

In einer Schenkungsurkunde für Hirsau wird 1146 neben Markt und Münze auch schon ein »portus« in der Nähe des späteren Lohtores aufgeführt. Da für die Mühlen am Fluß ein Mühlstau nötig war, hatte inzwischen wohl schon eine Brücke die Neckarfurt abgelöst. 1303 wird jedenfalls ein Brückentor erwähnt. Eine zweite, äußere Brücke überschritt dann den Böckinger Hauptarm. Als 1333 der Neckar durchs Sontheimer Weidach in das Flußbett des östlichen Seitenarmes brach, mußte Ludwig der Baier an Ort und Stelle den frisch aufflammenden Grenzhader zwischen Rat und Deutschherren schlichten. Auf seiner Weiterfahrt gab er am 27. August 1333 in Esslingen den Heilbronnern das Privileg, »daß die burger den Neckher sollen wenden und keren, wohin sie dunket, daß es der Stete allernutzlich sey.«

Dieses Wasserprivileg begründete den Aufstieg der Handelsmetropole am Neckar. Die vereinten Flußarme wurden nun entlang der Stadtmauer bis zum Bollwerksturm durch Wehre aufgestaut. Eine Mühlengasse entstand als mittelalterliches Industrierevier. Die Lorcher Mühle auf dem Grien, einer Kiesinsel, kam 1424 als Schleifmühle in städtischen Besitz und beherbergte später die Rauch'sche Ölfabrik. In der Bürgermühle begann der Fabrikant Schäuffelen mit der Papierfertigung. Auch die Pulvermühle auf dem Spitalgrien entwickelte sich zur Papierfabrik. Auf der Hefenweiler Insel klapperten fünf weitere Mühlwerke, neben einer Lohmühle für die Gerber noch eine Säg-, Kupfer-, Polier-, Hammer- und Schleifmühle. Die letzte, die Wasen- oder Brückenmühle stand auf dem Spitalwasen, ein Ungetüm mit 13 knarrenden Rädern; da sie jenseits des umwehrten Neckars lag, wurde sie eigens befestigt und nahm dann die Hagenbucher'sche Ölfabrik auf.

Die Wehre, mit Reusenlöchern für den Fischfang versehen, stauten nicht nur das Wasser für die Stadtgräben und Mühlen; sie verriegelten vor allem den Fluß für die Schiffahrt neckaraufwärts, sie sicherten Heilbronn das Umschlagsmonopol und waren damit, wie Willi Zimmermann, der Heilbronner Neckarhistoriker, betont ein »Machtfaktor«. Zu spüren bekam dies vor allem Wirtemberg. Bis zum Ende der freien Reichsstadt pochte Heilbronn auf seinen kaiserlichen Freibrief und wahrte sein »Hoheitsrecht über den Neckar« auf Kosten des mächtigeren Nachbarn.

Als Endhafen besaß die Stadt das Stapelrecht für die Waren, die hier vom Wasser auf die Achse und umgekehrt verladen werden mußten. Das brachte ein einträgliches Speditionsgeschäft mit sich. Die eigene Handelsschiffahrt kam dabei nicht zu kurz. 1471 fuhren Heilbronner Schiffer schon bis Bingen, wo sie Eisen, Salz, Heringe und Rheingauer Wein luden. Daß die Reichsstadt darüberhinaus immer mehr den Frachtwagenverkehr von West nach Ost an sich ziehen konnte, hatte sie auch dem Neckar zu verdanken: Kurz vor dem Jahr 1303 war die älteste Brücke des Landes, die von den Römern errichtete Wimpfener Neckarbrücke bei einem Eisgang zerstört und nicht wiederaufgebaut worden.

Auf Merians meisterlichem Kupferstich von 1643 dominiert der Fluß mit seinen Inseln, Mühlen, Brücken und Bastionen in selbstbewußt vordergründiger Breite; den linksufrigen Kranen hat übrigens der Renaissancebaumeister Hans Schweiner konstruiert. Am rechten Bildrand schwimmt ein Langholzfloß. Bis gegen Ende des 15. Jahrhunderts konnten die Schwarzwaldflößer den Heilbronner Neckar nur durch die engen Mühlkanäle passieren; dann baute man dem Wehr bei der Wasenmühle eine Floßgasse ein.

Trotz der rigorosen Nutzbarmachung des Neckars blieb den Heilbronnern eine numinose Scheu vor dem launischen Flußdämon. Das verrät der von Bürgermeister Heinrich Titot überlieferte Brauch: »da der Neckar in Heilbronn in jedem Jahr drei Menschen verschlinge, so wurden in alter Zeit, immer am 24. Juni, Wallfahrten auf die Neckarbrücke angestellt und drei Laib Brot, denen man Menschengestalt gegeben hatte, den Fluten übergeben, mit dem brünstigen Gebet, der Neckar wolle sich damit begnügen und die Menschen der Stadt verschonen.«

Die stattliche fünfbogige Steinbrücke auf Merians barocker Vedute hatte Ende des 15. Jahrhunderts eine hölzerne Vorgängerin abgelöst. Im »Weinbüchlein« der Stadt heißt es, an der Brücke sei »die Jahreszahl 1471 mit Messing in Stein eingegraben gewesen«. Daneben führte über den Böckinger Flußarm, um 1500 noch als »der recht«, also der richtige Neckar in Erinnerung, eine Holzbrücke. Im Februar 1691 wurde die Steinbrücke von aufgestautem Eis »bis auf den äußersten Bogen abgestoßen und weggenommen«. Die Heilbronner behalfen sich mit einer Holzbrücke, die 1807 einer Archenbrücke wich. Erst 1867 schwang sich wieder eine mit Eisen armierte Steinbrücke über den Fluß. Die Brückenarche, säuberlich abgetragen und neckaraufwärts zwischen Besigheim und Hessigheim versetzt, hat dort bis 1926 ihren Dienst versehen.

Über die mittelalterliche Steinbrücke zog im Frühjahr 1525 der »Neckartäler Haufen« der rebellierenden Bauern, der sich in Flein unter Führung des radikalen Jäcklein Rohrbach zusammengerottet hatte. Der Rat, seiner eigenen Bürgerschaft nicht mehr sicher, mußte sich einer künftigen Reichsreform verpflichten. Darüber beriet Anfang Mai ein nach Heilbronn einberufenes Bauern- und Bürgerparlament der schwäbischen und fränkischen Haufen. Sein politischer Kopf war der ehemalige Sekretär der Grafen von Hohenlohe, Wendel Hipler. Er wollte die Ritterschaft und die freien Städte für die Sache des gemeinen Mannes gewinnen, die Fürsten und den Adel für den Verlust drückender Vorrechte mit säkularisiertem Kirchengut entschädigen und hoffte noch auf einen gütlichen Ausgleich. Die Niederlage der wirtembergischen Bauern bei Böblingen trieb die Versammlung auseinander. Die Fürstenkoalition des Schwäbischen Bundes mit ihrem von Fugger finanzierten Söldnerheer dachte nicht im Traum an ein ernsthaftes Verhandeln. Der Bauernkrieg, die Revolution des gemeinen Mannes in Stadt und Land gegen den sich verabsolutierenden Fürstenstaat, brach blutig zusammen. Die religiöse Reformation, wo nicht mit Gewalt unterdrückt, drang durch, auch in Heilbronn. 1528 verfaßte Kaspar Gräter, Rektor der Lateinschule, den ersten lutherischen Katechismus. Damals vollendete Hans Schweiner auch das Turmoktogon der Kilianskirche mit seinen ketzerischen Plastiken. Habsucht, Geilheit, die Doppelzüngigkeit des Klerus und die Fratzen der Macht sind hier in einem steinernen Narrenspiegel konterfeit. Schweiner, so grollte ein konservativer Zeitgenosse, habe dieses Furioso der Renaissance »bis an den Himmel als Bösewicht« getürmt.

Das Bauwerk dokumentiert den Wohlstand der Stadt wie deren Selbstbewußtsein. Herzog Christoph, der den oberen Neckar der Schiffahrt öffnen wollte, klagte Heilbronn an, es wolle als »ein Klein-Venedig alle Handelssachen an sich ziehen«. Hartnäckig pochte der Rat auf sein mittelalterliches Wasserprivileg, während der herzogliche Kommissar erklärte, »die gemeinen fließenden

71 Heilbronn von Westen. Die um 1555 datierte aquarellierte Zeichnung verrät die intensive Nutzung des gestauten Neckars. Aus dem mittelalterlichen Mühlenviertel erwuchs das erste Industrierevier Heilbronns.

Wasser« seien »wie andere Elemente zu jedermanns Nutzen und Gebrauch geschaffen«. Selbst wenn sich Herzog und Rat damals geeinigt hätten, wäre immer noch die technische Schwierigkeit geblieben, den drei Meter hohen Flußstau vor der Heilbronner Stadtmauer zu überwinden. Damals schon schlugen Sachverständige vor, die verlandende Altlach, den ehemaligen Hauptarm des Neckars, als Schiffsweg auszuräumen, ein Plan, den dann erst die Kanalbauer unseres Jahrhunderts verwirklicht haben. Einstweilen blieb der Wasserengpaß, behielt Heilbronn sein Umschlagsmonopol. Versuche, flußabwärts Untereisesheim oder Kochendorf zur wirtembergischen Hafenfeste auszubauen, scheiterten. Im Dreißigjährigen Krieg lavierte sich die Reichsstadt geschickt durch, obwohl hier 1633 die süddeutschen Protestanten zusammen mit den Gesandten Frankreichs, Englands und Dänemarks unter Vorsitz des schwedischen Kanzlers Oxenstierna den »Heilbronner Bund« zur Wahrung der »teutschen Libertät« und »Restitution der evangelischen Stände« beschlossen hatten. Auch während der Franzosenkriege kam die Stadt trotz Kontributionen, Plünderungen, Geiselnahmen einigermaßen glimpflich davon. Als »Vormauer von Deutschland« bezog der Türkenlouis Heilbronn dann in sein Landesdefensionswerk ein und konnte so die französischen Einfälle abwehren. 1781 berichtete Dielhelm, der Neckar habe »zeithero vieles an solchen Fortifikationen wieder vernichtet«.

Jubel um den ersten Dampfer

Als der Kurfürst Karl Theodor die Pfalz am Rhein mit Baiern vereinte und beide Herrschaftsblöcke durch freie Neckarschiffahrt enger aneinander binden wollte, spitzte sich die Lage für Heilbronn kritisch zu. Die Kurpfalz hatte sich schon immer als Souverän des Unterlaufs gefühlt, und die Handelsstadt war auf das Wohlwollen des Kurfürsten angewiesen, durfte sich keine Blockade gegen den Rhein leisten und mußte sogar eine kurpfälzische Faktorei in ihren Mauern dulden, die den Marktschiffverkehr zwischen Frankfurt am Main und Heilbronn dirigierte. Auf der Heilbronner Neckarkonferenz 1782 von Wirtemberg und Kurpfalz in die Zange genommen, konnte sich der Rat einer Öffnung der reichsstädtischen Flußsperre nicht mehr entziehen. Wie gut der Handel damals florierte, erhellt übrigens die ernsthafte Erwägung der Heilbronner Obrigkeit, gänzliche Steuerfreiheit einzuführen. Die Revolutionskriege und napoleonischen Umstürze verzögerten die Öffnung des Neckars, aber als 1802 die Truppen des dicken Friedrich einmarschierten, hatte Heilbronn sein Hoheitsrecht über den Neckarengpaß endgültig verloren. Wenig später hob der Wiener Kongreß für die Flußschiffahrt jeden Umschlag- und Stapelzwang auf.

Die Stadt resignierte nach dem Verlust ihres Pfründenprivilegs nicht. Außerdem sah König Wilhelm I. von Württemberg ein, daß die auf dem Mühlenlauf des gestauten Neckars gegründete, sich lebhaft entwickelnde Industrie durch einen Wegfall der Flußwehre nicht abrupt lahmgelegt werden durfte. Karl August von Duttenhofer, ein ehemaliger Karlsschüler, entwarf deshalb einen 400 Meter langen Umgehungskanal unterhalb der jetzigen Friedrich Ebert-Brücke. Häftlinge vom Hohenasperg rückten zum Schippen an. 1821 wurde der quaderverkleidete Wilhelmskanal eröffnet. Cottas »Augsburger Allgemeine Zeitung« schrieb, durch verständige Anlage und solide Ausführung erinnere er an »die Werke des Altertums«.

Was Heilbronn als Endhafen der Rhein-Neckar-Schiffahrt eingebüßt hatte, machte der anfänglich lebhafte Flußverkehr zwischen Cannstatt und Mannheim wett. Einer der Vorfahren von Theodor Heuss aus Haßmersheim wagte 1840 mit seinem Neckarkahn die erste Fahrt stromabwärts bis Rotterdam. Die Stadt blieb von da an die treibende Kraft bei der Modernisierung der Neckarschiffahrt. 1841 legte das erste in Frankreich bestellte Dampfboot mit nur 35 Zentimeter Tiefgang vom Typ »Les Inexplosibles« unterm Jubel der Heilbronner am Wilhelmskanal an. 1847 verkehrten schon vier dieser Boote nach Mannheim. Flußabwärts brauchten sie acht bis zehn, flußaufwärts zwölf bis 14 Stunden.

Das Parteiblatt der Demokraten von 1848/49 steuerte unter dem verheißungsvoll-fortschrittlichen Titel »Das Neckardampfschiff« radikalen Kurs. Mit dabei war auch wieder ein Vorfahre von Heuss, nämlich der Bruder Fritz des Rotterdam-Fahrers. Der hätte mit seinen Freischärlern im Schloß Bonfeld ums Haar den Prinzen Friedrich von Baden, den späteren Großherzog, gefangen und wurde bei Hirschhorn in einem Gefecht gegen die Preußen verwundet. Großvater Ludwig Heuss war Adjutant des Volkshelden, der als »Neckar-Napoleon« im Gedächtnis der Leute zwischen Odenwald und Unterland weiterlebte. Elly Heuss-Knapp schrieb 1908 in einem Brief: ». . . ich hetze den Theodor immer auf einen Roman, den er schreiben möchte – als Held seinen Großvater, schwäbischen Demokraten nach achtundvierzig –, Milieu die Schiffer und Weingärtner der Heilbronner Gegend . . .« Heuss hat den Roman nach ein paar Kapiteln liegengelassen. Sicher hätte er in die Geschichte miteinbezogen, daß der Arzt und Naturforscher Karl Mayer, der das Gesetz von der Erhaltung der Energie entdeckt hat und auch politisch konservativ dachte, von ein paar Heißspornen der Revolution beinahe erschossen worden wäre. Der Heilbronner Apothekersbub hatte schon in seiner Kindheit angesichts der heimatlichen Neckarmühlen von einem mechanischen Perpetuum mobile geträumt.

Mit der Eröffnung der Eisenbahnlinie Mannheim–Bruchsal–Bietigheim und dem Bau der Neckartalbahn in den sechziger Jahren war das Schicksal der Neckardampfer besiegelt. Erst mit Einführung der Kettenschleppboote sicherten sich Industrie und Handel 1878 wieder den Wasseranschluß an den Rhein. Der Bau der Staustufen für den Schiffskanal machte die »Neckaresel« überflüssig. 1935 wurde der Heilbronner Kanalhafen als vorläufiges Endstück der Wasserstraße Rhein-Neckar eingeweiht. Nach dem Krieg blockierten Wracks und Brückentrümmer die Fahrrinne. Im März 1946 begann zaghaft der erste Schiffsverkehr auf dem unteren Neckar. 1952 folgte der Kanaldurchstich zum Süd-Neckar, kam das Flußbett des alten Hauptarms wieder zu Ehren.

Während sonst das Verhältnis von Bergfracht und Talfracht sehr zu Ungunsten der letzteren ausfällt, schneidet Heilbronn dank seiner Salzverladungen von jährlich 1,8 Millionen Tonnen weitaus besser ab. Nach der glücklichen Tiefenbohrung bei der Saline Friedrichshall sicherte sich die Stadt in raschem Zugriff alle Schürfrechte bis Neckarsulm. Ende 1885 wurde das erste Steinsalz gefördert. Das Heilbronner Salzwerk gegenüber von Neckargartach verfügt über einen eigenen Hafenanschluß. Gemeinsam mit dem Werk in Kochendorf werden in 160 bis 200 Meter Tiefe 2,5 Millionen Tonnen Steinsalz im Jahr gewonnen. Hauptabnehmer ist die chemische Industrie, die Soda, Chlor und Natronlauge daraus herstellt.

Wie der Stadtchronist Helmut Schmolz dargelegt hat, bestimmten reichsstädtische Reminiszenzen die liberale Tradition der Handelsmetropole und die mit »der teilweise fast hektischen Industrialisierung« unausbleiblichen sozialen Spannungen das politische Klima der Stadt. Die »Neckarzeitung« mit ihren Chefredakteuren Ernst Jäckh und Theodor Heuss hat im Geiste Friedrich Naumanns für eine Legierung liberaler Prinzipien und praktischer Sozialpolitik geworben. Kein Wunder, daß die Nazis Heilbronn vor der Machtergreifung als »jüdisch-liberalistisch-marxistische Hochburg« schmähten. Ein paar Wochen vor Kriegsende, am 4. Dezember 1944, ging die Stadt bei einem englischen Luftangriff binnen 20 Minuten in einem Flammensturm unter. 6530 Tote barg man aus dem Schutt. In den Weinkellern der Altstadt waren ganze Familien ausgelöscht worden. Im April 1945 geriet Heilbronn nocheinmal in die Feuerzone, als deutsche Truppen, darunter die SS-Division »Götz von Berlichingen« zehn Tage eine fiktive Neckarfront gegen die Amerikaner hielt.

Der Wiederaufbau der Innenstadt lockerte das mittelalterlich engeschachtelte Parzellengefüge auf, behielt die Straßenzüge aber im wesentlichen bei und bezog die historische Bausubstanz geschickt ein. Wiedererstanden ist das Rathaus mit seinem Ratskeller und dem goldfarbenen Uhrengiebel der Renaissance, wiedererstanden die Kilianskirche mit dem geretteten Hochaltar Hans Seyfers, der Deutschordenshof mit dem Historischen Museum und das Käthchenhaus am Marktplatz, wo Lisette Kornacher, legendäres Modell des Kleist'schen »Käthchen von Heilbronn« gewohnt hat; Dieter Läpple hat am Neckarufer die eigenwillige Brunnenfigur des romantischen Geschöpfs plaziert, ein barfüßiger, barbusiger kekker Wildfang, keine Somnambule unterm Holderstrauch. Die Weiterführung des Schiffkanals trennte Böckingen und Neckargartach vom Stadtkern, machte den Bau eines Dutzends Brücken nötig, schenkte dem schlanker gewordenen Flußbogen aber auch eine Promenade erholsamen Grüns. 1970 rückte Heilbronn, Oberzentrum der Region Franken, in den Rang einer Großstadt auf. Mit dem Projekt eines schwimmenden Stundenhotels hat die Käthchenstadt vor ein paar Jahren für bundesweite Schlagzeilen gesorgt. Der Plan einer im Neckar ankernden Liebesgondel fiel ins Wasser, und so kann das Schiffahrtsmuseum in der Alten Kelter künftig auf ein Modell dieser sittengeschichtlichen Kuriosität leichten Herzens verzichten. Willi Zimmermann will hier vom prähistorischen Einbaum bis zum neun Meter langen Schleusenmodell die Geschichte der Neckarschiffahrt und das Handwerk der Neckarschiffer anschaulich darstellen.

Weinblätter der Historie

Heinrich Kleist schwärmt in seinem Käthchen-Stück vom »weinumblühten Neckar«. Bis heute bezeichnen sich die Heilbronner Weingärtner selbstbewußt als »der Stand«, und der Anfang September gefeierte »Heilbronner Herbst« ist das größte und farbigste Weinfest der Region. Seit Ende des 18. Jahrhunderts war der Hof auf dem Wartberg Schauplatz eines vierwöchigen Weinlesefestes. Abend für Abend tobte hier oben Tanz, und der Zulauf aus der Umgegend war gewaltig. Carl Theodor Griesinger hat in seinen »Humoristischen Bildern aus Schwaben« 1839 eine solche oktoberliche Lustpartie geschildert: »Wir reisen nach Heilbronn, denn Heilbronn ist die Hauptstadt des Weingaus im Lande Schwaben und der Wartberg der Gipfel davon...« Mitte des vorigen Jahrhunderts machten dann die »Vereins- und Gesellschaftsherbste« dem Wartbergfest Konkurrenz, bis auch sie wieder in einem »allgemeinen Herbst« auf der Cäcilienwiese aufgingen. Heute wird auf der Theresienwiese gefeiert. Seine Würde als bacchische Kapitale des Neckartales hat Heilbronn behauptet. Von den 9200 Hektar Reben im Weinland Württemberg wachsen mehr als 5000 auf Heilbronner Gemarkung und im Landkreis rundum.

Ein bei Böckingen gefundenes römisches Winzermesser erhärtet die Vermutung, daß schon die Römer im Limesland am Neckar Reben zogen. Schriftlich läßt sich Weinbau freilich erst im 8. Jahrhundert nachweisen. 767 erhielt das Kloster Lorsch Weingärten bei Böckingen, zwei Jahre später reihten sich Neckargartach, Eisesheim und Mühlacker an der Enz in die Girlande der Reborte ein: In Esslingen ist Weinbau 777, in Cleebronn im Zabergäu 793 belegt. Wie am Oberrhein, so rankte auch in den feuchtwarmen Auwalddschungeln des Neckars und seiner Seitenflüsse die Wildrebe. Karl Bertsch glaubt sogar an eine eigene Züchtung aus der wilden Neckarrebe, den Blauen Affenthaler, ein zwischen Rems, Enz und unterem Neckar heimisches kleinbeeriges Rotgewächs, nicht zu verwechseln mit dem blaublütigen Burgunderadel aus Affental in der Ortenau.

Mit dem von den Mönchen gelehrten Terrassenbau begann die Rebe seit dem 10. Jahrhundert auch die steilen Bergflanken im Keuper und Muschelkalk zu erobern. Sein exportförderndes Werbesprüchlein »Neckerwein/Schleckerwein« verdankt das Land der pfleglichen Kultur des betörend aromigen Traminers. Vor dem Anschüren eigener Salinen war das Neckarland auf die Einfuhr bairischen Salzes angewiesen. Bezahlt wurde mit Wein, dem »höchst nötig edlen Kleinod« des Herzogtums. Die Reichsstädte Heilbronn, Esslingen, Nürnberg und Ulm waren die wichtigsten Umschlagplätze. Für den eigenen Durst blieb genug übrig. 1548 schrieb der venetianische Gesandte Mocenigo, am Neckar »geben die Hügel so reichlich Wein, daß jeder, auch der ärmste Bauer, dort sein Faß voll hat«. Mit gut geschätzten 45 000 Hektar erreichte die Rebfläche im heutigen Württemberg Ende des 16. Jahrhunderts ihre größte Ausdehnung. Man hielt damals beim Anbau so wenig Maß wie beim Trinken. Der Dreißigjährige Krieg dezimierte nicht nur die Bevölkerung der Weintäler und Weinorte, sondern auch die Rebkontingente, vor allem die der rauheren Lagen. Die Kette der Plünderungen und Kontributionen riß bis zum Ende der napoleonischen Feldzüge nicht mehr ab, und die Erschließung eigener Salzquellen im Königreich lähmte den Weinhandel mit Bayern, das mit der Pfalz und Mainfranken inzwischen auch noch eigene Rebprovinzen erworben hatte. Statt der verwöhnten, pflegebedürftigen Sorten wie Traminer und Muskateller, die selbst noch einem bescheidenen Most aus dem damals üblichen Mischsatz Glanzlichter aufgesteckt hatten, statt der feinen Burgundervarietät des Clevner, der als exclusive Rarität heute noch in Heilbronn gehegt wird, baute der Wengerter immer mehr Massenträger, zu denen in geringen Lagen auch der Trollinger zählt. Der Neckartäler, einst Exportschlager und Spitzendiplomat des Herzogtums wie der Reichsstädte, geriet wie der Schwabe selbst in den Ruf eines bäurisch groben Eigenbrötlers und säuerlichen Provinzlers.

Um so inniger fühlte man sich im Ländle seinem Eigenbau verbunden. Justinus Kerner, den es auf seinen Lehr- und Wanderjahren nach Hamburg verschlagen hatte, schrieb seinem Freund Uhland: »Weine trinkt man hier bloß französische, besonders rote. Ach, die sind lange nicht so herzlich wie unser Neckarwein, nach dem mich,

72 Eine Herberge der Poeten und Geister war das Kerner-Haus in Weinsberg. Neben Ludwig Uhland und Gustav Schwab, die unser Bild mit Justinus Kerner zeigt, gehörten auch Nikolaus Lenau, Eduard Mörike, Graf Alexander von Württemberg und Karl Mayer zu den Gästen der Weinsberger Dichterrunde.

so oft ich ein Glas klingeln höre, ein Sehnen anwandelt, wie den Schweizer nach seinen Bergen, wenn er das Alphorn hört... Hätt ich vom Neckartale jetzt deutschen Liederwein/Aus mächtigen Pokalen müßt jetzt getrunken sein...«

Mit dem Wirken der Gesellschaft zur Verbesserung des Weines, mit staatlichen Musterweinbergen, mit der Gründung der Weinbauschule in Weinsberg und dem zögernd zähen Aufstieg der Genossenschaften bahnte sich eine Wende zum Besseren an. Zahlreiche Weingüter, adelige und nichtadelige, hatten auch in den trübsten Zeiten auf das Trumpfas edlerer Reben gesetzt.

Der Weinbau hat die einzigartige Kulturlandschaft des mittleren Neckars und seiner Seitentäler geprägt, jene bildnerisch gefugten Steilhänge mit dem Netzwerk ihrer Terrassen, Trockenmauern, Stäffele, Heckenraine, Hohlwege, Weinbergshäuschen, zu denen sich im Hauptmuschelkalk die sonnebrütenden Echsenleiber der Steinriegel gesellen. Otto Linck hat diese vielfältig verkammerte, von Steppenheideflora, Wildrose, Pfirsich, Quitte und mediterranen Gewürzpflanzen belebte Hügelszene als »Historische Weinberglandschaft« porträtiert. Binnen weniger Jahre ist dieses belebte Landschaftsmosaik von den Baggern und Planierraupen der Flurbereinigung zugunsten einer biologisch verödeten Monokultur zerstört worden. Daß eine Weinbergsbereinigung nötig war, leugnet keiner; daß der Drang zur technisch perfekten Ausräumung der »Nutzfläche« vor allem die fraulich weich geschwungene Reblandschaft des Keupers brutal verfremdet hat, dämmert inzwischen auch vielen Weinbergbesitzern. Nur die jäh abfallenden Muschelkalkhänge am mittleren Neckar haben sich nicht, noch nicht, zur Rebenplantage zwingen lassen. Sie gilt es als lebendige Denkmäler einer tausendjährigen Weinkultur zu erhalten.

73 Der Wiederaufbau der zerbombten Heilbronner Innenstadt lockerte das mittelalterlich verschachtelte Gassengewirr auf, behielt die historischen Straßenzüge aber im wesentlichen bei. Vorne links die Kilianskirche mit dem von Hans Schweiner phantasievoll geformten Turmoktogon der Renaissance. Rechts davon der Deutschhof, das musisch-archivalische Zentrum der jungen Großstadt am Neckar.

74   Historisch getreu ist das Rathaus der ehemaligen Reichsstadt Heilbronn mit dem goldenen Uhrengiebel wiedererstanden. Die Kunstuhr ist ein Meisterwerk des Straßburgers Isaak Habrecht.

75   Dieter Läpple hat an der Neckarpromenade die Brunnenfigur des »Käthchen von Heilbronn« plaziert, ein langzopfeter, kesser Wildfang, noch unbeschwert vom Traumgesicht.

76 Durch die Stadtgeschichte Heilbronns rauscht der »Heilige Brunnen« an der Südseite der Kilianskirche. 1958 stieß man im Chor auf die Brunnenquelle, die jetzt auch das Taufbecken speist.

77 An die wirtschaftliche Bedeutung des nach König Wilhelm I. benannten Kanals, der die Flußwehre der Reichsstadt umging, erinnert dieser Handdrehkran.

Ordenskreuz und Reichsstadtadler

Auf seinen Spaziergängen entwickelte der Vater Heuss seinen Buben eine eigene Wesensschau der Neckarlandschaft. »Wir sollten«, so erinnert sich Sohn Theodor, »von den Höhen über die Fluren blickend, beachten, wo Blumen oder blühendes Unkraut am häufigsten die Felder schmückten. Dort seien katholische Gemarkungen. Ich weiß nicht, ob das ein Einfall von ihm gewesen ist. Als ich später Max Webers Studien über den wirtschaftlichen Einfluß der protestantischen Ethik kennenlernte, trat diese väterliche Konfessionsgeographie aus der Bergschau wieder ins Gedächtnis.«

Nach dem vorderösterreichischen Intermezzo um Horb und Rottenburg durchwirkt hinter Heilbronn wieder das katholische Element die Tallandschaft. Das kommt von der Präsenz des Deutschen Ordens, der zwischen Neckarsulm und Gundelsheim ein ziemlich geschlossenes Herrschaftsgebilde behauptet hat. Längst haben Kunstdünger und Herbizide Mohn, Rittersporn, Kornblume und Adonisröschen auch aus den Feldern der ehemaligen Ordensuntertanen vergrämt, und mit ihren Fabrikhallen, ihrer Industriedichte und der Solidität ihrer Firmenschilder macht diese Talpartie dem altwirtembergischen und reichsstädtischen Neckarlauf gewiß keine Schande. Aber öfter als zuvor durchwärmt hier behaglicher Barock das Straßenbild, Hausmadonnen lächeln, je nach Temperament mütterlich mild oder selig verzückt; an Brücken, Weinbergmauern, Wegkreuzungen sprießen Bildstöcke als steinerne Gebete. Mit der Katholizität harmoniert das fränkische Stammeselement; der Menschenschlag erscheint lebhafter, teilnehmender, aufgeweckter, biegsamer, auf eine altfränkische Formel gebracht, vigilanter als am kernecht schwäbischen Neckar.

Neckarsulm gilt Eingeweihten als die heimliche Hauptstadt des Landkreises Heilbronn. Ein Ordenskomtur von Neipperg hat dem Stadtwappen die roten Ringe vermacht, gleichsam ein heraldischer Vorgriff auf die rollenden Räder der Autostadt, deren Namenskürzel NSU als Gütemarke auf Fahrrädern, Motorrädern, Rennwagen und Autos mit dem ersten Rotationskolbenmotor der Welt rund um den Globus wanderte. Sulmana, Sulma, Sulm hieß der Ort nach dem Flüßchen, das da in den Neckar rann. Erst im frühen 16. Jahrhundert bürgerte sich der Name Neckarsulm ein. Damals, im heißen Frühjahr 1525, brannte der Neckartäler Haufen die Burg Scheuerberg nieder; die Deutschherren bauten dafür das staffelgiebelige Stadtschloß aus, so wie sie später den Neckarsulmern die barocke Stadtkirche und das Rokoko-Rathaus mit der doppelläufigen Freitreppe errichteten. Im ehemaligen Ordensschloß läßt jetzt das Deutsche Zweirad-Museum vom Laufrad des Herrn von Drais bis zum ersten eleganten Motorroller und hochtourigen Weltrekordbrummer ein Stück Verkehrsgeschichte Revue passieren.

Mit der Eisenbahn siedelten sich die ersten Fabriken an. Bis dahin lebte Neckarsulm vom Weinbau. 1855 wurde hier die älteste noch bestehende Weingärtnergenossenschaft des Landes gegründet. Dies war die Zeit, als Victor von Scheffel seinen Freund, den Amtsrichter Wilhelm Ganzhorn, den Dichter des von Silcher vertonten Liedes »Im schönsten Wiesengrunde«, besuchte: »Und fahr ich wieder durch Gottes Welt/Und freu mich an Reben und Hopfen,/Dort wo die Sulm in den Neckar fällt,/Will ich ans Amtsgericht klopfen.«

Auf Betreiben einer Holzhandlung entstand 1870 ein kleiner Hafen am Neckar. Zwei Jahre später machte hier eine Werft auf. Sie baute Kettenschleppboote, Flußkähne, Nachen, aber auch das erste große eiserne Dampfschiff für den Bodensee und hat sich als »Neckarwerft« tapfer über Wasser gehalten. Überflügelt wurde sie freilich bald schon von einem kleinen Betrieb, der sich 1880 in der ausgedienten Gips- und Sägemühle an der Sulm eingenistet hatte, Strickmaschinen herstellte und dann auf Fahrräder umsattelte. Mit der Lust an der Mobilität änderte sich die Produktion: 1900 kam das erste deutsche Motorrad, 1906 das erste NSU-Automobil heraus. Drei Jahre später stellte eine NSU-Spezial mit 7,5 PS und 124 km/h den Geschwindigkeitsweltrekord auf. Im Frühjahr 1945 vernichtete ein Luftangriff die historische Altstadt und traf auch die Industrieaue schwer. Bald schon stieg NSU wieder ins Renngeschäft ein. 1964 gingen die ersten Maschinen mit dem Wankel-Kreiskolbenmotor in Serie. Die fünf Jahre später vollzogene Zwangsehe mit der Auto Union, einer Tochter des VW-Konzerns, war für die alten NSU-Angehörigen, die sich immer mit ihrem Werk identifiziert hatten, ein schwerer Schlag.

Die Sulm, deren Wasserkraft die Mühlgänge und ersten Transmissionsriemen der Fahrradfabrik auf Schwung gebracht hatte, war für ihre Hochwasser berüchtigt; oft hat sie das Industrierevier überschwemmt und wurde in den letzten Jahren aufwendig eingedämmt. Sie entspringt in den Löwensteiner Bergen, rafft ein paar starke Waldbäche an sich, unterquert jetzt den Schiffahrtkanal und mündet gegenüber von Untereisesheim in den Restneckar. Durch einen Keuperrücken vom Sulmtal getrennt, liegt Weinsberg mit dem ruinenbekrönten Schilfsandsteinkegel der Weibertreu. Die in den Paderborner Annalen überlieferte Geschichte, daß 1140 die Frauen der welfischen Burgbesatzung, denen allein freier Abzug zugestanden worden war, sich kurzerhand ihre Männer auf den Rücken geladen hätten, scheint durchaus glaubwürdig zu sein. Justinus Kerner, Oberamtsarzt, Dichter und Denkmalpfleger, hat für den Erhalt der Burgruine geworben. Selbst noch in den museal erstarrten Stuben des Kerner-Hauses knistert die Spannung zwischen Wissenschaft und Geisterglaube, ärztlichem Handwerk und poetischer Existenz. Die 1868 eröffnete Staatliche Lehr- und Versuchsanstalt für Wein- und Obstbau, kurz Weinbauschule genannt, wird überall in der Welt, wo Reben gebaut werden, mit Respekt genannt.

Obereisesheim, am linken Neckarufer gelegen, erlebte am 6. Mai 1622 das Treffen zwischen dem kaiserlichen Feldherrn Tilly und dem Markgrafen Georg Friedrich von Baden. Ein Volltreffer in die Pulverwagen der badischen Stellung entschied die Schlacht; ein paar Schritte hinter dem Dorffriedhof erinnert ein Denkmal an den Reitertod des wirtembergischen Prinzen Magnus, der den Rückzug des Markgrafen hatte decken wollen. Flußlauf und Kanal haben sich bei Neckarsulm getrennt und finden erst bei Bad Friedrichshall wieder zueinander. Der Neckar wechselt hier aus der Keupermulde wieder in den Muschelkalk, freilich ohne jede dramatische Durchbruchsszenerie. Eine breitere, beruhigtere Tallandschaft öffnet sich, die zwischen der Jagstmündung und Gundelsheim in die Krumme oder deutschherrische Ebene übergeht.

Kochendorf, Jagstfeld und Hagenbach haben sich 1935 zu der Gemeinde Friedrichshall zusammengeschlossen. Hier an der Mündung von Kocher und Jagst ist uraltes Siedlungsland. Der Neckar gab beim Ausbaggern einen Einbaum frei, in dessen Umkreis keltische Eisenbarren versunken waren; im Gegensatz zu anderen im Fluß entdeckten Einbäumen, die, mit Steinplatten beschwert nur als Fischkästen gedient hatten, war also an der Kochermündung offensichtlich ein Frachtboot gesunken. Drei Schlösser, darunter ein zum Hotel umgebauter Herrensitz im Park, erinnern in Kochendorf an das Adelsregiment der Grecken, denen der Ritterkanton Odenwald folgte; Regierungskanzlei war das hübsche Fachwerkrathaus. 1899 wurde das Salzbergwerk abgeteuft, dessen eiserner Schachtturm die Neckarfront beherrscht. In 160 Meter Tiefe blieben zwischen den abgebauten Kammern mächtige Salzpfeiler stehen, die das Deckgebirge tragen. Der märchenhaft glitzernde Kristallpalast des 25 Meter hohen Kuppelsaales unter Tage ist jetzt wieder den Besuchern zugänglich. Während des letzten Krieges bargen die Stollenlabyrinthe von Heilbronn und Kochendorf die Reichskleinodien und den Isenheimer Altar, die Straßburger Münsterfenster und Shakespeare's Totenmaske. Im Wirrwarr der Kämpfe um den Neckarübergang, so hat Otto Rombach erzählt, vergaß man die Pumpen im Salzbergwerk. Ein ungenannter Heilbronner

schlug sich damals unter Lebensgefahr zu einem US-Offizier durch, der die drohende Katastrophe begriff und sofort die Pumpen einschalten ließ. Das Wasser strudelte schon um die Schatzkisten.
Die von Speyer durch die Kraichgausenke kommende Fernstraße überschritt bei Wimpfen den Neckar, beim Wasserschloß Lehen eine Kocherfurt und führte als historisch verklärte »Nibelungenstraße« weiter zur Donau; bei Jagstfeld zweigte die »Hohe Straße« ab, die auf dem Bergrücken zwischen Jagst und Kocher weiter nach Rothenburg ob der Tauber und Nürnberg zielte. Von dem Jagstfelder Wendelinskirchlein auf dem Fährberg blieb nur der weißgekalkte Turm mit seiner Schieferzwiebel übrig. Hier wie im benachbarten Duttenberg mit seiner barock ausstaffierten Pfarrkirche und der gotisch ausgemalten Heiligkreuzkapelle regierte wieder das Ordenskreuz. Bei der Eisenbahnbrücke mündet der vom Kocher abgeleitete Salinenkanal in den Neckar.
Zu seinem Bad-Prädikat und seinem Salzschatz kam Friedrichshall eigentlich aus Versehen. An der Schiffslände in Ladenburg hatte der Sohn des Heidelberger Salinisten von Langsdorf aus einer Ladung Neckarsulmer Gips ein besonders schönes Stück für die väterliche Mineraliensammlung erstanden. Als Langsdorf den Brocken untersuchte, schmeckte er Salz. Obwohl der Neckarsulmer Keupergips mit dem viel tiefer gelegenen Steinsalz des Mittleren Muschelkalks überhaupt nichts gemein hat, meldete der Gelehrte dem König Friedrich: »Salzfund in Euer Majestät Landen.« Der mit Probebohrungen beauftragte Bergrat Bilfinger ließ sich dann aber vom besten Kenner der Salzlagerstätten am unteren Neckar, dem Offenauer Salineninspektor Philipp Georg Amsler beraten, als er beim Bahnhof Jagstfeld zu bohren begann. Im Herbst 1815 stieß er auf hochgradige Sole, im April darauf erschloß er das erste Steinsalzlager Mitteleuropas. Zunächst begnügte man sich mit dem Sieden der Sole. Angefeuert von diesem Erfolg nahmen neben Friedrichshall in Jagstfeld und Clemenshall in Offenau zwei weitere Salinen im hessischen Wimpfen und badischen Rappenau den Betrieb auf. Überproduktion und Konkurrenzdruck waren die Folge. 1828 gründeten die drei Neckarstaaten ein Verkaufskartell, den »Neckarsalinenverein«. Als die expandierende chemische Industrie auch Massen grobkörnigen, weniger reinen Salzes anforderte, versuchte man nördlich der Saline Friedrichshall einen Schacht ins Salzgebirge abzuteufen. 1859 hackten die Knappen den unterirdischen Salzstock an. 36 Jahre florierte das Unternehmen, dann stürzte der Grubenhimmel ein, das Bergwerk ersoff. Der Schachtsee am Rand des Kocherwäldchens kennzeichnet die Einbruchsstelle. Als Ersatz wurde in Kochendorf der Schacht »König Wilhelm II.« eröffnet, der heute noch fördert. Die Sudpfannen der Saline Friedrichshall erloschen 1929. Neben dem 1830 vom Ankerwirt gegründeten Solbad Jagstfeld entwickelte sich die Kinderheilstätte »Bethesda«. Im herrlich gelegenen Solefreibad sprüht ein Massagebrunnen, gischten die Schaumkämme des Wellenbades.

Die Zwillinge Kocher und Jagst

Als Herbert Schöffler, der Geograph des deutschen Witzes, sich einmal irgendwo zwischen Jagst und Kocher verfahren hatte, spottete sein Freund: »Bald jagscht du am Kocher,/bald kochscht du an der Jagscht..« Sie hielten nun einen vom Feld heimfahrenden Bauern an und wollten, vom Straßenatlas aufblickend, den Weg nach Berlichingen wissen. Als die grobe Antwort kam: »Die Herre hawe ja Karte«, und das Bäuerlein weiterrumpelte, wußten die beiden, daß Götzens Stammhaus nicht mehr weit sein konnte.
Mit Kocher und Jagst hat ein Landfremder schon seine Not. Schließlich streifen sie als Flußzwillinge durchs Hohenloher Land. Beide entspringen im Jura, die Jagst bei Pfahlheim, der Kocher im Ostzipfel der Schwäbischen Alb, beide trollen wiesenverliebt, waldversteckt durch den Keuper und entwerfen ihre schönsten Talfiguren im Muschelkalk. Mit 203 Kilometer ist die Zwillingsschwester etwas länger geraten als der 182 Kilometer lange Kocher, dafür gleichen sie sich wieder verblüffend in der Größe ihres Einzugsgebiets und in der Wasserführung. Vom jeweils arg strapazierten Oberlauf um Aalen und Ellwangen abgesehen, tragen beide Flüsse auf der Gewässergütekarte grasgrüne Tracht, sind demnach nur »mäßig belastet«; der Sauerstoffgehalt der Jagst strahlt zwischen Dörzbach und Möckmühl sogar in kartographischem Blau, ist also »vorzüglich«, eine Note, die der Neckar auf keinem einzigen seiner Flußkilometer mehr erreicht. Damit sind, wie bei vielen Menschenzwillingen auch, die Gemeinsamkeiten von Kocher und Jagst aber

auch schon erschöpft. Ihr Charakter ist verschieden, grundverschieden sogar.

Der Kocher verleugnet trotz fränkischen Gebluts seinen schwäbischen Ursprung nicht. Es ist ein guter Hausvater, früh schon aufs Ökonomische bedacht, von den Zeiss-Werken in seiner Kinderstube Oberkochen und den Eisenerzen, die 1671 in Wasseralfingen den ersten Hochofen schürten, bis zu den Salzspeichern und Salzquellen von Wilhelmsglück, Schwäbisch Hall, Ingelfingen, Niedernhall, Weißbach und Kochendorf. Der Waldreichtum der Limpurger Berge schickte Scheiterflöße zu Tal und baute die Archenbrücken am Oberlauf.

Über der schäumend grünen Bühler hängt das Bergstädtchen Vellberg, als sei es einem Skizzenbuch Albrecht Dürers entstiegen, und überm Haller Talstück wächst die kronengleich hochgemauerte Klosterstadt der Komburg auf, eine wahre Stilfibel sakraler Architektur. »Natur hat diese Stadt gewiegt und Kunst sie gebildet... Hier ist Burg, Strom, Insel, Felsenarchitektur, Auf, Nieder, Winkel und Bogen, alles so glücklich benutzt und ineinander gewachsen, daß es wie ein lobpreisender Auszug deutscher Welt vor dem überraschten Wanderer liegt.« Ja, in Schwäbisch Hall kann man Ricarda Huch's Städtebilder aus dem Alten Reich noch guten Gewissens zitieren. In Künzelsau begegnete ich am Rathaus den Wappen der Stadtherrschaften, darunter auch den blutroten Wurfbeilen der Herren von Stetten mit dem verpflichtenden Wahlspruch »Allzeit scharff«. Der rührige Gewerbefleiß der Künzelsauer ließ die Stadt ausufern, nicht nur ins hochwasserfrei gelegte Industrierevier der Talaue.

Jedes der Flußstädtchen kocherabwärts hat seine eigene Physiognomie. Ingelfingen mit seinem liebenswerten Miniatur-Heilbad ist das Musterstück einer verzopften Duodez-Residenz; Niedernhall hat seine mittelalterliche Ringmauer restauriert und läßt in der barocken Schöntaler Kelter den Most seiner wohlsortierten Rebhügel rinnen; Forchtenberg auf dem Bergsporn zwischen Kupfer und Kocher, ist ein ackerbürgerlich-verwinkeltes Zwergstädtchen, wie damals als der Stadtpfarrer Robert Gradmann auf seinen Exkursionen Kleebwald und Steppenheide entdeckte und begrifflich prägte, ehe er damit zu akademischen Ehren kam. Mörikes Verse »In ein freundliches Städtchen tret ich ein« charakterisieren Neuenstadt an der Linde unverwelklich frisch. Von 1618 bis 1781 war Neuenstadt Sitz einer Nebenlinie des Hauses Wirtemberg. Seinen Beinamen hat es von der tausendjährigen Linde. Im Sommer 1945 knickte ein Sturm den von mehr als 100 Steinsäulen getragenen Stamm, der zuvor von Artilleriebeschuß schwer angeschlagen worden war. An der ummauerten Lindenstätte grünen drei junge Bäume nach, umschlossen von einem Bronzereif, der den Umfang des Baumpatriarchen nachzeichnet. Paul Wanner hat darauf den Sinnspruch geschrieben: »Neuenstadts Linde, uralt wie das Reich,/als wir fielen, fielen sie zugleich,/wachse, neue Linde, in ein Friedensreich.«

Vom Ursprung bis zur Mündung bleibt sich die Jagst als wanderndes Aquarell einer unverdorbenen Landschaft treu. Daß sie keineswegs als »die Jagende« durch die Wälder, durch die Auen schweifen kann, dafür genügt ein Blick auf die Karte. Sie hat einen weit größeren Bogen zu schlagen als der prosaische Kocher oder die vom Mainbarock durchgoldete Tauber und entsprechend schwächer ist ihr Gefälle. Die beiden Nachbarflüsse graben der Jagst langsam das Wasser ab.

Glockenklang, Weihrauch und Orgelschall gehören zu Ellwangen wie das Residenzschloß der Fürstpröpste und die strahlend barocke Wallfahrtskirche auf dem Schönenberg. Barock stuckiert auch die romanische Stiftskirche. Am Marktplatz mischen sich Chorherren-Palazzi und hochbrüstige gotische Bürgerhäuser zu einem der schönsten Städtebilder Deutschlands. Vor Crailsheim wechselt der Fluß aus dem Waldland in die helle Hohenloher Ebene. Die Stadt fühlt sich als lebendig schlagendes Herz eines weiten bäuerlichen Umlandes. Klammartigen Charakter gewinnt das Jagsttal beim Einbruch in den Hauptmuschelkalk oberhalb von Kirchberg, einer der 14 hohenloheschen Mini-Residenzen mit seinem breit hingelagerten Schloßprospekt und Zipfelmützenturm. Die berühmte Reiherkolonie von Morstein, nach dem Krieg noch mit 200 Horsten besetzt, ist heute ausgestorben; am unzugänglichen Steilufer bei Bächlingen haben die Graureiher, die eigentlichen Wappenvögel Hohenlohes, neue Nistplätze gefunden. Der Blick von der Rosenterrasse des Langenburger Schlosses umfaßt, eindringlich wie nirgends sonst, das Bild der sommerlichen Flußlandschaft: Im Wechsel tönt das Grün der Hangwälder, Talwiesen, der gestreiften Ackerflur und locker hingepinselter Hecken, durchbändert von kreideweiß stäubenden Feldwegen, geädert von der schilfgeränderten, blitzenden Jagst. Seit 22 Generationen ist das Schloß Sitz der Fürsten von Hohenlohe-Langenburg.

Bei Dörzbach beginnt schütterer Weinbau, an der Burgruine Krautheim wachsen einem romanische Reblaubornamente entgegen. Drunten an der Talstraße markiert ein Gedenkstein die Stelle, wo Götz von Berlichingen 1517 dem kurmainischen Amtmann auf der Burg den »schwäbischen Gruß« entbot, der ja eigentlich ein fränkischer ist. Der Unterlauf der Jagst ist Götzen-Land. In Jagsthausen, Schauplatz sommerlicher Freilichtspiele, wurde der Ritter geboren; in Berlichingen steht das steinerne Hochhaus der Familie; der Schmied des nahen Olnhausen fertigte dem vom Verlust der Schwerthand furchtbar Getroffenen die einfache »eiserne Faust«; in Möckmühl fiel Götz in die Hände des Schwäbischen Bundes; im Kreuzgang des barocken Klosters Schöntal harrt er samt seinen Vorfahren »allhie einer fröhlichen Auferstehung«.

Kurz bevor die Jagst den Neckar erreicht, schaut das Fachwerkstädtchen Neudenau ins Tal. Die Gangolfskapelle und ihr wundertätiger Quell in der Wiesenaue sind Mitte Mai Ziel einer Pferdeprozession, die Eichentore der altersgrauen Kapelle mit den geopferten Hufeisen der Wallfahrtsreiter beschlagen. Nach ein paar Flußschleifen steigt dann die imperiale Silhouette Bad Wimpfens am Horizont auf.

In Wimpfen leuchtet der Süden

Wo sich in der Bergstadt Hauptstraße und Salzgasse trennen, plätschert der Adlerbrunnen; der reichsstädtische Wappenaar mit dem Wormser Schlüssel im Schnabel erschien mir immer als Sinnbild für die Schlüsselfunktion der Brückenstadt zwischen Rhein und Donau, ein Vorrang freilich, der dem hochgetürmten Wimpfen nur kurz, ursprünglich aber dem viel, viel älteren Talort zukam. Hier, gegenüber der Jagstmündung, errichteten die Römer ein Kastell am Neckarlimes. Die Reste ihrer Holzbrücke förderte 1957 der Schwimmbagger »Lurch« auf der Höhe der Fischergasse zutage. Als die Garnison nach Jagsthausen vorverlegt wurde, hatte sich das Kastelldorf dank seiner Brückengunst längst zum Vorort der »Civitas Alisinensium«, der Gaugemeinde links des Neckars entwickelt. Das ummauerte Landstädtchen der Limeszeit war fast dreimal so groß wie die mittelalterliche Talstadt.

Diese Stadt ist im 10. Jahrhundert von den Ungarn zerstört worden. Die Bischöfe von Worms, damals auch politische Vormacht am unteren Neckar, bauten nach 965 das St. Peter geweihte Münster als zwölfeckigen Zentralbau; von diesem eindrucksvollen frühromanischen Münster ist nur das schmucklos wuchtige Westwerk mit seinem ungleich geratenen Turmpaar übriggeblieben. Denn 1269, so berichtet der zeitgenössische Chronist Burkhard von Hall, habe »ein sehr erfahrener Steinmetz, der aus Paris in Frankreich gekommen ist, das Gotteshaus aus behauenen Steinen nach französischer Art errichtet und den bildnerischen Schmuck mit viel Schweiß geschaffen«. Dem Zentralbau wurden zunächst Chor und Querschiff im Stil der neuen Kathedralgotik angefügt; in veränderter Achse sollten das Langhaus und ein modisch figurenreiches Westportal folgen. Da aber aus Geldmangel das antiquierte Westwerk stehenblieb, mußte sich das Langhaus mit einem deutlichen Achsenknick zwischen beide Baublöcke schieben. 1467 erst konnte dieser Mittelabschnitt samt den Seitenschiffen eingewölbt werden. Das Münster war Klosterkirche eines Ritterstifts. Neben dem statuengeweihten gotischen Südportal verzaubert der Kreuzgang des Stifts. An den Kapitellen sprießen Efeu und Erdbeerlaub, Frauenmantel und Dotterblume, sind Frosch, Hase und ein Vogel, der gerade seine Jungen atzt, in Stein gehauen. Nikolaus Lenau hat diesem Vogelnest von Wimpfen ein Gedicht gewidmet: »Ich stand gefesselt vor des Meisters Macht/Und sann gerührt, was er sich wohl gedacht./ Hat er im Bild die Kirche still verehrt,/Wie sie getreu die Kinder schützt und nährt . . .«
Ende des 12. Jahrhunderts gründeten die Staufer im Schutz ihrer hochgelegenen Pfalz eine von Wimpfen im Tal unabhängige Bergstadt. Der Sturz der Kaiserdynastie traf »Regia Wimpina«, das königliche Wimpfen politisch, der Verlust der inzwischen von Steinpfeilern getragenen Neckarbrücke wirtschaftlich bis ins Mark. Hochwasser und Eisgang hatten das Werk kurz vor 1303 zerstört. Trotz allerlei Privilegien kam für Jahrhunderte kein Brückenschlag mehr zustande. Mit seinem festen Neckarübergang zog das aufstrebende Heilbronn den Ost-West-Verkehr an sich. Unberührt davon blieb der seit 965 beurkundete Talmarkt auf der Breiten Straße, zur Kirschenzeit, an Peter und Paul noch immer ein Volksfest fürs halbe Unterland.

Ein unruhiger Nachbar blieb der Neckar. Das beweisen die Hochwassermarken in der Friedhofskirche außerhalb des Mauerrings. Nach der großen Flut von 1784 mußte die von den Wassermassen erschütterte Pfarrkirche abgebrochen werden. Trotz mancher Einbußen blieb das Ritterstift wohlhabend genug, um die beiden feinen Barockbauten am Lindenplatz zu bauen. 1803 fiel das Reichsstädtlein an Hessen. Das Stift wurde aufgelöst. Die großherzogliche Domänenkammer wollte den Kreuzgang niederreißen, ließ ihn dann aber als Hochwasserdamm gegen den Neckar stehen. In den Sechzigerjahren restaurierte der hessische Staat die Stiftskirche und ersetzte die ins Museum abgewanderten gotischen Glasmalereien im Chor durch Kopien. 1947 zogen die aus der schlesischen Abtei Grüssau vertriebenen Benediktiner in das verlassene Kloster ein. Am Sonntag nach Mariä Himmelfahrt wallfahren die Heimatvertriebenen zu dem erneuerten Grüssauer Gnadenbild und der gotischen Anna Selbdritt in der Sakramentskapelle. Nach anderthalb Jahrhunderten tönt wieder der tägliche Chorgesang der Mönche in St. Peter.

Nicht nur einen hochwasserverderblichen Traditionsstrang flicht der Neckar um Wimpfen im Tal. 1281 verkauften die Ritter von Herbolzheim ihre Wassergerechtsame von der Untereisesheimer Grenze bis zur Wimpfener Mühle an das Stift. Dieses verpachtete sein »Herrenwasser« an die Zunft der zwölf Apostelfischer; vor dem Kruzifix mit den brennenden Kerzen setzte der Dekan dem neuverpflichteten Fischer nach erhaltener Eidesformel das Zunftbirett auf. Auf dem Fischmarkt im Tal und am Löwenbrunnen der Bergstadt verkauften die paarweis im schwarzen Nachen fischenden Zunftgenossen ihren Fang. Zusammen mit ihrem Kapitularherren von Byland haben sie die bewegte Rokokofigur des St. Nepomuk im Langhaus der Stiftskirche aufgestellt. Dem Wappen der Apostelfischer, das Anker, Fischerhaken und Ruder vereint, begegnete ich auf Grabsteinen im Kreuzgang und der Kirche wieder. Wie Pater Andreas Michalski erzählt, läuten die Mönche auch heute noch beim Tod eines protestantischen Fischers die Glocken. Die Zunft besteht weiter und ihre Verbundenheit mit St. Peter erwies sich, als die Apostelfischer bis zum Wiederaufbau der kriegszerstörten Neckarbrücke auf der Fähre die Besucher des Klosters kostenlos übersetzten. Kasimir Edschmid hätte im Rangstreit der deutschen Städte dem Bergnest überm Neckar den »Anmutspreis«

78 Kupfermünze der Wimpfener Apostelfischer-Zunft für fünf Deziliter Fischmaß.

gereicht, denn »Wimpfen ist, neben anderem, der Süden«. Sein südliches Kolorit, seine blau aus der Sagenzeit geschnittene Silhouette, seine steinalten Denkmäler, Tore, Türme, Giebel, Arkaden, umwittert von Reichstrauer, von der Ahnung verschollenen Reichtums und caesarischen Glanzes, verdankt Wimpfen am Berg ein paar Jahrzehnten staufischer Protektion. In dieser Zeitspanne schloß sich der Mauerreif um die steinerne Krone der Kaiserpfalz.

1182 hat Friedrich Barbarossa hier oben Hoflager gehalten. Die Pfalz in ihrem heutigen Umfang scheint nach dem Baubefund aber erst um 1200 während der Regierungszeit Heinrichs VI. und Friedrichs II. errichtet worden zu sein. Blauer Turm, Roter Turm und das Staufertor pflocken den Umriß der anderthalb Hektar großen Anlage ab; gegen Norden fiel sie zum abschüssigen Prallhang des Neckarknies ab. Zugang bot allein die Zugbrücke des Staufertors. Brand und Beschuß, Abbruch und Verfall haben das geschlossene Bild der Pfalz getilgt. Ein paar Stauferbauten blieben als Findlinge der Historie zurück; dazwischen drängelte sich kleinbürgerliches Fachwerk, geduckte Spitzgiebel, verwischten Gassenfluchten die mittelalterliche Topographie.

Wahrzeichen der Stadt ist der Blaue Turm mit seinem fünfspitzigen Helmdach; seinen Namen hat er nicht von der neueren Schieferkappe, sondern vom bläulich schattierten Kalkstein. Um 1210 als westlicher Bergfried errichtet, war er reine Verteidigungsbastion. Nach einem Brand Mitte des 19. Jahrhunderts erhielt der Quaderveteran sein heutiges historisierendes Profil mit den Eck-türmchen und der Wohnung des Turmwächters. Daneben steht das romanische Steinhaus, vielfach verändert, geflickt, mit einem überhöhten Staffelgiebel des 16. Jahrhunderts, das heute als Heimatmuseum würdig genutzt wird. Der um 1190 entstandene Rote Turm schließlich, dessen Stube mit Kamin, zwei Nischen und sorgsam separiertem Aborterker ausgestattet war, sollte anschei-

79 Türklopfer am romanischen Westwerk der Stiftskirche St. Peter zu Wimpfen im Tal.

nend dem Herrscher für den Notfall Obdach bieten. Der eigentliche Palast lag zwischen Steinhaus und Rotem Turm. Von ihm ist nur die Nordwand des Saalbaus mit dem berühmten Arkadengang erhalten; die gewundenen und geknoteten Schäfte und formstrengen Würfelkapitelle der Zwischenpfeiler gehören zu den besten Zeugnissen hochstaufischer Bauplastik. Von hier wie vom Roten Turm aus konnte die Herrscherfamilie auf die Empore der Pfalzkapelle gelangen. Das Schwibbogen- oder Staufertor wurde um zwei Meter tiefer gebrochen, als man das hochgelegene Burgviertel in die Wehr der jungen Reichsstadt einbezog. Hier saß nach der lokalen Überlieferung König Heinrich 1235 vom eigenen Vater gefangen, hier hat sich eine Tragödie der Reichsgeschichte vollendet.

Heinrich, der älteste Sohn Kaiser Friedrichs II., 1220 mit neun Jahren schon zum deutschen König gekrönt, hatte sich Wimpfen als seine Lieblingspfalz erwählt. Den Bürgern schenkte er den 483 Hektar großen Forst gegen Neckarbischofsheim zu. Seine städtefreundliche Politik brachte ihn in immer schärferen Gegensatz zu den Fürsten und dem Vater; schließlich blieb ihm, argwöhnisch belauert, nur »die demütigende Rolle eines kaiserlichen Statthalters«. Gestützt auf die vom Landesfürstentum bedrängten kleineren Herren und Ministerialen, im geheimen Bund mit den lombardischen Städten, wagte Heinrich im Herbst 1234 die offene Rebellion und den Bürgerkrieg in Deutschland. Als im Frühjahr darauf Friedrich in orientalischem Prunk über die Alpen zog, sah sich Heinrich von den meisten seiner Anhänger verlassen. In Wimpfen mußte er sich dem Vater unterwerfen, wanderte von einem Gefängnis ins andere und stürzte sich bei einem dieser Haftwechsel 1242, wahrscheinlich freiwillig, im kalabrischen Gebirg zu Tode.

Mit dem Ende des Städtefreundes Heinrich verkümmerte auch der verheißungsvolle Aufschwung Wimpfens. Die stattlichsten Bauten des bürgerlichen Gemeinwesens, und das ist bezeichnend, gründen noch in staufischer Zeit. So die evangelische Stadtkirche mit dem romanischen Unterbau der beiden enggestellten Osttürme, der nahgelegene Wormser Hof mit den Fensterbögen der Neckarfassade sowie Chor und Alte Sakristei der Dominikanerkirche. Im gotischen Langhaus der Stadtkirche tragen die Schlußsteine der Gewölbegurte statt der anderswo gebräuchlichen adeligen Stifterwappen farbige Zunftzeichen, wie Brezel, Metzgerbeil, Weberschiff, Schuh und Schneiderschere. Draußen, neben dem Beinhaus, stand ich vor der grausam verwitterten, verstümmelten Kreuzigungsgruppe Hans Backoffens und entdeckte dann an der Oberen Hauptstraße zufällig das Hospital, ein romanisches Steinhaus, wahrscheinlich als Wohnturm der Johanniter aufgerichtet, umfangen von schlichten Fachwerktrakten.

Aus den Wirren der kaiserlosen, der schrecklichen Zeit ging Wimpfen als Reichsstadt hervor. Ende des 16. Jahrhunderts hatte wie in den meisten reichsfreien Republiken auch hier die Reformation gesiegt. Der Dreißigjährige Krieg zerrüttete das Gemeinwesen. Zweimal brannte die Stadt. Wimpfen hat sich von diesem Aderlaß nie mehr erholt und war fortan zu einem Schattendasein verurteilt. Über die bescheidenen nachmittelalterlichen Häuserzeilen ragt da und dort noch einer der vier- und fünfstöckigen Fachwerk-Palazzi der wohlhabenden Handels- und Handwerkerstadt. Als man in der Neckaraue, am Ausgang des Erbachtälchens auf Salzwasser stieß, stürzte sich der Rat mit dem Salinenbau kopfüber

in Schulden, so daß die Stadt den Konkurs anmelden mußte. Die zur Kasse gebetenen Bürger rebellierten, kaiserliches Militär erzwang die schmerzliche Sanierung. Eingekeilt zwischen Baden und Württemberg, von der Eisenbahn im Tal abgeschnitten, kümmerte Wimpfen auch als hessische Exklave vor sich hin. Die industrielle Gründerzeit sparte den Fleck aus, konservierte dafür aber das altfränkisch behagliche Stadtbild.
1818 erbohrte Karl Christian Friedrich Glenck das Wimpfener »Salzgebürg« in 150 Meter Tiefe. Die neue Saline Ludwigshall arbeitete rentabel. Frühzeitig wandte man sich hier der chemischen Verwertung des Salzkapitals zu. Heute ist das Werk im Besitz der Kali-Chemie Hannover, deren Fabrikgelände sich zwischen Steilhang und Talstadt geschoben hat. Daneben wurde die Sole seit 1836 im Kurhotel Mathildenbad verwendet. Das traditionsreiche Haus mit dem Terrassenblick ins Neckartal mußte einer im Rohbau steckengebliebenen Investitionsruine weichen, die den Blick auf die Bergstadt seit Jahren schon verschandelt. Das Klinische Kurzentrum mit dem solegespeisten Schwimmbad bildet am nördlichen Stadtrand eine grüne Oase für sich. Bis Kriegsende blieb Bad Wimpfen hessisch, kam dann an Baden und entschied sich 1952 nach einem Volksentscheid für Württemberg. »Dachtraufschwaben« nennen sich die Wimpfener im Scherz und sind doch rechte Neckarfranken geblieben.
Ein Blick vom Zinnenkranz des Blauen Turms sollte eigentlich jeden Besuch Bad Wimpfens beschließen. Unter mir kletterte die Altstadt den Hang zur Pfalz hoch, ein spielzeugkleines, regelloses Geschachtel mürbroter Ziegeldächer, fröhlichen Fachwerks, rostfarbenen Gassenpflasters, durchgrünt von Hausgärtchen, die noch die Baulücken des Dreißigjährigen Kriegs verraten, gesprenkelt von den hellen Buchenbeigen des »Bürgerholzes« aus dem Stadtwald; in einem der Hinterhöfe hielten Gänse Siesta, Birnbäume blühten, und längs des Mauerzugs zwischen Staufertor und kecknasigem Nürnberger Türmchen, wo Rebstöcke Spalier standen, schwebten die rosa Wölkchen der Weinbergpfirsiche wie ein flüchtiger Gruß des Südens. Jenseits der sattgrünen Stromaue dampfte der lieblos in die deutschherrische Ebene geklotzte Koloß der Zuckerfabrik, neckarabwärts schimmerte die Burgendreifalt der Stauferruine Ehrenberg, der Gundelsheimer Zitadelle Horneck und der Götzenburg Hornberg, ahnte das Auge schon den Odenwald.

Burgendreifalt überm Fluß

Dem deutschherrischen Dorf Offenau bescherte die in den Neckarwiesen frei austretende Salzquelle im späten Mittelalter einen regen Badebetrieb. Nachdem man bei Duttenberg von der Jagst einen Wasserkraftkanal für die Pumpen abgeleitet und Gradierhäuser erstellt hatte, begann 1756 die Saline Clemenshall zu arbeiten. Eingebrochene Wildwasser legten die Produktion aber bald schon lahm. Neue Pächter, darunter der weimarsche Freiherr von Kalb, dessen Frau Charlotte mit Schiller eine heftige Liaison unterhalten hatte, blieben glücklos. 1810 wies Salineninspektor Amsler, von Walter Carlé als »die Schlüsselfigur der Salzsuche am unteren Neckar« gewürdigt, in 135 Meter Tiefe erstmals hochgrädige Sole nach; sie wurde zwischen Neckar und Salinenkanal erschlossen und machte die kostspieligen Gradierhäuser überflüssig. 1929 wurde die württembergische Staatssaline zusammen mit Friedrichshall kaltgelegt.
Gegenüber liegt Heinsheim. Aus der Bauminsel des Parks schaut das Schloßhotel der seit 1628 hier begüterten Freiherren von Račknitz, Nachfolger derer von Ernberg. Ein Erbe dieses Hauses brachte Mitte des 14. Jahrhunderts dem Deutschen Orden ein Drittel der Ortsherrschaft ein. Die Bergkirche bildet mit dem fachwerkgetönten Pfarrhaus eine markante Baugruppe; hier wurde ein frühgotisches Christophorus-Fresko aufgedeckt. Die Heinsheimer hatten die Fürsprache des Wasserheiligen wohl nötig, wenn sie trotz herrschaftlicher Fischereigerechtigkeit »allhie stetig mit ihren Fisch-Hamen uf dem Wasser und Necker liegend befunden«. Turmfalke, Dohle und Mauerschwalbe nisten in der flußabwärts gelegenen Ruine Ehrenberg, einem Torso der Stauferzeit mit 50 Meter hohem Bergfried und verfallender Schildmauer.
Im Frühjahr 1821 fuhr der junge Justinus Kerner den Neckar hinab; »das Schiff gleitete so still hin, es war schon Abend, am Ufer schlugen die Nachtigallen. Ich nahm meine Maultrommel, und noch nie tönte sie mir so schön.« In Gundelsheim machte Kerner an diesem Abend Station. Das Städtchen schart sich auf einem Hügel vor dem terrassierten Rebgelände des »Himmelreich« auf, das die Registerarie der Weinlagen Württembergs eindrucksvoll beschließt.
Dem heimatlich vertrauten schwarzstrengen Ordens-

kreuz begegnete ich in Gundelsheim auf Schritt und Tritt. Um 1250 trat der edelfreie Konrad von Horneck samt seinen beiden Söhnen in den Deutschen Orden ein, sein Besitz fiel an die Ritterbrüderschaft. Vom frühen 15. Jahrhundert bis zum Bauernkrieg residierte auf Burg Horneck der Deutschmeister im Rang eines Reichsfürsten die Balleien zwischen dem Elsaß und der Etsch, während der Hochmeister im isolierten preußischen Kolonialstaat immer mehr die Fühlung zum reichischen Orden verlor. 1398 erlangten die Deutschherren für Gundelsheim das Stadtrecht. Schenkelmauern banden Schloß und Stadt aneinander; an der Neckarseite ist die Mauerwehr noch gut erhalten. Im Bauernkrieg ging die Meisterresidenz in Flammen auf. Ihre Gestalt hat uns Hans Baldung Grien in einer Silberstiftskizze überliefert, und auf seinem Schnewlin-Altar im Freiburger Münster erscheint das mittelalterliche Horneck in der imaginären Gebirgslandschaft des johanneischen Patmos. Obwohl das Schloß im Geschmack der Renaissance rasch wieder aufgebaut wurde, residierte nach dem Verlust Preußens der aufs Reich beschränkte Hoch- und Deutschmeister fortan in Mergentheim an der Tauber. Zu Beginn des 18. Jahrhunderts verwandelte der Ordensbaumeister Franz Keller das mit Zwiebeltürmchen und Erkern zwar recht malerische, aber im Unterhalt aufwendige Schloß in einen monumentalen sandgelben Baublock des Barock; der unverwüstliche Bergfried blieb als Blasturm stehen. Dann machte württembergisches Militär dem Ordensregiment in Gundelsheim ein Ende.

Am Anfang der Schloßstraße liegt die im Kern gotische Stadtkirche. Wappen und Grabmäler der Ordenskomture geben ihre farbige Repräsentanz. Außen am nördlichen Seitenschiff entzifferte ich mühsam den Grabstein des 1740 auf dem Sterbebett konvertierten Handelsjuden Jancoff Meyer, der auf dem »gantzen neckerstrohm bekant« war. Namen wie Fischergasse und Hirtengasse, Handwerksembleme wie Hufeisen und Schmiedhammer, Reißzeug und Büttnerfäßchen sprechen beredt von der bürgerlichen Vergangenheit des Neckarstädtchens, Fachwerk und Barockfassaden, Hausmadonnen und Heiligenbilder säumen die Steige hoch zum Schloß. Um die Jahrhundertwende richtete der bekannte Internist Ludwig Roemheld auf Horneck eine Kurklinik ein. Jetzt hat der Hilfsverein der Siebenbürger Sachsen das Schloß als Altenheim, Archiv und Heimatmuseum eingerichtet. Hinter dem Stadthügel schluckt der Tunnel des Michaelsberges die Eisenbahn. Auf dem Plateau ragt der romanische Chorturm der Michaelskapelle aus mauerumfriedetem Kirchhofring. Das Schiff stammt vielleicht noch aus fränkischer Zeit, erbaut aus den Trümmern eines galloromischen Tempels. Jedenfalls steht neben dem Südeingang ein römischer Altarstein, auf dem Opfermesser und Pfau, Krug, Schale und Doppelbeil eingemeißelt sind. Auf eine uralte Kultstätte weist auch der prähistorische Wall am nördlichen Berghals hin.

Über die Gundolfsbrücke der Neckarstaustufe wanderte ich zur Burg Guttenberg, stets bewohnt, nie zerstört. Um den staufischen Bergkern mit Bergfried und 18 Meter hoher Schildmauer haben sich die Festungswerke wie steinerne Jahresringe gelegt. Als Vasallen der Staufer saßen hier die Herren von Weinsberg. Der bedeutendste Mann des Hauses, der Reichserbkämmerer Konrad von Weinsberg, baute um 1400 bei der Burglinde eine Kanzlei, die später als Brunnenhaus diente und jetzt der Burgschänke angeschlossen ist. Wenig später erwarb Hans von Gemmingen die Herrschaft Guttenberg. Früh schon, 1522, wurde hier die lutherische Lehre gepredigt. Der mit einer Gemmingen-Guttenberg verheiratete württembergische General Ernst von Hügel brachte im Sommer 1825 Wilhelm Hauff als Hauslehrer auf die Burg. Hauffs letzte Novelle »Das Bild des Kaisers« spielt auf Guttenberg, entführt nicht in ein treuherzig verklärtes Mittelalter, sondern galt einem damals noch sehr aufregenden Thema der Zeitgeschichte: Napoleonhaß und Napoleonverehrung trennen die Väter zweier Liebender, bis das Bild des Kaisers die Spannung löst, Harmonie und Heirat stiftet. Der Museumsbau birgt als besondere Rarität die »Holzbibliothek« des Mönchs Candid Huber, hölzerne Kästchen in Buchform mit Rindenrücken zeigen aufgeklappt Zweige, Wurzeln, Blüten, Früchte und eine handschriftliche Beschreibung des jeweiligen Baumes. In den Burgzwingern hat Claus Fentzloff eine Greifvogelwarte mit glutäugigen Uhus aus eigener Nachzucht aufgebaut. Etwas unterhalb Guttenbergs, gegen Neckarmühlbach zu, liegt die gotische Dorfkirche und Burgkapelle; die Wallfahrt zu der Schutzmantelmadonna, der »verlassenen Muttergottes« riß auch nach der Reformation nicht ab.

»Als unser Herr auf Erden war,/Wer waren seine Jüngerschar?/Meist Schiffsleut seins gewesen.« So trumpft man in Haßmersheim, dem größten Schifferdorf Deutschlands, auf. Schon immer gab hier der Neckar Nahrung,

80 Burg Hornberg, nach einem Aquarell von Carl Philipp Fohr. Die Burg war Alterssitz des Ritters Götz von Berlichingen und ist seit den Franzosenkriegen hälftig Ruine. Im Vordergrund gehn Neckarfischer an Land.

forderte aber auch seine Opfer; allein zwischen 1725 und 1860 verzeichnen die Kirchenbücher 69 Todesfälle durch Ertrinken. Der Historiograph der pfälzischen Neckarschiffahrt, Hans Heiman, schrieb denn auch, das Gemeindeleben weise »aus natürlichen, in dem allzu temperamentvollen Flußcharakter begründeten Ursachen einen unregelmäßigen Wesenszug auf«, doch seien die Häuser von »holländischer Reinlich- und Behaglichkeit«. Der Haßmersheimer, so fährt Heiman fort, gehe ganz in seinem Beruf auf, sei leichtlebig, aber auch spendabel, mehr derb als roh. Nur den Schifferfrauen warf er ungenierten Kleiderluxus vor: »Sie sind von Damen schwer zu unterscheiden.« Trotz der aktuellen Standessorgen der Partikuliere, die auf ihrem eigenen Schiff fahren, flattert neben der Fährenlände der flaggenbunte Schiffermast, das Wahrzeichen des Dorfes. Sorgen bereiten heute vor allem der Konkurrenzdruck der Schiene und Überkapazitäten in der europäischen Binnenschiffahrt. Aber die Haßmersheimer haben sich ans Auf und Ab der Wellen, auch der wirtschaftlichen gewöhnt. Mauergewappnete Weinberge treppen am Ufer gegenüber auf, darüber horstet, hälftig noch efeuummantelt, als Ruine der Franzosenzeit Burg Hornberg, Alterssitz des »Ritters mit der eisernen Faust«. 1517 hatte Götz von Berlichingen die Burg samt den Dörfern Neckarzimmern und Steinbach für 6500 Gulden erworben, mit dem Lösegeld für den von ihm niedergeworfenen Grafen von Waldeck. Dieser Götz war kein versprengter gotischer Desperado, kein Heckenreiter aus Not, sondern ein Raubunternehmer, der in kühlem Verzicht auf Turniergepränge und Stammbaum-Firlefanzerei das alte Fehderecht planmäßig als kapitalistisches »Gescheftle« betrieb. Wie er, nun wohlhabender Landedelmann, wenig später als wirtembergischer Amtmann auf Möckmühl mit in den Sturz des Herzogs Ulrich verwickelt wurde und als der aufständischen Bauern »Narr und Hauptmann« ein zweites Mal in die Justizmühle des Schwäbischen Bundes geriet, das hat Götz in seiner Lebensbeschreibung dem Pfarrer von Neckarzimmern in die Feder diktiert. Im Burghof fand ich noch die Eibe grünen, die dem Ritter das Bogenholz geliefert hat. Ein Enkel Götzens verkaufte Hornberg, das dann 1612 in den Besitz der Gemmingen kam. Den Marstall hat die Schloßherrschaft, zeitgemäß, zur Gaststätte ausgebaut. Drunten im Dorf, in den Kellern des Rentamts reift der Wein der Burghalde.

Auch das Helmstadt'sche Schloß in Hochhausen, ein schlichter spätbarocker Bau, lädt inzwischen zu Gast. Hier am linken Ufer, etwas unterhalb der Schleuse, klafft im Kalkgefels die »Jungfernhöhle«. 1631 hat ein Gemmingen das »Märlein« von der frommen Notburga erstmals in seiner Familienchronik aufgezeichnet. Notburga, die Tochter des Merowingerkönigs Dagobert, habe als Einsiedlerin in der Höhle am Neckar gehaust, ein Hirsch sie mit Speisen aus der königlichen Küche in Mosbach versorgt. Als Dagobert seine Tochter entdeckte und aus der Höhle zerren wollte, riß er ihr einen Arm aus. Darauf brachte eine Schlange in ihrem Maul ein Heilkraut, das die Wunde schloß. Nach vielen Bekehrungswerken, so schließt die Erzählung, sei Notburga, hochverehrt vom Volk, gestorben und über ihrem Grab die Kirche von Hochhausen erbaut worden.

Der gotische Freskenzyklus der Dorfkirche illustriert die Legende. Im Sagenschatz der Brüder Grimm erscheint dazu noch ein Wendenkönig Samo, den Notburga verschmäht habe, um in die Einsamkeit zu flüchten. Dieser Samo, mit einem Turban als Heide ausgewiesen, war auch auf den im vorigen Jahrhundert leider entfernten Seitentafeln des Hochhausener Altars dargestellt. In der südlichen Seitenkapelle ruht das Steinbild der gekrönten Heiligen, eine derbe, wohl bewußt altertümelnde Arbeit des 15. Jahrhunderts. Tiermythen, historische Sage und christliche Legende haben sich bei der Notburga-Tradition am Neckar zu einem unentwirrbaren Knäuel geschürzt.

81 Seit gut 100 Jahren laufen von der Werft in Neckarsulm Flußschiffe vom Stapel. Auch die als »Neckaresel« bekannten schildkrötflachen Kettenschleppboote wurden hier gebaut.

82 Gemächlich mäandert die Jagst auf ihrem Unterlauf durchs feldergescheckte, wälderschraffierte Land. Dünn besiedelt, von Industrieabwassern kaum getrübt, erscheint sie auf der Gewässergütekarte streckenweise noch in reinem Blau, mit der Note »gering belastet«.

83 In dem hübschen Rathaus von Kochendorf amtierte einst die Regierungskanzlei des Ritterkantons Odenwald. Seit 1935 bilden Kochendorf, Jagstfeld und Hagenbach die neue Gemeinde Friedrichshall.

84 Nur ein paar Jahre alt und schon historisch ist diese Luftaufnahme von Bad Wimpfen. Noch fehlt der häßliche Koloß der Zuckerfabrik in der deutschherrischen Ebene, noch durchbricht kein Appartementhaus beim neuen Mathildenbad die imperiale Stadtsilhouette. Der nackte Quader des Roten Turms und der heraldisch gezackte Helm des Blauen Turms stecken das Gelände der staufischen Kaiserpfalz ab. Dazwischen ragt das staffelgieblig überhöhte romanische Steinhaus auf.

85 Von dem zwölfeckigen Zentralbau des frühromanischen Münsters St. Peter im Tal blieb nur das wuchtige Westwerk mit seinem ungleichen Turmpaar erhalten.

86 An den Saal des kaiserlichen Palas in Wimpfen am Berg erinnern die Arkaden der neckarwärts schauenden Nordwand, klassische Exempel staufischer Bauplastik.

87 Bad Wimpfen zählt zu den schönsten in Holz gebauten Städten Deutschlands. Das Sanierungsprogramm der Denkmalpflege wird noch mehr Fachwerkschönheit vom Verputz befreien. Reizvolle Winkel, Durchblicke, Überschneidungen bieten die kopfsteingepflasterten Gassen.

88 An der Nahtstelle zwischen dem ehemals württembergischen und badischen Neckar, über Gundelsheim, ragt die Deutschordenszitadelle Horneck. Berg und Fluß, Wald und Wein, Stadt, Burg und Staustufe vereint das Bild als Elemente der Neckarlandschaft.

89 Als Torso der Stauferzeit wacht der Bergfried der Ruine Ehrenberg unweit von Heinsheim über dem Fluß.

90 Rebterrassen fugen den Muschelkalkhang unterhalb von Schloß Hornberg. Im Innenhof des Anwesens grünt noch die Eibe, von der sich Götz von Berlichingen sein Bogenholz schnitt.

*Vorhergehende Seiten:
91 Wilhelm Hauffs letzte Novelle »Das Bild des Kaisers« spielt auf Burg Guttenberg. Um die staufische Kernburg haben sich spätere Festungswerke gleich steinernen Jahresringen gelegt.*

92 Haßmersheim am Neckar ist das größte Schifferdorf Deutschlands. Hier furcht noch die Fähre den Fluß. Neben der Lände wimpeln die Flaggen des Schiffermastes.

93 Die »Jungfernhöhle« unterhalb der Haßmersheimer Schleuse und das Steinbild mit der Schlange in der Kirche von Hochhausen erinnern an die Legende der heiligen Notburga.

Aquarelle im Odenwald

Hinter Neckarelz rankt der Fluß geduldig durch den Odenwald. Bequemer hätte er durch die Kraichgausenke zu Vater Rhein gefunden. Schotterhorizonte, Hangterrassen, durchbrochene und verlassene Flußschlingen hoch über der heutigen Talsohle lösen das Rätsel. Der Neckarlauf ist hier älter als das sich aufwölbende Waldgebirge und führte während der kalten Klimaperioden wesentlich mehr Wasser, so daß er mit der langsam sich hebenden Granitscholle Schritt halten und sich tief in die darüber lagernde Tafel des Buntsandsteins einschneiden konnte.

Anders als der helle, siedlungsfreundliche Muschelkalk verweigert sich der Sandstein der Kultur. Dies wird verständlich, wenn wir an den ursprünglichen Sinn des Wortes Kultur denken, das ja am Kulturland, am furchengestrählten Acker, am gezeilten Obsthain, am beschnittenen Wingert und menschensinnig bebauten Garten haftet. Das saharafarbene, vor allem in Wüstenzeiten zusammengebackene Gestein ist reich an Kieselsäure, aber arm an Nährstoffen, es trocknet rasch aus und gönnt sich kaum eine hauchdünne Humusschicht, die Muttererde und Wiege aller verwöhnteren Gewächse. In einem klimatisch etwas rauheren, regensatten Mittelgebirge wie dem Odenwald duldet der Sandstein fast nur den Wald. Waldland hieß aber, bis hinein in unser Jahrhundert immer auch Land der armen Leute. Nur die vom Neckar längst verlassenen Terrassen und Talschlingen mit ihren kalkhaltigen Schottern, nur die Schuttkegel der Gebirgsbäche, der in Nischen angewehte Löß oder in Mulden angeschwemmte Lehm boten der Landwirtschaft kümmerlichen Grund. »Arme Ritter« hießen die Kleinbauern in bitterem Spott. Erst im hohen Mittelalter trieben adelige Grundbesitzer die Besiedlung vom Neckartal aus voran. Fast jedes Dorf am Fluß besitzt seine Burg oder Ruine. Umgekehrt lebten die Talorte ziemlich abgeschieden von den wälderdüsteren Höhen. Sie waren ganz dem Wasser zugewandt. Der Neckar trennt hier den Kleinen Odenwald im Süden von dem großen Bruder im Norden. Er beförderte den einzigen natürlichen Reichtum des Waldlandes, Holz und Stein. Flößerei, Schiffahrt, klaffendrote Steinbrüche, Bachmühlen, Eichenschälwälder, die mit dem Gerberhandwerk eine rührige Lederindustrie aufzogen: Viel mehr ökonomische Möglichkeiten bot der Odenwald nicht. Der Verkehr hielt sich an das Flußtal, und das war schmal, steil, ein Dutzendmal im Jahr von Überschwemmungen heimgesucht. Nur da, wo größere Seitentäler einmündeten, konnte sich der Verkehr knoten, in Eberbach an der Itter, in Hirschhorn an Ulfenbach und Finkenbach, in Neckarsteinach an der Steinach und in Neckargemünd an der Elsenz. Durchs Elsenztal dampfte die Baulandbahn, durchs Ittertal die Odenwaldbahn zum Neckar. Aber noch zu Beginn des 19. Jahrhunderts urteilte ein Eberbacher lapidar: »Der Neckar ist unsere Straße.«

Vor der Waldschlucht des Buntsandsteins weitet sich nocheinmal das Tal, mündet die Elz mit einem breiten Schwemmfächer. Drei Bundesstraßen sowie die beiden Schienenstränge Mannheim – Würzburg und Frankfurt – Stuttgart treffen in Neckarelz zusammen. Als 1945 Munition aus dem Neckar gefischt wurde, entdeckte man die

Rammpfähle einer Römerbrücke. Kurpfalz erhob seinen Zoll auf »dem Necker zu Elntze«. Thurn und Taxis unterhielt im »Goldenen Löwen« ein Kaiserliches Reichspostamt. Goethe hat hier an einem Oktoberabend 1815 nach seiner Flucht vor Marianne Willemer mit Sulpiz Boisserée genächtigt, dieser in seinem Tagebuch notiert: »Kaltes Zimmer. Goethe war munter, vergaß die Kälte, indem er mir von seinen orientalischen Liebesgedichten vorlas.« Acht Jahre zuvor hatte der junge Joseph von Eichendorff, der in der Postkutsche Heidelberg entgegenrollte, hier »zum ersten Male den geliebten Neckar« erblickt.

Eine Brücke zum Kreis der Heidelberger Romantiker schlägt dann die als Beamtenfrau in Neckarelz heimische Auguste Pattberg; sie hat den Sagenschatz der Gegend gesammelt und für »Des Knaben Wunderhorn« die Lieder »Bald gras' ich am Neckar, bald gras' ich am Rhein« und »Es steht ein Baum im Odenwald« geliefert.

976 wird eine Wasserburg an der Mündung der Aliza, der Elz erwähnt, die zur staufischen Reichsburg, im 18. Jahrhundert zur Pfarrkirche ausgebaut wurde und heute das Wahrzeichen des Marktfleckens darstellt.

Seit 1582 wird der Bau »Tempelhaus« genannt. Vielleicht entstand der fränkische Herrensitz über einer Kultstätte der Limeszeit; ein römischer Wochengötterstein auf gotischem Postament trug bis vor hundert Jahren noch den Weihwasserkessel der Kirche. Zwischen 1297 und 1350 erscheint die Feste im Besitz des Johanniterordens, der den schlanken, hochragenden Chor anfügte.

Dieses Intermezzo mag lokalpatriotische Chronisten der Romantik dazu verführt haben, das »Tempelhaus« als Kommende des geheimnisumwitterten Templerordens zu deuten. Es fehlt aber nicht nur die für Templerbauten typische Krypta, sondern auch jede mittelalterliche Überlieferung von Grabrittern an der Elz. Der Marktplatzbrunnen, grimmig beschirmt vom kurpfälzischen Löwen, weist das Wappen der Gemeinde, den hochschnellenden Fisch; der stammt aus dem Schild der Herren von Oberkeim, darf also nicht als Wahrzeichen eines Fischerdorfes angesehen werden.

Elzaufwärts liegt Mosbach, dessen langgestrecktes Industrierevier sich schon mit den Siedlungsspitzen der Marktgemeinde berührt. Keimzelle der Stadt war eine karolingische Benediktinerabtei. Bis zur Mitte des 15. Jahrhunderts galt Mosbach als Reichsstadt und trumpfte dann zeitweise als Residenz einer kurpfälzischen Nebenlinie auf. Mit ihren Mühlen und Märkten ist die Stadt trotz aller politischer Wechselfälle immer Vorort, Treffpunkt, Herz ihrer Landschaft geblieben. Das Fachwerkgepränge um die gotische St.-Juliana-Kirche und den barock behaubten Rathausturm dokumentiert dies eindringlicher als jede Statistik. Das Heimatmuseum im Rathaus macht auch mit Werkstücken der von Kurfürst Karl Theodor begründeten Fayence-Manufaktur bekannt.

Drunten am Neckar liegen sich Obrigheim und Diedesheim spiegelbildlich gegenüber, bis in die Dreißigerjahre nur durch eine Schiffsbrücke miteinander verbunden. In der Talaue wölbt sich der massige Kuppelbau des Kernkraftwerkes Obrigheim, das als eines der drei ersten bundesdeutschen Atomanlagen seit 1969 elektrische Energie liefert.

Die Sage erzählt von einem unterirdischen Gang, der das Tempelhaus in Neckarelz mit dem gotischen Steinkasten der Neuburg über Obrigheim verbinde. Drei Neuburger Wasserfräulein hätten sich bei einem Besuch der drei Tempelfräulein einmal verspätet und seien tot in diesem Gang aufgefunden worden. Der Lokalhistoriker Fritz Liebig ist dieser Geschichte nachgegangen. Um 1400, so stellte er fest, wohnte ein Ritter von Hirschhorn im Tempelhaus, der drei Töchter besaß. Auf der Neuburg hauste damals ein Ritter namens Vetzer. Der verkaufte 1401 seinen Besitz und stiftete kurz vor seinem Tod in der Mosbacher Kirche einen Altar zu Ehren der Heiligen Barbara, Laurentia, Margaretha und Katharina. Barbara aber galt als Beschützerin vor Blitz, Feuer und plötzlichem Tod, Margaretha als Patronin in Unwettern; die Märtyrerin Laurentia hatte man mit einem Stein um den Hals ins Meer gestürzt, und um Ertrunkene wiederzufinden, warf man im Mittelalter ein St. Katharina geweihtes Rad ins Wasser. Liebig folgert daraus, daß Vetzers Kinder bei einem Gewitter auf dem Neckar umkamen, und daß dieses Unglück in der Sage von den Wasserfräulein weiterlebt.

Hinter Diedesheim bändert schon roter Sandstein den Hangfuß, und nach der Binauer Flußschleife strömt der Neckar in der ernsthaft eintönigen Talszenerie des Odenwaldes. Die über Binau gelegene Ruine Dauchstein und das gegenüberliegende Dorf Mörtelstein haben ihren Namen von einem Kalksintervorkommen, dessen »wunderliche Gebilde« für die künstlichen Ruinen im Schwetzinger Schloßgarten gebrochen worden sind. Lebendiger als anderswo haben sich im Waldland Sagen erhalten, so in Binau die vom wohltätigen Wassermann. »Als in einem milden Herbst unvermutet Frost einbrach, so daß der Neckar Treibeis führte, gerieten die Reiher in große Not. Kläglich tönte vom Wald herab das Schreien der Vögel. Da sahen ein paar Binauer ein seltsames Schauspiel. Mitten im Neckar stand ein nackter Mann, bis an die Brust im Wasser und warf den Reihern am Ufer eine Menge Fische zu. Der Leib des Mannes war seltsam rot gefärbt. Als die hungrigen Vögel gesättigt waren, tauchte der Wassermann unter und ward nie mehr gesehen.«

Vor der spätbarocken Dorfkirche in Guttenbach gluckert ein Brunnen, dessen Säule von einem stark verwitterten Bildstein bekrönt wird. Neben Wappenfragmenten, Initialen und Heilszeichen, etwa dem verschlungenen Unendlichkeitssymbol der Brezel, sind dem Stein ein männlicher und ein weiblicher Kopf eingehauen. Ein über die Unterlippe ragender Zahn, die spitzen Ohren und das für beide Gesichter typische eine Nasenloch weist die Figuren als gebannte Wasserunholde aus; Jacob Grimm's »Deutsche Mythologie« bestätigt: »Die Nixe hat nur ein Nasenloch.« Vielleicht läßt sich der verrätselte Name der flußabwärts gelegenen Minneburg als Platz einer »merminne«, einer Wasserfrau, deuten. Zwei benachbarte Gewanne heißen »Illsberg« und »Nunien«. Pfarrer Willibald Reichwein hat sich von alten Leuten der Gegend erzählen lassen, wenn sie als Kinder nach dem Abendläuten noch auf der Straße gespielt hätten, sei ihnen gedroht worden: »Geht nach Haus, sonst kommen die Nunnen vom Stetegumpen und holen euch!« Nixe, Ilse, Nunne, Wildes Weib und Meerminne sind Synonyme für die verehrten und verteufelten Wasserweiber zwischen Neckar und Odenwald.

Wo Reiher und Raubritter horsteten

Verwunschen schaut der Palasgiebel der Minneburg ins Tal; sein dekorativer Erker rötet durchs dichte Wipfelgrün. Im frühen 13. Jahrhundert errichtete, von dem berühmt-berüchtigten kurpfälzischen Reiterführer des Bauernkrieges, dem Marschall Wilhelm von Habern als Kanonenfeste der Renaissance ausgebaut und vermutlich im Dreißigjährigen Krieg zur Ruine erstarrt, viel mehr wissen wir über die Schicksale der Minneburg nicht. Ums Jahr 1800 hauste ein Einsiedler in den Gewölben, dessen verwuchertes Gärtchen der Neckarreisende Albert Grimm 1840 noch gesehen hat. Mit der Fähre kann man vom Ufer des Kleinen Odenwalds nach Neckargerach, einer vom Seebach durchplauderten Sommerfrische, übersetzen. Auch dieses Dorf führt den springenden Fisch der Herren von Oberkeim im Wappen.

Schräg gegenüber von Neckargerach, am steil abfallenden Zwerrenberg nisten Graureiher, neben der kleinen Kolonie bei Eyach die letzte Brutstätte dieser edlen Vögel. Erst um die Jahrhundertwende sind die Reiher vom Nunienberg hierher geflüchtet. Nicht nur die Fallen der Fischteichbesitzer, nicht nur skrupellose Eiersammler, Hochspannungsleitungen und die Fährnisse des Vogelzugs haben die 100 Brutpaare am Zwerrenberg binnen dreier Jahrzehnte dezimiert. Scheinbar harmlose Ausflügler, Tierfotografen und Filmamateure, die während der Brutzeit im Frühjahr die Horste in den noch laubleeren Baumkronen beobachten wollen, sind fast noch gefährlicher für den Bestand der Kolonie. Wenn sich Menschen nähern, fliegt der scheue Graureiher nämlich sofort auf und kreist über dem Tal. Dies nutzen die benachbarten, wachsamen Krähen aus, um blitzschnell Eier oder Reiherjunge aus dem Nest zu rauben.

Eingepreßt zwischen Fluß, Bundesstraße, Eisenbahndamm und dem Prallhang des Neckars zielt rechtsufrig das Dörfchen Zwingenberg. Auf mächtigroten Felspaketen thront über allem das Schloß; trotz späterer Anbauten und romantisierender Zutaten überrascht Zwingenberg selbst am burgenreichen Neckartal mit seiner spätmittelalterlichen Tracht. Wucht, Anmut und Würde sind hier exemplarisch vereint. Der buckelquadrige Bergfried samt Schildmauer gehört noch zu der spätromanischen Feste der Edlen von Zwingenberg. Da deren Einkünfte aus der Landwirtschaft naturgemäß knapp ausfielen, nutzten sie die Zwinge von Fluß und Fels, um die Neckarschiffer mit Wasserzöllen zu schröpfen. Dabei muß es ziemlich gewalttätig zugegangen sein. Wirtemberg, die Pfalz und das Erzstift Mainz, denen an einem ungehinderten Flußhandel gelegen war, nötigten die Burgherren mehrmals zu vertraglich fixiertem Wohlverhalten; anscheinend ohne Erfolg. 1364 jedenfalls wurde »Zwingenberg die Vesten uff dem Necker gelegen von dem heiligen Riche und von des Riches wegen für ein Rauphuß gebrochen«. Zu Beginn des 15. Jahrhunderts erhielten die Herren von Hirschhorn Zwingenberg als Lehen. Sie gaben der Burg im wesentlichen ihre heutige Gestalt. Die 1424 geweihte freskenfarbige Kapelle beschloß den Wiederaufbau. Kurfürst Karl Theodor verlieh Zwingenberg 1778 seinem illegitimen Sohn, dem Grafen von Bretzenheim; dessen Mutter, die schöne Josepha, Tochter eines Mannheimer Kanzlisten, dann Theatertänzerin und als Mätresse zur Gräfin von Heydeck gemacht, liegt in der Schloßkapelle begraben. 1808 erwarb der Großherzog von Baden das Anwesen samt Waldbestand für 300 000 Gulden. Das Schloß ist heute noch im Familienbesitz der Markgrafen von Baden. Im Herbst, zur Jagdzeit, gibt sich der europäische Hochadel hier ein Stelldichein.

Grimm wußte noch von Hirschrudeln zu berichten, die abends auf der Bergwand hinterm Schloß auftauchten, empfahl aber auch einen Abstecher in die nahgelegene »Wolfsschlucht ... Diesen Namen hat nämlich seit der Erscheinung des ›Freischützen‹ auf der Bühne ein wildromantisches enges Tal oder vielmehr eine Bergschlucht erhalten, durch welche sich ein kleiner Bach in vielen Wasserfällen herabstürzt.« Wer einmal auf dem halsbrecherischen, moosglitschigen Pfad, vorbei an gestürzten Baumstämmen und strudelnden Felsblöcken die Klinge hochgeklettert ist, weiß, daß hier zu mitternächtlicher Stunde keine Freikugeln gegossen worden sind. Das Schiffernest Lindach, die aus gotischen Fenstern hohläugig trauernde Ruine Stolzeneck, hierzulande »Rabenschloß« genannt, und das einstige Pflästererdorf Rockenau mit Wirtshausgärten am Fluß bleiben zurück. Dann tupfen Camper-Zelte, krokusbunt, weiß, gelb, blau, orange, die Au von Neckarwimmersbach. Gegenüber schwingt die elegante Uferpromenade Eberbachs: geweißte Giebelhäuser, Hotelterrassen, grundiert von rotbrockigem Mauerwerk, Grubenholz und Kieshaufen an der Hafenlände, dahinter sprühende Fontänen und die gläsern lichte Fassade des Kurhauses.

Vier Türme stecken das Trapez der Stauferstadt an der Neckarfront ab, der schlanke ziegelkappige Pulverturm und die Eckbastion mit dem »Blauen Hut«, gegen die Bergseite der rundbäuchige Rosenturm und spitzhelmige Haspelturm. Das Hotel »Karpfen« am Alten Markt und das »Krabbenloch« hat Richard Hemberger mit Sgraffitos, Szenen und Figuren der Eberbacher Ortsgeschichte geschmückt. Ältestes Bauwerk der Stadt ist das 1390 errichtete Thalheimer'sche Haus neben dem Pulverturm. Am Rathaus, einem schlichten Zeugen der Weinbrenner-Zeit, hat man die von einem Engel emporgehaltene Hochwassermarke von 1529 eingelassen, die ursprünglich am Neckartor hing. Die unverputzte, in rötlichem Steininkarnat leuchtende doppeltürmige Nepomuk-Kirche wurde 1887 im Stil eines monumentalisierenden italienischen Barock vollendet.

Auf einem der letzten Ausläufer des Katzenbuckels, der mit 628 Meter höchsten Landmarke des Odenwaldes, liegt die Burgruine Eberbach. Die drei in sich geschlossenen Burgkerne zeichnen sich deutlich ab. Palas und Bergfried der staufischen Mittelburg hat man pietätvoll wiederaufgerichtet. Anfang des 11. Jahrhunderts gründete der Wormser Bischof die Vorderburg als Grenzwächter gegen das Kloster Lorsch, mit dem die Krummstabhirten wegen Weide, Holzeinschlag und Fischereirechten in Streit lagen. 1227 mußte Worms die Burg König Heinrich überlassen, der unmittelbar darauf die Stadt an der Mündung des Itterbachs gegründet und mit Wimpfener Recht begabt hat. Offiziell galt Eberbach bis hinein ins 16. Jahrhundert als eine Stadt des Reiches, konnte sich aber seit seiner Verpfändung anno 1330 nicht mehr dem pfälzischen Dominat entwinden. Eberbach blieb arm. Sein einziger Reichtum war der Wald. Ihm verdankt es dann auch seinen Aufstieg in badischer Zeit. Von dem Bombenangriff im März 1945, bei dem fast 100 Häuser niederbrannten, hat sich die Stadt rasch erholt. Die neuen Siedlungsstränge und die Industrie wichen in die Seitentäler aus. Nach dem Krieg war man zufällig auf salzhaltiges Wasser gestoßen. 1954 wurde die aus dem Zechsteindolomit aufsteigende Heilquelle mit einem hohen Gehalt an Brom und Calciumchlorid planmäßig erbohrt, zwei Jahre darauf entstand das Kurhaus. Am Schollerbuckel, waldumschirmt, hat die Stadt ein Rebgut in eigener Regie angelegt.

Wie der Laxbach bei Hirschhorn, so erinnert der Flurname »Lachswehr« bei der Itter an die Zeiten, als zu Winteranfang noch die Lachse neckaraufwärts zum Laichen in die Seitenbäche des Odenwalds wanderten. Die hohe Zeit der Berufsfischer ist auch hier längst vorbei. Neben Rotauge, Barbe und dem unverwüstlichen Aal lohnt die Angelpirsch auf Hecht, Karpfen und Schleie, die vor allem an den Schilfgürteln des Neckars äst. Carl Julius Weber beschreibt in seinem Deutschland-Buch noch eine andere Eberbacher Neckarspezialität, den

»Krilps«. Das waren die silbernen Schuppen des Weißfisches, die in Frankreich und der Schweiz zu Glasperlen verarbeitet wurden, und von denen 20 000 Stück gerade ein Pfund Perlen-Essenz ergaben.
Auf vier Fünfteln der Eberbacher Gemarkung rauscht der Wald. 1921 wurde hier die letzte Wildkatze im Odenwald geschossen. Die geschälte Eichenrinde lieferte den Gerbern die Lohe, zumal, wie Dielhelm anmerkt, das Gebirgswasser »vortrefflich zur Zubereitung des Sohlenleders befunden wird«. Ihm verdanken wir auch den Bericht über die städtische Straßenreinigung, wie sie Ende des 18. Jahrhunderts praktiziert wurde: »Vermöge der Polizeiordnung ist alle Samstage in diesem Städtgen ein Müller verbunden, gegen Abend zwei Stunden lang sein Mühlenwasser durch die Stadt laufen zu lassen, um damit die Straßen zu reinigen...«
Wichtigster Aktivposten des Wirtschaftslebens war der Holzhandel. Die Fischer schafften sich allmählich Lastkähne an, die von Treidlern, oft auf allen Vieren kriechend, später von Halfreitern flußaufwärts gezogen wurden: kam Westwind auf, setzte man ein Segel. Im Gasthof »Zum Kettenboot« zeigt man auf Wunsch die voluminösen Modelle der Kettenschlepper, die dem aufwendigen Treideln, einer Schinderei für Mensch und Pferd, ein Ende machten. Daneben wurde von den Holzgewerblern natürlich auch Brennholz geflößt, bis Mainz und Kaub. Das gotische Kreuz an der Steinernen Brücke bewahrt die Erinnerung an den 1426 in der Itter ertrunkenen Flößer Kontz Kobel.

Mit Mark Twain unterwegs

»Von Eberbach bis Hirschhorn schifften wir wenigstens zwei Stunden in der tiefsten langweiligsten Waldeinsamkeit; der Neckar macht zwischen beiden Orten solche Krümmungen, daß man behauptet, mit einem Schuß dreimal über ihn wegzuschiessen.« So räsonierte Weber, der als später Anwalt der Aufklärung das Reizwort der Romantiker »Waldeinsamkeit« seinem Lesepublikum mit dem galligen Prädikat »langweiligst« servierte. Anders empfand Samuel Langhorne Clemens alias Mark Twain, der im Mai 1878 den Neckar befuhr und darüber in seinem »Bummel durch Europa« trocken humorig geschrieben hat. Mark Twain reiste mit Zug und Schiff, fabelt in seiner Reiseschilderung aber von einer Floßfahrt auf dem Neckar, die natürlich mit einem effektvollen Floßbruch an der Heidelberger Brücke endet.
»Ein Sommer in Deutschland ist die Vollendung des Schönen, doch niemand hat die äußersten Möglichkeiten dieser zarten und ruhigen Schönheit wirklich erfahren und genossen, wenn er nicht auf einem Floß den Neckar hinabgefahren ist. Das Floßfahren ist unbedingt notwendig; seine Bewegung ist ruhig und gleitend, weich und lautlos... Eine ganze Welt liegt zwischen einer Floßfahrt und dem heißen und schweißtreibenden Fußmarsch, dem betäubenden Hetzen mit der Eisenbahn oder dem langweiligen Geholper hinter müden Pferden über blendend weiße Straßen...« Auf historische Daten und Exkurse darf man bei dem Yankee, der da auch ungeniert mit seinem Nichtwissen kokettiert, nicht viel geben, auch die Sagen der Odenwälder verfremdet er mit lustvoller Willkür, aber wo ihn Mississippi-Erinnerungen packen, da beobachtet er sehr genau, etwa in den Passagen über die Kettenschleppdampfer, bei den Steuermanövern des Kapitäns oder den Wasserverhältnissen im Neckar: »Der Fluß... wird von Steinwällen, die dem Mittelarm das meiste Wasser, die größere Tiefe und Strömung zuleiten, in drei gleiche Teile gespalten. Bei niederem Wasserstand ragen diese niedlichen scharfkantigen Dämme vier oder fünf Zoll wie der First eines versunkenen Daches über die Oberfläche hinaus, bei hohem Wasser aber sind sie überflutet. Im Neckar verursacht ein Fingerhut voll Regen ein Hochwasser, und eine Mütze voll bringt eine Überschwemmung hervor.«
Ein gigantisches Bauprojekt durchbricht zur Zeit die Waldeinsamkeit des Tales. Bis 1980 soll eine hochwasserfreie Umgehungsstraße die Hirschhorner Neckarschleife abschneiden und das Städtchen vom Schwerlastverkehr befreien. Bis zu 16 mal im Jahr, und das oft tagelang, war die zwischen Ufermauer und Fluß gezwängte B 37 überflutet. Vor der südlichen Ortseinfahrt soll ein Brückenwerk den Verkehr über Talaue und Neckar zu dem 240 Meter langen Straßentunnel durch den Hungerberg und über eine zweite Flußbrücke wieder auf die rechtsufrige Bundesstraße leiten. Nach der Staustufe preßt jetzt auch die hochgestelzte Brücke Hirschhorns Vedute in einen engeren, strengeren Rahmen.
Keine der Ortsansichten am Odenwälder Neckar, Heidelberg natürlich ausgenommen, kann sich mit diesem

Aquarell vergleichen. Mag das felsentsprossene Zwingenberger Schloß wuchtiger aufblocken, mag der Eberbacher Uferprospekt beschwingter, die ruinenverhangene Flußschleife bei Neckarsteinach phantastischer erscheinen, so lebt Hirschhorn vom Zusammenspiel all dieser Bildkräfte, Spannungslinien, Stimmungen. Sein Stadtbild fordert nur Distanz, den Blick von der Ersheimer Landzunge. Mit dem trüben, aber stetig bewegten Flußspiegel kontrastiert hier die steinerne Borte der aus Sandsteinblöcken aufgestemmten Stadtmauer. Dichter als anderswo giebelt darüber fränkisches Fachwerk. Dahinter düstert nun keine Bergwand, lastet keine Burg. Der waldpelzige Buckel des Dammbergs, von zwei Bachtälern ausgeschnitten, bleibt wohltuend entrückt. Dafür spart die diagonal zum Schloß hochziehende Schenkelmauer im Rücken des Städtchens rotterrassierte, von Baumkugeln und Gebüsch gefleckte Hanggärten aus. Erst wo der sanft ansteigende First der Schenkelmauer den Waldkamm des Schloßbergs erreicht, staffelt sich der Herrensitz auf: zwei Vorburgen und ein hochgeschossiger Renaissancepalas, überwipfelt vom Luginsland des steilen Hexenturms. Die Burg herrscht über der Stadt, bedrückt sie aber nicht. Die einem Torturm angebaute Marktkirche mit ihrem breiten, blauen Schieferdach sowie die an den Burghang gelehnte Karmeliterkirche setzen dem horizontal betonten Stadtbild eigenkräftige Akzente.

Solch emanzipatorische Optik darf freilich nicht die klaren Rangordnungen der Herrschaftsverhältnisse verwischen. Hirschhorn war ein Burgstädtchen, wie's in der Fibel steht. Um 1200 erstand die obere Hangburg, gegen die Bergseite durch einen 16 Meter tiefen Halsgraben geschieden, dessen Steinausbeute in der Schildmauer und im Hexenturm steckt. Gegen die heraufziehenden Feuerschlünde schob man um 1350 eine Vorburg hangabwärts, ein halbes Jahrhundert später band die zweite, die untere Vorburg Höhenfeste und Stadtwehr zusammen. 1586 wich der frühgotische Palas dem volutengieblligen Renaissancebau. In den Fünfzigerjahren hat der hessische Staat, Burgbesitzer von Hirschhorn, diesen Block als komfortables Hotel ausgestattet und eine flache Caféterrasse angebaut.

Die Herren von Hirschhorn müssen eine politisch wie ökonomisch ungewöhnlich talentierte Familie gewesen sein. Unbeschadet ihrer Mainzer Lehenspflicht spielten sie als Erbtruchsessen am Heidelberger Hof eine wichtige Rolle. Ihr Streubesitz zwischen Rhein und Neckar war so einträglich, daß Hans V. im 14. Jahrhundert dem Pfalzgrafen Ruprecht mit 40 000 Gulden aus der Klemme helfen konnte. Dieser Hans erhielt 1391 von König Wenzel das Recht »das Dorf unter Hirßhorn der Feste gelegen zu einem Städtlein zu machen«. Die Hochwasser und Überfällen bisher hilflos ausgelieferten Einwohner von Weidenau, Ramsau, Krautlach und Ersheim stellten das Gros der neuen Bürgerschaft, mußten aber auch innerhalb der Mauern ihre Fachwerkhäuser gegen den unruhigen Neckar auf hohe steinerne Untergeschosse stellen.

Pfarrkirche blieb zunächst das überm Fluß gelegene Ersheimer Gotteshaus. 1406 gründeten Karmeliter ein Kloster in der Stadt, von dem nur das nüchterne, aber innen gut ausgemalte Konventgebäude, jetzt Pfarrhaus, und als gotisches Kleinod die Kirche übrig geblieben sind. Als die Herren von Hirschhorn die Reformation einführten, der Orden sich aber behaupten konnte, wurde für die Bürgerschaft mitten im Dreißigjährigen Krieg die Marktkirche errichtet. Nach dem Aussterben der kleinen Neckardynastie führte Kurmainz Hirschhorn zum alten Glauben zurück. 1803 hob die hessische Regierung das Kloster auf, die Ordenskirche verwahrloste, wurde erst nach der Jahrhundertwende leidlich instand gesetzt, bis sich die Stadtgemeinde ihrer annahm und St. Maria würdig restaurierte.

Das Geheimnis von Hirschhorn

Trotz der serenen Regierung derer von Hirschhorn muß auf dem Schloß einmal eine grausame Hinrichtung vertuscht worden sein. 1830 stießen Arbeiter in der nach dem Stöckberg führenden Burgmauer auf das aufrecht stehende Gerippe einer jungen Frau, die offensichtlich bei lebendigem Leib eingemauert worden war. Adolf Schmitthenner hat in seinem Roman »Das deutsche Herz« diesen Fund mit dem 1780 entdeckten Gerippe eines im 16. Jahrhundert in der Tiefburg von Handschuhsheim eingemauerten Ritters verknüpft. Auch in das Schicksal des letzten Herren von Hirschhorn, Friedrich, spielt diese Konstellation merkwürdig hinein. Friedrich war an einem Winterabend des Jahres 1600 auf dem

Marktplatz in Heidelberg wegen eines kostbaren Degens mit seinem Vetter Johann von Handschuhsheim in Streit geraten. Es kam zu einem Duell, bei dem Johann einen Stich in den Oberschenkel erhielt. Zwei Wochen später starb er an einer Blutvergiftung. Seine Mutter soll darauf den Ritter von Hirschhorn verflucht haben. Friedrich sah alle seine Söhne sterben, der letzte, erst ein Jahr alt, ging dem Vater 1632 um ein paar Wochen im Tod voraus. Mit Friedrich erlosch das Geschlecht. 1803 erwarb Hessen, Haupterbe des säkularisierten Kurfürstentums Mainz, das Hirschhorner Erbe. Im Sommer des Revolutionsjahres 1849 verteidigten 150 »Hanauer Turner« Burg und Stadt fast zwei Wochen gegen das Exekutionskorps des Deutschen Bundes. Mark Twain stieg auf seiner Neckarfahrt im Wirtshaus »Zum Naturalisten« ab; der Wirt Karl Langbein war ein Sammler vor dem Herrn, vernarrt vor allem in präparierte Vögel, die »glasäugig und kunstvoll ausgestopft« auf die Gäste niederstarrten. Heute ist der traditionsreiche Gasthof einem betonkahlen »Bürgerhaus« gewichen.

Villen, Siedlungsreihen, ja sogar Hochhäuser haben jenseits des Neckars den Hungerberg erobert. Der neue Stadtteil Ersheim hat vom Ursprung her nichts gemein mit dem Dorf, das bis zum späten Mittelalter an der Spitze der Neckarschleife lag. Hier ragt nur noch das gotische Kirchlein aus dem mauerumfriedeten Gräberfeld. »Ersheim ist eine Aue. Eine Totenaue. Ich weiß mir für jene noch bevorstehende Ewigkeit nichts besseres zu wünschen, als dort ruhen zu dürfen«, bekennt Heinrich Weis in seinen altersklaren Hirschhorner Erinnerungen »Gestalten der Kindheit«. Gleich am Eingang zum Friedhof steht der »Elendstein«, eine sechseckige mittelalterliche Totenleuchte. Auch die einschiffige gotische Kirche atmet Totengeruch. Dicht an dicht decken abgewetzte Grabplatten den Boden. Im Netzgewölbe des Chors wie auf den Grabmälern begegnen wir den Wappen derer von Hirschhorn und verwandter Adelsfamilien. Von der einst stattlichen Ausstattung, Fresken, Altäre, gotisches Gestühl, haben Hochwasser und Verfall, Plünderung und Raffgier nicht viel übriggelassen. Im Herbst 1824, bei der großen Flut, schwemmte der Neckar einige Leichen samt den Särgen mit sich fort. An ein paar Feiertagen im Jahr ziehen die Hirschhorner in einer Prozession zur Ersheimer Totenaue. Theodor Heuss hat hier im Sommer 1926 sein »Glück im Neckarwinkel« beschrieben. Er ließ sich von der Mesnerin in der Kirche einschließen, um ein paar Figuren zu zeichnen. Über der Feldarbeit vergaß ihn die Frau. »Bis ich, unheilig genug, am Glockenseil zerrte, den Abendsegen zu früh, aber mir die Freiheit läutete.«

Unterhalb von Hirschhorn, wo Finkenbach und Ulfenbach münden, floß der Neckar vor dem Bau der Staustufe reißend rasch dahin. »Spielmannsfurt« heißt die Stelle, weil hier nach einer Hochzeit auf dem Schloß fünf Spielleute samt dem Fährmann ertrunken sein sollen. Ein von den Karmelitern aufgezogenes Findelkind namens Leonhard, angeblich der Sproß der eingemauerten Dame und des Ritters in der Tiefburg, soll den armen Musikanten die Särge gezimmert haben. Im Ulfenbachtal, hinterm Drachenbrünnle, aus dem nach der Sage alle Hirschhorner Buben stammen, baute sich der Waldbruder Leonhard eine Hütte. Unweit davon ist in der Felswand das Relief eines Mannes mit angewinkelten, zum Kopf weisenden Armen zu sehen; ein Vogel sitzt der verwitterten Gestalt auf der Schulter. Wahrscheinlich bezeichnet das Bild die Stätte eines vorchristlichen Quellheiligtums, andere deuten das Felsrelief als Kultbild des keltischen Hirschgottes Cernuones.

Bis Neckarsteinach lappt der Zipfel des hessischen Odenwaldes ins Tal. Maria Bunsen, die mit ihrem Ruderboot »Formosa«, beherzter als Mark Twain, flußabwärts trieb, erinnerte sich in Neckarhausen der qualvollen Hirschjagden des Kurfürsten Karl Theodor: »Den ganzen Waldabhang herunter dehnte sich eine eingezäunte Lichtung, auch ein Teil des Neckars wurde mit hinzugenommen... Die Hirsche wurden diesen Abhang heruntergejagt, sprangen in verzweifelten Sätzen durch die bekränzten Bogen in das Wasser... kurfürstliche Gnaden waren im Kahn. Der Jägermeister packte das Geweih des schwimmenden Hirsches, der hohe Herr gab den Fang.«

An der Schiffslände des Vierburgenstädtchens Neckarsteinach fixieren Hochwassermarken die Flutjahre des ungebändigten Flusses. An der Ecke Neckarstraße – Hirschgasse hat sich die älteste Wassermarke des Tales aus dem Jahr 1524 erhalten. Die Herren von Landschad brachten mit der Zeit alle vier flußabwärts horstenden Burgen in ihre Hand. Ihr Name wird einmal mit Landscheide, dann wieder mit Landschwalbe erklärt; ein Landschaden wie die Zwingenberger waren sie nicht, trotz der sagenhaften Kette, die von der letzten Burg Schadeck aus den Neckar beliebig habe sperren können.

94 Bei Neckarhausen trieb man zu Karl Theodors Zeiten die Hirsche durch eine eingezäunte Schneise ins Wasser, wo ihnen der gnädige Herr den Fangstoß gab. Miniatur im Kurpfälzischen Museum Heidelberg.

1377 ist Neckarsteinach als Stadt bezeugt. In der spätgotischen Pfarrkirche stehn herben Gesichts die Grabmalgestalten der Landschade.

Neben Fischerei und Rotgerberei, eindrucksvoll beglaubigt durch die fachwerkhohe Lohscheuer neben der Steinachbrücke, galt Mitte des vorigen Jahrhunderts die Schifferei als das einträglichste Handwerk. Das war nicht immer so. Da die Neckarsteinacher der Herrschaft mit dem Nachen zu fronen hatten, gab es bis zum Ende des alten Reiches hier kaum Berufsfischer. Selbst als die Freiherren von Metternich, kurpfälzische Beamte, die Nachfolge der Landschade angetreten hatten, bestärkten sie die Bürger in ihrem Widerstand gegen die zünftlerisch reglementierte »Neckarbruderschaft«. Erst nach dem Fall der Feudallasten und mit der Freiheit der Binnenschiffahrt wandten sich hier die Fischer und Steinnächler dem Frachtverkehr zu. Heute lebt die Gewerbesteuer der Stadt zu neun Zehnteln von den Partikulieren.

Die Vorderburg, ursprünglich durch eine Wehrmauer mit der Stadtbefestigung verbunden, sowie die erst zu einem Renaissanceschloß, dann um 1840 im Tudorstil umgebaute Mittelburg sind heute noch bewohnt und im Besitz der Freiherren von Warsberg. Der Bergfried der waldeinwärts gelegenen Hinterburg, des Stammsitzes der Landschade, ist als Aussichtsturm zugänglich. Schadeck, seit 1800 poetisch exakt als »Schwalbennest« bekannt, ist halb in den Felsen eingesprengt und klebt wahrhaftig wie ein Vogelnest über den jäh abstürzenden Steinbrüchen; »zwei Türme ragen noch in die Luft, von Epheu zusammengehalten.«

Zwischen Steinach und Elsenz

Die Steinach sammelt ein halbes Dutzend frischklarer Gebirgsbäche und legt vor ihrer Mündung in den Neckar eine Wasserschlinge um Stadt und Burgenrücken. An ihrem Bachlauf ist der mittelalterliche Mauerring gut erhalten. Talaufwärts gründeten Zisterzienser 1142 in der »schönen Aue« das Kloster Schönau; Bebenhausen im Schönbuch ist eine Tochtergründung der Odenwaldabtei. Durch Schenkungen, dann durch zielstrebigen Aufkauf sammelte Schönau vor allem in der Ebene des Oberrheins reichen Landbesitz. 1560 hob Kurpfalz das Kloster auf und siedelte wallonische Glaubensflüchtlinge an. Was die französischen Brandkommandos von der romanischen Basilika übriggelassen hatten, rissen die Wallonen nieder. Sie führten aber auch die Tuchmacherei ein und stifteten dem zur Stadt erhobenen Klosterort die drei Wollfäden im Wappen. Außer dem Refektorium, jetzt evangelische Kirche, der auf den Marktplatz versetzten gotischen Brunnenschale und ein paar Wirtschaftsbauten ist von der zisterziensischen Ära nichts mehr zu sehen.

Als eines der ganz wenigen Gewässer Deutschlands bietet die Steinach der Flußperlmuschel eine Heimat. Ums Jahr 1760 wollte der kurpfälzische Finanzminister von Zedwitz den durch prunkvolle Hofhaltung zerrütteten Staatsetat mit Hilfe der Perlenzucht wieder ausbalancieren. Karl Theodor war natürlich Feuer und Flamme. Per Extrapost holte man 1200 »Perlfrösche«, wie es damals hieß, aus dem Bayerischen Wald und setzte sie zunächst im Steinbachtal zwischen Peterstal und Ziegelhausen ein. Obwohl jedem, der sich an den kurfürstlichen Muscheln vergreifen wollte, der Strang drohte, florierte die Zucht nicht. Das Wasser war zu unruhig. 1773 wagte man vor allem in Mühlgräben der Steinach, zwischen Altneudorf und Schönau, einen zweiten, erfolgreichen Versuch. Mit dem Tod Karl Theodors geriet die Zucht in Vergessenheit. Erst als 1815 spielende Kinder in der Steinach Perlen fanden und ein großes Muschelräubern begann, nahm sich der badische Staat des Erbes aus galanter Zeit an, 1823 lieferten 2000 geöffnete Muscheln immerhin fünf ansehnliche Perlen. Heute wird die Perlfischerei von den Gemeinden zusammen mit der übrigen Fischerei verpachtet, seit 1949 jedoch nicht mehr planmäßig nach den Muscheln gegründet. Gelegentlich gefundene Perlen haben nur noch als heimatliche Rarität einen gewissen Sammlerwert.

Leichter ist eine Gaumenfreude des Barock aus der Steinach zu haben. Ein bei Heidelberg am Neckar gelegenes Nobellokal bietet Steinachforellen nach einem Rezept aus dem Jahr 1734 an »mit Weinnägleinsaft, Zimt, Cardomon und Apfelmus«.

Mark Twains Überraschung beim Anblick des Dilsbergs erlebt heute noch jeder, der zum erstenmal von Neckarsteinach aus talwärts fährt: »Sie sehen den schönen Fluß vor sich, daran anschließend auf dem gegenüberliegenden Ufer ein paar Meter glänzenden grünen Rasens, dann plötzlich einen Berg – ohne vorbereitende, sanft ansteigende Hänge, sondern jäh aufragend –, einen Berg, rund wie eine Schüssel ... der auf seinem Gipfel gerade genug Platz hat für seine vieltürmige und mit Dächern überzogene Mütze aus Bauwerken, die sich innerhalb des vollkommen runden Faßreifens der Stadtmauer drängen und zusammenpressen.«

Die Bilderhäufung, Schüssel, Mütze, Faßreifen, verrät, wie schwer sich der Autor mit der Beschreibung des wiesenummantelten Bergkegels und seiner steinernen Tonsur getan hat. Daß der Dilsberg seine grüne Unschuld bewahrt hat, ist vor allem dem landschaftspflegerischen Bemühen des Altbürgermeisters Julius Waibel aus Rainbach zu danken. Das Hochstift Worms, die Grafen von Lauffen und als deren Erben die Herren von Dürn hüteten nacheinander die 1208 erstmals erwähnte Höhenburg, von der nur noch die prachtvoll aufgequaderte Mantelmauer, Kellergewölbe und ein Treppenturm der Renaissance zu sehen sind. Pfalzgraf Ruprecht I., allzeit

95 *Blick auf den Dilsberg. Aquatinta von J. J. Tanner.*

ein Mehrer der Pfalz, gründete um 1330 das Städtchen Dilsberg; die als Bürger zwangsverpflichteten Bauern aus den Weilern Rainbach und Reitenberg erhielten »des Bergs Freiheit« und blieben von Leibeigenschaft und Steuern unbeschwert. Die Pfalzgrafen hatten die Feste als Zufluchtsort ausersehen, kehrten aber meist nur zur Reiherbeize und zum Fischfang ein.

Merians »Topographia Palatinatus Rheni« rühmt den Dilsberg: »ist eng begriffen/und hat sehr starke dicke Mauern/und kann man draus den ganzen Craichgau commandiren/als dessen Hauptvestung dieses Dilsberg ist/dazu man/wegen der Höhe/und abgebrochenen sehr gähen Felsen/und Klippen/nicht leichtlich kommen kann.« Ihre Feuerprobe bestand die kurpfälzische Festung im Frühjahr 1622, als der Feldherr der katholischen Liga, Tilly, anrückte. Nach der Eroberung Neckargemünds schrieb Tilly seinem Fürsten Maximilian angesichts des Dilsbergs ahnungsvoll: »Ich werde damit zu tun haben.« Die Besatzung schlug einen sechsstündigen Sturm ab und trotzte auch der Beschießung. Als Tilly dann im August vor Heidelberg lag und eine kaiserliche Nachschubflotte von fünf Schiffen und 14 Nachen den Neckar hinabfuhr, überfiel die Berggarnison den Transport. Die 200 Mann Geleitmannschaft wurden »teils erschossen und ersäuft, die Schiffe ausgeleert, in Brand gesteckt und versenkt«. Wahrscheinlich spielte bei diesem Ausfall der unterirdische Gang eine Rolle, der vom Burgbrunnenschacht in 35 Meter Tiefe seitlich abzweigt und am bewaldeten Osthang des Höllenbergs ins Freie mündet. Bis Ende des vorigen Jahrhunderts war der insgesamt 52 Meter tiefe Brunnen verschüttet. Angeregt von Mark Twains Dilsberg-Schilderung ließ der Deutschamerikaner Fritz von Briesen den Brunnenschacht und den 82 Meter langen, heute wieder zugänglichen Seitenstollen freilegen.

Im reichlich martialischen 17. Jahrhundert hat der Dilsberg dann trotzdem noch mehrmals den Besitzer gewechselt. Zur Artilleriefestung wurde er nicht mehr ausgebaut. Die Besatzung bestand schließlich nur noch aus Invaliden, die aber 1799 einen Überrumpelungsversuch der Franzosen mit Bravour abwiesen. In badischer Zeit mußte die verfallende Burg als Gefängnis und fideler Karzer für die Heidelberger Studenten herhalten. 1826 wurde die Burg zum Abbruch freigegeben. Unzerstörbar blieb der Blick über die gelassen ausschwingende grüngewellte Wipfellandschaft des Odenwalds, belebt von den farbigen Streifenmustern der Felder, bekleckst vom braunen Ziegelgenist der Höfe und Dörfer und den heller gehäuften Häuserflecken der Städte Neckarsteinach und Neckargemünd am blitzenden Fluß. Unzerstört blieb aber auch der Blick auf den Dilsberg selbst: »Diese luftige, grüne Höhe und ihre seltsame Krone ergeben im Rot der Abendsonne ein wahrhaft eindrucksvolles Bild.«

Die Elsenz, die bei Neckargemünd dem Fluß zufällt, schlägt eine Gasse zur kornblonden Hügellandschaft des Kraichgaus. Noch während der Eiszeiten zwang ein Felsriegel bei Neckargemünd den Fluß südwärts in das Wiesenbronner Trockental ab; erst bei Mauer wandte er sich wieder nach Norden und floß im Unterlauf der Elsenz in sein heutiges Bett zurück. In dieser 16 Kilometer langen Schlinge pendelt der Neckar gemächlich hin und her und häufte Sand, Kies und Schotter in dicken Schichten auf. Immer wieder hat man hier Zähne, Knochen und Skelette von Tieren gefunden, die im Wechsel der kalten und warmen Klimaperioden an den Fluß zum Trinken kamen: Nashorn, Waldelefant, Höhlenbär, Säbeltiger, Flußpferd, Wisent und Elch. Und weil der Heidelberger Dozent Otto Schoetensack solche Fossilien pünktlich mit Zigarren zu honorieren pflegte, reagierten die beiden Arbeiter hellwach, als sie am 21. Oktober 1907 in einer 24 Meter tiefen Sandgrube bei Mauer einen kräftigen Unterkiefer fanden. Dieser Knochenfund des »homo heidelbergensis«, geborgen aus einer etwa 500 000 Jahre alten Schicht, gilt bis heute als das älteste Zeugnis menschlichen Lebens in Europa, konserviert von den Schottern und Sanden des Neckars.

Im Mündungsdreieck von Neckar und Elsenz, in der Hut der längst verschwundenen Reichenburg, an der mittelalterlichen Fernstraße, die von Worms elsenzaufwärts zog und sich dann über Mosbach nach Würzburg, über Wimpfen nach Nürnberg gabelte, wuchs im frühen 13. Jahrhundert Neckargemünd hoch. 1241 erscheint der Ort im Steuerverzeichnis der staufischen Reichsstädte, fiel aber 1330 schon an die Pfalz. Dem Patron der Fischer und Schiffer, St. Ulrich, weihte die Bürgerschaft das Kirchenbollwerk an der Neckarfront. Der Brunnen mit dem Ölkrug vor der Kirche erinnert an das heimische Hafnerhandwerk und an die Ölmühlen längs der Elsenz; auch an einem 1579 datierten Kellertor der Elisenstraße fand ich das bauchige Wahrzeichen der Stadt wieder. Bedeutend war daneben vor allem der Holzhandel. 1622 eroberte Tilly Neckargemünd »per forza«; viele Bürger wurden dabei niedergemacht. Der Einäscherung durch Mélac entging das Städtchen 1689 dank dem Widerstand der hier einquartierten sächsischen Reichstruppen.

Der Bau der Chausseen nach Mosbach und Heilbronn förderte ab 1765 Handel und Wandel. »Neckargemünd«, so heißt es in einer Reisebeschreibung dieser Zeit, »hat im Kleinen das Gewühl einer Stadt. Der Wasserzoll, der hier angelegt ist, macht gar viele Nahrung, und an dem Lauer, wo die Waren aus und eingeladen werden, ist eine anhaltende Emsigkeit und viele Nachen und Schiffe. Die Bürger hier leben meist vom Handel oder Handwerk, unter welchen die häufigen Gerbereien und Steinbrüche die vornehmsten sind. Auch ist Neckargemünd wegen seinem irdenen Geschirr berühmt, das weit und breit verführet und gesucht wird.« 1771 bauten sich die Lutheraner eine Kirche, ein klassizistisch kühler Bau, der jetzt ohne Stilbruch das Rathaus beherbergt. Anstelle des abgerissenen Oberen Tors setzte die Gemeinde unter sanftem Zwang der Regierung, Karl Theodor, dem »Vater des Vaterlandes« das Karlstor, ein reines Dekorstück, vollendet 1789 im Jahr der Großen Revolution. Acht Jahre darauf rollte Goethe auf seiner Schweizerreise durch und lobte Neckargemünd als »eine artige reinliche Stadt«.

Mit dem Bau der Odenwaldbahn und der Neckartalbahn veröden Fluß und Chausseen. Das bekam Neckargemünd zu spüren. Leben brachten erst wieder die Heidelberger Studenten, die Sommerfrischler und, paradoxerweise, betuchte Pensionäre, die das Städtchen als Alterssitz entdeckten. Berühmtheit, nicht nur in akademischen Kreisen, erlangte die »Griechische Weinstube«, die frühere Schildwirtschaft zum Goldenen Karpfen. 1875 stach hier Julius Menzer das erste Faß griechischen Rotweins in Deutschland an. Friedvoll, beglückend ist der Blick von der abendlichen Terrasse überm Fluß, wenn drüben in Kleingemünd die Lichterketten aufglänzen, von einem vorübergleitenden Ausflugsschiff Musik herüberweht und im Erzählen eines alten Herrn die Landpartien der Heidelberger Musensöhne lebendig werden, zu Fuß über den Wolfsbrunnen nach Neckargemünd, und dann wieder zurück im Nachen, »auf dem silbernen Rücken des Stroms, vom Mond beleuchtet, unter Musik und Jubel«.

96 Archenbrücke über die Elsenz bei Neckargemünd. Eine wenig bekannte Ansicht aus Merians »Novae regionum aliquit amoenissimarum delineationes«, 1624.

97 Das schlanke »Tempelhaus« in Nekkarelz hat nichts mit dem geheimnisumwitterten Templerorden zu tun. Die Wasserburg an der Elz war nur kurz im Besitz der Johanniter.

98 Das Wappentier der Stadt Eberbach, ein uriger Schwarzkittel, steht in den hübschen Anlagen der Neckarpromenade. Die 1954 aus dem Zechsteindolomit erbohrte Heilquelle zieht immer mehr Kurgäste an.

99 Geduldig rankt der Neckar durch die Sandsteinbarriere des Odenwalds. Das nährstoffarme Gestein duldet fast nur den Wald, im engen Talgrund blieb kein Platz fürs Ackerwerk. Nur da, wo größere Seitentäler einmünden, wie rechts unten die Itter bei Eberbach, konnten sich Verkehr und Siedlung entfalten.

Umseitig:
100 Mit dem Eichengebälk des Fachwerks schaut der Odenwald Mosbach in die Gassen. Die industriereiche Stadt hat ihren zentralen Rang von der kurpfälzischen Residenz bis heute gewahrt.

101 Trotz romantisierender Zutaten überrascht Schloß Zwingenberg als malerisch geschlossener Herrensitz des Spätmittelalters.

102 Das Vierburgenstädtchen Neckarsteinach ist ein beliebtes Ziel der Ausflugsschiffe. An der Ufermauer der Lände markieren Hochwasserdaten die Flutjahre des Neckars. Die Vorderburg, rechts im Bild, und die im Tudorstil umgebaute Mittelburg sind heute noch bewohnt.

103 »Glück im Neckarwinkel«, so überschrieb Theodor Heuss seine Aufzeichnungen einiger Ferientage in Hirschhorn. Die schieferblaue Marktkirche und das gotische Karmeliterkirchlein am Burghang dominieren im Giebelgewirr. Hier lappt ein Zipfel hessischen Odenwaldes an den Neckar vor.

Vorhergehende Seiten:
104 Als Hinterhof und Ausweichhafen der Neckarschiffer bietet sich der Unterlauf der Elsenz in Nekkargemünd an. Das Gewässer kommt aus dem Kraichgau, durch seine Talgasse zog eine vielbefahrene Fernstraße vom Rhein ostwärts nach Würzburg und weiter nach Nürnberg.

105 Von Mark Twain bis heute überrascht der mauernbekrönte, wiesengrüne Kegel des Dilsbergs jeden Reisenden, der zum erstenmal von Neckarsteinach flußabwärts fährt. Die kurpfälzische Festung hat 1799 noch einem Überrumpelungsversuch der Franzosen widerstanden.

106 Im Mündungswinkel von Elsenz und Neckar drängt sich das adrette Nekkargemünd, einst kurpfälzischer Handelsplatz, dann Pensionopolis und Ausflugsziel der Heidelberger Studenten, die in der »Griechischen Weinstube« einkehrten. Im Hintergrund der spitze Turmhelm von St. Ulrich.

Der Mythos Heidelberg

Vor das Allegro vivace der Heidelberger Stadtlandschaft haben die Götter des Tals nocheinmal die ländliche Idylle gesetzt: Ziegelhausen, das sich von Deutschlands größtem Wäscherdorf zum Erholungsort und Villenquartier entwickelt hat, und Stift Neuburg, um dessen Mauern die Kühe der Klosterökonomie weiden. Als die Schönauer Mönche kurz nach 1200 gegenüber von Schlierbach eine Ziegelei gründeten, um den blauen Ton im Gewann »Heidenacker« zu brennen, griffen sie eine römische Gewerbetradition wieder auf. Im Steinbachtal aufwärts klapperten Mühlen, und auf den Wiesen am Bach wie drunten am Neckar bleichte Rohleinen. Nach dem kurfürstlichen Hof ließen bald auch Heidelberger und Mannheimer Bürgerfrauen ihre Wäsche in Ziegelhausen waschen, bleichen, bügeln. Bis zum Bauboom der Fünfzigerjahre bestimmten die aus luftigen Lattenwänden hochgezogenen »Schopfen«, in denen bei Regenwetter die Wäsche getrocknet wurde, das Dorfbild. Im Ortskern fand ich neben den beiden Barockkirchen einen spätgotischen Bildstock mit den Wassermarken der Neckarfluten.

Eine Zeile grenadiersteifer Pappeln eskortiert den Fluß drüben auf der Heidelberger Seite bis zum Karlstor. Dafür haben die Straßenbauer am rechten Neckarufer die alten Bäume im Hotelgarten der »Stiftsmühle« der Ziegelhäuser Umgehungsstraße geopfert. Dahinter liegt, auf halber Höhe, Stift Neuburg, einst Klause der Romantiker und seit 1926 wieder Abtei der Benediktiner. Um 1130 als Filiale Lorschs gegründet, wenig später in ein Nonnenkloster umgewandelt, hat Neuburg lange in engen Beziehungen zum Heidelberger Hof gestanden. »Unterhalb des Stifts liegt der Haarlaß, ein ehemaliges Klosterwirtshaus, in welchem die Fräulein, die in das Stift aufgenommen wurden, die Tonsur erhalten haben sollen.« So schrieb ein Reisender auf den Spuren der Neckarromantik. Die Wahrheit liest sich prosaischer. Die ehemalige Klosterziegelei ging im späten Mittelalter an einen Meister Haarlaß über, der dem Anwesen seinen Namen hinterlassen hat.

Nach der Aufhebung des Klosters in der Reformationszeit war Neuburg zeitweise protestantisch-adeliges Fräuleinstift, dann im Besitz der Jesuiten. Um die Einkünfte der Universität aufzubessern, verkaufte die kurpfälzische Regierung das Stift schließlich an Privatleute. 1810 hat Carl Maria von Weber hier als Gast im Apel's Gespensterbuch die Sage vom »Freischütz« aufgestöbert; bis hin zum »Oberon« klingt Webers Begegnung mit Wald und Fluß nach. 1825 erwarb Fritz Schlosser, ein Neffe jenes Johann Georg Schlosser, der mit Goethes Schwester Cornelia so unglücklich verheiratet war, das Klosterareal und schuf hier ein »kleines, aber erlesenes Goethemuseum«. Marianne von Willemer, die Suleika des West-Östlichen Divan, kam als »Großmütterchen« regelmäßig zu Besuch, öfter auch Goethes Enkel Walther und Wolfgang.

Seine eigentliche Bedeutung aber gewann Neuburg damals als Herberge der Spätromantik. Schlosser, zum katholischen Glauben konvertiert, träumte mit der »Stiftsgesellschaft« von der Restitution des Reiches wie der Einheit der Konfessionen und gab der Malerei der Naza-

107 Blick vom rechten Neckarufer flußaufwärts zum Stift Neuburg. Ölgemälde von Ernst Fries im Kurpfälzischen Museum Heidelberg.

rener eine Heimstätte am Neckar. Heinrich Hübsch baute die Stiftskirche um, für die Abtkapelle schuf Edward von Steinle Glasgemälde. Die Jungdeutschen, voran Karl Gutzkow, verteufelten Neuburg als »ultramontane Gespensterburg«, taten dem toleranten Mäzenatentum Schlossers damit aber bitter Unrecht. Das beweist neben dem hier betriebenen Goethekult auch die Förderung der Heidelberger Landschaftsmalerei, repräsentiert von den Malerbrüdern Ernst, Bernhard und Wilhelm Fries, Carl Philipp Fohr und Karl Rottmann. Erst Schlossers Witwe Sophie, eine strenge, wohl auch engere Dame, öffnete Neuburg dem politischen Katholizismus. Die Erben haben die Stiftstradition pietätvoll weitergepflegt. Unter Alexander von Bernus zogen dann wieder »Dichter und ihre Gesellen« ein: Stefan George, Rainer Maria Rilke, Friedrich Gundolf, Georg Simmel, Alfred Mombert, Else Lasker-Schüler, der Buchillustrator Melchior Lechter, die Maler Wilhelm Trübner und Alfred Kubin; Friedrich Alfred Schmid Noerr und Friedrich Schnack haben zeitweilig im Stift gehaust. Bernus selbst, als Dichter dem Symbolismus verpflichtet, hatte sich auch der Astrologie und Alchemie verschrieben und gründete 1921 hier sein spagyrisches Laboratorium »Soluna«. Trotz Goldmacherrezepten in der Inflation verarmt, mußte er dann sein Tusculum an die Benediktiner in Beuron verkaufen. Nach dem Handschlag sagte ihm Pater Lucas: »Wir danken Ihnen, daß Sie uns ein so treuer Hüter waren . . .«

Hinterm Kloster wanderte ich auf dem Randhöhenweg über die Schwedenschanze und die Schanze der Freischärler von 1849 nach Heidelberg. Zwischen düsteren Fichtenwänden und aus dem Saum der Laubbäume schimmerten die lichten Blütenähren der Edelkastanie, auf den Kahlschlägen lohte der Besenginster in feurigem Gold. Granitblöcke buckelten am Hang. Der kristalline Rumpf des Odenwaldes tritt hier zutage. Um Heidelberg blieb nämlich die dem Gebirg vorgelagerte Urgesteinsscholle von der Hebung unberührt, der Fluß brauchte mit dem sich aufwölbenden Sandstein nicht mehr Schritt zu halten, statt in die Tiefe zu sägen, konnte er kurz vor dem Eintritt in die Rheinebene einen breiteren Mündungstrichter schürfen. Die Granitbarre im Neckar bildete zwischen Heiligenberg und Königstuhl eine Furt; die aus dem Wasser starrenden Granitklippen des »Steingerümpels« zwischen Haarlaß und »Hackteufel« aber machten den Schiffern bis zum Kanalbau das Leben schwer.

Unweit vom Karlstor, so berichtet Dielhelm, »liegt mitten in dem Neckarstrom ein großer Steinfelsen, den man den Weintisch nennet. Bei hoher Flut ist er bedeckt, bei heißen und trockenen Jahreszeiten aber, da die Flüsse gemeiniglich seicht werden, ist er ganz frei zu sehen, da sich dann die Anwohner allemal ein gutes Weinjahr versprechen. Man siehet sehr viele Jahreszahlen daran eingehauen, als zum Beispiel 1688, 1706, 1712, 1719 und andere mehr. Die Heidelberger bedienen sich dessen bei ihren Spazierfahrten statt eines Tisches, indem sie zum öftern Mahlzeiten darauf halten. Bei der Fahrt durch das gefährliche »Steingerümpel« warfen die Schiffer eine Opfergabe in den Fluß oder legten Münzen auf den »Zollstein«. Der »Hackteufel«, eine besonders reißende Klippenstrecke auf der Höhe des Karlstores, war eine beliebte Wildwasserstrecke der Kanuten, bis er der von Paul Bonatz entworfenen, wuchtig mit Sandstein verkleideten Neckarschleuse weichen mußte.

Die Brücke der Dichter

In Otto Flakes Romanwerk »Die Monthiver Mädchen«, dieser zwingend kühnen Ansicht des frühen Empire, bekommt der Held Anselm in Heidelberg eine Mappe mit all den Gedichten in die Hand gedrückt, die seit den Tagen der Humanisten der Stadt am Fluß gewidmet waren. Viel gaben die Verse bis zur Zeit der Allongeperücke nicht her: »Opitz kam sich schon als Poet vor, wenn er das Wasser des Wolfsbrunnens anmutiger denn Milch und köstlicher denn Reben nannte. Gottsched aber blieb in der Ebene draußen, flach wie sie, und rief die Zeit an, ihren Ablauf zu beschleunigen: ›Mache alle Länder glatt, hebe alle Hügel auf‹ – was er dort über dem Neckar sah, war ihm nur rauh, höckerig, hart und steif. Hagedorns Ode galt dem großen Faß, dann endlich kam die Elegie, denn Klopstock kam und wirkte, das Gefühl war da...« Goethe hatte damals noch nichts über Heidelberg veröffentlicht. »Nein«, so meinte einer aus Flakes Runde, »Matthison sei der Höhepunkt – das letzte Blatt hingegen, eine Ode Hölderlins in acht Strophen, zu pathetisch, zu verstiegen.« Und dann las Anselm doch das »Heidelberg« überschriebene, erst für sich, dann den andern –

108 Heidelberg vor seiner Zerstörung durch die Franzosen. Kupferstich von Merian, um 1620.

Lange lieb ich dich schon, möchte dich, mir zur Lust,
  Mutter nennen, und dir schenken ein kunstlos Lied,
    Du, der Vaterlandsstädte
      Ländlichschönste, so viel ich sah.

Wie der Vogel des Walds über die Gipfel fliegt,
  Schwingt sich über den Strom, wo er vorbei dir glänzt,
    Leicht und kräftig die Brücke,
      Die von Wagen und Menschen tönt.

Wie von Göttern gesandt, fesselt' ein Zauber einst
  Auf die Brücke mich an, da ich vorüber ging,
    Und herein in die Berge
      Mir die reizende Ferne schien.

Und der Jüngling, der Strom, fort in die Ebne zog,
  Traurigfroh, wie das Herz, wenn es, sich selbst zu schön,
    Liebend unterzugehen,
      In die Fluten der Zeit sich wirft.

Quellen hattest du ihm, hattest dem Flüchtigen
  Kühle Schatten geschenkt, und die Gestade sahn
    Alle ihm nach, und es bebte
      Aus den Wellen ihr lieblich Bild.

Aber schwer in das Tal hing die gigantische,
  Schicksalskundige Burg nieder bis auf den Grund,
    Von den Wettern zerrissen;
      Doch die ewige Sonne goß

Ihr verjüngendes Licht über das alternde
  Riesenbild, und umher grünte lebendiger
    Efeu; freundliche Wälder
      Rauschten über die Burg herab.

Sträuche blühten herab, bis wo im heitern Tal,
  An den Hügel gelehnt, oder dem Ufer hold,
    Deine fröhlichen Gassen
      Unter duftenden Gärten ruhn.

Hölderlins Ode, nach einem Aufenthalt im Mai 1800 entstanden, gibt den Blick von der Alten Brücke wieder und ist doch weit mehr als die symbolisch überhöhte, poetisch verdichtete Wiedergabe einer Stadtansicht. Nach der traditionellen Anrufung der Eingangsstrophe wird die Brücke angesprochen, mit ihrem vogelhaft sanften Auf- und Abschwingen, das Jahrzehnte später in einem Brief Friedrich Hebbels widerklingt, wo er sagt, die Brücke führe über den Fluß »schlank wie der Bogen, den die Schwalbe im Fliegen beschreibt«. Hier auf dieser Brücke hat Hölderlin einst ein Anruf getroffen, »wie von Göttern gesandt«. Das muß im Juni 1795 gewesen sein, als er, mittellos, gescheitert, gedemütigt, verzweifelnd, aus Jena in die Heimat am Neckar, zur enttäuschten Mutter zurückkehrte. Unterwegs traf er in Heidelberg mit dem Frankfurter Arzt Ebel zusammen, der ihm dann die Hauslehrerstelle bei Gontards in Frankfurt vermittelt hat. Damals, als Hölderlin sich schon zu verlieren glaubte, richtete ihn der Blick von der Brücke flußabwärts in die blaue Ebene wieder auf, verglich er sein Geschick mit dem der Burg, schicksalskundig, von den Wettern zerrissen wie er nach dem Scheitern seiner hochgespannten Pläne, aber unzerstörbar im Kern, verjüngt vom Licht und dem immergrünenden tröstenden Efeu. Auf der Neckarbrücke wurde sich Hölderlin seiner selbst wieder gewiß.

Weniger als Dokument einer Lebenswende, denn als dichterisch geformte Aussage über den Stadtgeist Heidelbergs gilt Hölderlins Ode; er habe hier »alles gesagt, was den diese einzige Stadt liebenden Menschen bewegt«. Das ist ein verzeihliches Mißverständnis, wie der ganze Mythos Heidelberg. Die schluchtige Bergszene, die patriotisch verklärte Ruine der Franzosenzeit, die Erinnerung an das Wirken der Romantiker, das geheime Einverständnis von Stein und Dichtung, Machtgebärde und Schicksalsfügung, Natur und Geist, von der Brücke, gleichsam mit einem Handschlag besiegelt, all das schwingt für uns in Hölderlins Versen mit.

Der Mythos Heidelberg lebt vom Brückenschlag zwischen Landschaft und Geist. Er ist ohne den steinernen Bogenschlag über den Neckar nicht denkbar. Denn kein Bild versöhnt uns mit der vom Menschen bedrückten Landschaft rascher als das einer schönen Brücke. Sie fügt die Ufer eines Flusses zusammen; sie gewährt der Städte und Völker verbindenden Straße ein sicheres Geleit übers launische Element; sie bleibt, oft aus dem Muttergestein ihrer Umgebung aufgemauert, dem Talgrund in Farbtönung und Struktur entwachsen, geschwisterlich vereint; sie stiftet, wohlproportioniert, Versöhnung im Widerstreit zwischen dem Anspruch des Schönen und der herrisch fordernden Funktion der Technik.

Im Tagebuch der dritten Schweizer Reise notierte Goethe unterm 26. August 1797: »Ich sah Heidelberg an einem völlig klaren Morgen, der durch seine angenehme Luft zugleich kühl und erquicklich war. Die Stadt in ihrer

Lage und mit ihrer ganzen Umgebung hat, man darf sagen, etwas Ideales, das man sich erst deutlich machen kann, wenn man mit der Landschaftsmalerei bekannt ist, und wenn man weiß, was denkende Künstler aus der Natur genommen und in die Natur hineingelegt haben.« Der Blick vom Obertor entlockt ihm dann das, angesichts der sonst so gemessen tarierenden Tagebuchprosa, doppelt überraschende Bekenntnis: »Die Brücke zeigt sich von hier aus in einer Schönheit, wie vielleicht keine Brücke der Welt; durch die Bogen sieht man den Neckar nach den flachen Rheingegenden fließen, und über ihr die lichtblauen Gebirge jenseits des Rheins in der Ferne.« Goethe bleibt hier trotz des gravitätisch gesetzten Superlativs wie vor einem Landschaftsgemälde immer in der Distanz des Betrachters. Hölderlin hat sich auf die Brücke, hat sich ihr und dem gefährlich lockenden »Fluten der Zeit« selbst gestellt. Als erzromantisches Nocturno liest sich dann Clemens Brentanos »Lied von eines Studenten Ankunft in Heidelberg« eine empfindsame, zum Herzen sprechende Versmusik: »Und wie ich gen die Brücke schaut,/hört ich den Neckar rauschen laut,/der Mond schien hell zum Tor herein,/die feste Brück gab klaren Schein,/und hintenan der grüne Berg!/Ich ging noch nicht in mein Herberg,/der Mond, der Berg, das Flußgebraus/lockt mich noch auf die Brück hinaus./Da war so klar und tief die Welt,/so himmelhoch das Sterngezelt,/so ernstlich-denkend schaut das Schloß,/und dunkel, still das Tal sich schloß,/und ums Gestein erbraust der Fluß,/ein Spiegel all dem Überfluß,/er nimmt gen Abend seinen Lauf,/da tut das Land sich herrlich auf,/da wandelt fest und unverwandt/der heilge Rhein ums Vaterland,/und wie ans Vaterland ich dacht,/das Herz mir weint, das Herz mir lacht.«

Einem andern, Gottfried Keller, ist die Brücke nocheinmal zum Prüfstein der Bewährung geworden. Der Heidelberger Student hatte sich in die Professorentochter Johanna Kapp verliebt, die, das gerade Gegenbild des stumpfigen Alemannen, groß, voll, dunkel, schön, selbst in eine hoffnungslose Leidenschaft zu dem verheirateten Philosophen Ludwig Feuerbach verstrickt war. In Kellers Gedicht auf die »Schöne Brücke« folgt dem Aufschwung und der fassungslosen Klage der männlich gefaßte Verzicht der dritten Strophe –

Schöne Brücke, hast mich oft getragen,
wenn mein Herz erwartungsvoll geschlagen
und mit dir den Strom ich überschritt.
Und mich dünkte, deine stolzen Bogen
sind in kühnrem Schwunge mitgezogen,
und sie fühlten meine Freude mit.

Weh der Täuschung, da ich jetzo sehe,
wenn ich schweren Leids hinübergehe,
daß der Last kein Joch sich fühlend biegt!
Soll ich einsam in die Berge gehen
und nach einem schwachen Stege spähen,
der sich meinem Kummer zitternd fügt?

Aber sie mit anderm Weh und Leiden,
und im Herzen andre Seligkeiten,
trage leicht die blühende Gestalt!
Schöne Brücke, magst du ewig stehen:
ewig aber wird es nie geschehen,
daß ein besseres Weib hinüberwallt!

»Dem lebendigen Geist«

Der Eisgang des 24. Februar 1784 hatte die vielfach erneuerte, schon auf mittelalterlichen Ansichten gedeckte Holzbrücke über den Neckar mitgeführt und nur die Pfeiler stehn lassen. Der Mannheimer Bauinspektor Matthäus Maier bezog diese Pfeiler, ebenso wie das doppeltürmige Stadttor, in den Entwurf seiner Steinbrücke ein. Im Sommer 1788 war die Neckarbrücke als kongenialer Bogen zu Stadt und Schloß vollendet, im lebendig leuchtenden, warmen Inkarnat des Buntsandsteins, akzentuiert von den Statuen Karl Theodors und der Athene, der Schutzherrin der Wissenschaften. Um den Wappensockel des fürstlichen Standbilds lagern sich neben den bärtigen Strompatriarchen Rhenus und Danubius die weiblich geschmeidigen Flußgottheiten Neckar und Mosel; die Neckarnymphe schaut hoch zum Schloßgarten, morgenschön, mädchenhaft. »In ihrem kindlich staunenden Antlitz lauert noch nichts von jener Dämonie weiblicher Verführungskunst, der sich Carl Theodor zu seinem nachträglichen Verdruß so selten zu entziehen vermochte, denn an Voltaire, seinen freigeistigen Freund, schrieb er, daß die schönen Frauen des vielgepriesenen goldenen Zeitalters Sirenen seien, die über der glänzenden Oberfläche als anmutige Nymphen erschienen, während ihr grausiger Fischschwanz darunter verborgen bliebe.«

Im Kurpfälzischen Museum stand ich dann vor einer schilfversteckten Vitrine mit der Aufschrift »Der Neckar als archäologische Quelle«. Hier lag neben rostigen Pfahlschuhen einer römischen Militärbrücke ein Pfahlschuh der amerikanischen Pionierbrücke von 1946, von seinen antiken Kollegen kaum zu unterscheiden. Später schlugen die Römer dann sogar eine 260 Meter lange steinerne Pfeilerbrücke zwischen der ausgedehnten zivilen Siedlung in Neuenheim und der kleineren Flußstation im Bereich der heutigen Altstadt. Auf ihrem mittleren Pfeiler stand ein aus dem Neckar geborgenes Neptunheiligtum mit Dreizack und Delphin. Die Kastelle, Ziegelbrennereien, Kalköfen, Töpfereien, Steinmetzbetriebe, Hafenanlagen und Schmiedewerkstätten fielen samt den Turmgrabmälern der wohlhabenden Limeskaufleute und den hochragenden Jupitergigantensäulen auf Heiligenberg und Königstuhl dem Alamannensturm anheim. Auch die Brücke ging damals unter. Was blieb, war die granitene Barre der »Wälschenfurt«. Fast ein Jahrtausend blieb der Heidelberger Neckar ohne Brücke, erst 1284 baute das Kloster Schönau, das zuvor die Fährgerechtigkeit erworben hatte, wieder eine hölzerne Brücke.

Heidelberg, wohl ganz einfach als Ort am Berg voller Heidelbeeren zu deuten, war damals schon Stadt im Schatten der Felsenburg; das ältere Fischerdorf um St. Peter behielt daneben noch lange sein Eigenleben. Im 13. Jahrhundert wählten die Pfalzgrafen die stark befestigte Stadt zu ihrer Residenz. Der Neckar hatte der Neugründung im Tal den leiterförmigen Grundriß diktiert. Lange galt er sogar als Stammesgrenze, wie es Merians Topographie 1645 formuliert: »und teilt der Necker allhie Franken und Schwaben«. Die Stammesgrenze ist längst verwischt, aber bis heute gilt der waschechte, der in der Schiffsgasse oder am Lauer geborene Heidelberger als »Neckarschleimer«, bezeichnet er die Lebensalter seiner Sprößlinge, kaum mehr bewußt, mit den Eigennamen der heranwachsenden Neckarfische, von der Fischbrut der »Sume«, der Samen, über »Borzel« und »Schneiderlin« bis hin zum »Schlackl«. Ruprecht I. verschaffte seinem Haus den Kurfürstenhut und gründete 1386 die Universität, nach Prag und Wien die drittälteste im deutschen Sprachbereich. Leuchten des Humanismus wie Peter Luden, Rudolf Agricola, der patriotisch feurige Jakob Wimpfeling, Johannes Reuchlin und Konrad Celtis lehrten hier, und als Luther 1518 auf dem Heidelberger Augustiner-Konvent seinen ersten begeisterten Widerhall in der theologischen Welt fand, wunderte er sich über das »Neckardeutsch« des Magister Simler. Kurfürst Ottheinrich huldigte mit dem nach ihm benannten figurenreichen Schloßbau der Renaissance und führte die Reformation ein. Sein Nachfolger bekannte sich zur Lehre Calvins, die Stadt bot den Glaubensflüchtlingen Europas Obdach. Als der junge ehrgeizige Kurfürst Friedrich nach der böhmischen Königskrone griff, riß er Heidelberg, die Pfalz und das Reich in das Verderben eines dreißigjährigen Krieges. Der Sohn des Winterkönigs, Karl Ludwig, wollte sein Friedenswerk, den Wiederaufbau der Pfalz absichern und gab seine Tochter Liselotte, die deftige Briefeschreiberin, dem Bruder des Sonnenkönigs zur Frau. Wider alle Vereinbarungen erhob Versailles dann Erbansprüche und ließ marschieren. 1689 und nocheinmal, gründlicher, 1693 verwüsteten die Franzosen das Land und brannten Stadt und Schloß Heidelberg nieder. Das Andenken an den General Mélac, dessen Brandspur den ganzen Neckarlauf schwärzte, lebt in dem Schimpfwort Lackel weiter.

Beim Wiederaufbau mußten sich die barocken Baublöcke dem mittelalterlichen Sprossenwerk der Gassen um die flußbedingte Achse der Hauptstraße akkommodieren. Seit Ende des 17. Jahrhunderts regierte dann die katholische Linie Pfalz-Neuburg. Daran erinnern nicht nur die Madonna auf dem Kornmarkt und die Jesuitenkirche, sondern auch die Trennwand in der Heiliggeistkirche, die katholischen Chor und reformiertes Schiff bis zum Jahr 1936 voneinander schied. Der konfessionell erhitzte Kleinkrieg zwischen Kurfürst und Bürgerschaft führte schließlich dazu, daß die Residenz nach Mannheim verlegt wurde. Stadt und Universität, letztere unter Kuratel der Jesuiten, sanken in die Provinzialität zurück. Zwar richtete Karl Theodor das Heidelberger Schloß wieder wohnlich her, aber als ein Blitzschlag 1764 den Bau erneut einäscherte, nahm's der Fürst als einen mahnenden Fingerzeig des Himmels. Ihm, nicht nur Mélac verdankt Heidelberg also seine schauervoll grandiose Ruine.

Nicht weniger schicksalhaft traf zwei Jahrzehnte später der berüchtigte Eisgang die Stadt. Fast alle vor Anker liegenden Schiffe wurden von den Schollen zermalmt. Von dieser Katastrophe wie vom Abzug des Hofes hat sich die heimische Neckarschiffahrt nie mehr erholt. Wirtschaftlich gesehen lag Heidelberg seither »nicht an, sondern neben dem Neckar«. Als Victor Hugo seinen französischen Landsleuten, wie Walther Scott und Mark Twain der angelsächsischen Welt, das rätselhaft romantische Deutschland entdeckte, sah er im klippengespickten Heidelberger Neckar »ein bezauberndes Mittelding zwischen Fluß und Wildbach, worin sicherlich niemals Dampfschiffe herumplantschen werden«.

Daß inzwischen kein Reisender von Rang mehr die Stadt am Neckar aussparen durfte, verdankt Heidelberg dem frischen Ruhm seiner Universität. Deren Wiedererrichtung war die große Tat des neuen badischen Landesherren Karl Friedrich und seines Ministers Reitzenstein. Rückblickend erscheint es uns mehr als ein bloßer Zufall, daß das Wiedererwachen der Ruperto Carola mit dem Aufbruch jener Geniegeneration zusammentraf, die sich als die romantische Generation verstand. Romantik hier nicht nur als Herzensergießung, als ein Schweifen im Unendlichen, sondern auch als forschende, sammelnde, deutende Weltaufseglung des bisher Unbewußten oder gar Unterdrückten im eigenen Ich wie im Leben des Volkes und der Völker verstanden. 1805 erschien in Heidelberg der erste Band der von Clemens Brentano und Achim von Arnim herausgegebenen Liedersammlung »Des Knaben Wunderhorn«; zwei Jahre darauf zog der Student Eichendorff ein, veröffentlichte Joseph Görres seine Schrift über »Die teutschen Volksbücher«; Caroline von Günderode lernte hier den Mythenforscher Friedrich Creuzer kennen und zerbrach an ihrer Liebe; die altdeutsche Gemäldesammlung der Brüder Sulpiz und Melchior Boisserée lockte Goethe nocheinmal an den Neckar.

All das ballt sich hier in einem Jahrzehnt und blitzt doch nur als eine Facette im geistig-poetischen Kosmos Heidelberg. Historiker wie Schlosser, Gervinus, Häusser, Treitschke und Gundolf, die Philosophen Kuno Fischer, Windelband und Jaspers, die Soziologen Max und Alfred Weber haben hier gelehrt, dazu so bahnbrechende Naturwissenschaftler wie Bunsen, Helmholtz, Kirchhoff. Unruhige Tage erlebte die Stadt dann nochmals während der Revolution von 1848/49. Gottfried Keller schrieb damals grimmig: »Die Freiheit ist den Deutschen für einmal wieder versalzen worden.« 1871 kam in der Pfaffengasse Friedrich Ebert, der spätere erste Präsident der ersten deutschen Republik zur Welt.

Heidelberg wuchs damals schon nach Westen. Gleichzeitig begann die Vermarktung des jugendbewegten Mythos Alt-Heidelberg. Victor von Scheffel, der sich aus privater und politischer Enttäuschung in die Saufpoesie geflüchtet hatte, erhielt den Ehrenbürgerbrief. Kommerziell am erfolgreichsten blieb Wilhelm Meyer-Förster mit seinem ungenierten Rührstück vom Studentenprinzen und dem blondzopfeten Wirtstöchterlein. Wer sein Herz in Heidelberg verloren hat, kann es seither mit einem Souvenir der Kitschindustrie wieder einlösen. Den imposantesten Beitrag dazu hätte beinahe Kaiser Wilhelm II. mit dem von ihm favorisierten Wiederaufbau des Schloßes im Stil der elsässischen Hohkönigsburg geliefert. Vor dem einmütigen Protest der Universität wie der Bürgerschaft wich er dann doch zurück.

Einig waren sich Bürger und Professoren auch im Widerstand gegen den geplanten Neckarkanal. Der gestaute Fluß, so hieß es, werde zum Himmel stinken, die Alte Brücke leiden, das Hochwasser gar den Neuenheimer Friedhof überschwemmen. Die Beamten des Heidelberger Bauamtes pinselten ihrem Neckarboot demonstrativ ein »Mélac II« auf die Bordwand, was ihnen dann einen Rüffel aus Berlin eintrug. Stadt und Tal haben auch diesen Kraftakt der Technik Anfang der Dreißigerjahre einigermaßen heil überstanden. Aber dann wich Gundolfs Universitätsdevise »Dem lebendigen Geist« der grausamen Verknappung und Verfälschung »Dem deutschen Geist«. Daß Heidelberg als einzige größere Stadt des Reiches vom alliierten Bombenterror verschont geblieben ist, hat es wahrscheinlich den sentimentalen Studentenerinnerungen hoher Militärs zu danken. Die im Mittelstück gesprengte Alte Brücke erstand mit Hilfe von Spenden aus ganz Deutschland rasch wieder.

Das von Turban und Sari exotisch gesprenkelte Touristengedrängel droben auf dem Schloß, vor dem Großen Faß, in den historischen Studentenkneipen des »Roten Ochsen«, des »Seppl«, des »Schnookeloch« oder des »Goldenen Hecht« täuscht über die alles andere als idyllische Gegenwart Heidelbergs hinweg. Der internationale Tourismus bringt gerade fünf Prozent der Gewerbesteuer ein. Und das Thema Altstadtsanierung bewegt, zum Glück, heftiger als anderswo die Gemüter. Der Oberbürgermeister hat die besondere Situation Heidelbergs auf folgenden Nenner gebracht: »Kein einziges Signum allein ist überragend in dieser Stadt. Hinreißend und immer wieder Bewunderung fordernd wirkt das aus schöpferischem Geist stammende Spannungsverhältnis zwischen den starken Akzenten, den architektonischen

Fanfaren, und der fließenden Kleinteiligkeit der volkstümlichen Bürgermelodie. Im Grunde liegt der Reiz Heidelbergs in der oft nicht bewußt erfaßten Tatsache, daß auf den Grundrissen der 1693 niedergebrannten gotischen Siedlung eine barocke Stadt neu entwickelt wurde.«

Aber nicht nur um das barock transponierte Denkmal der Altstadt geht es heute beim Planen und Bewahren. Heidelberg besitzt infolge seiner glücklichen Entfaltung zwischen Klassizismus und Jugendstil auch eines der reichsten und schutzwürdigsten »Architekturensembles des Historismus«. Nicht nur der Erhalt dieser Baudenkmäler, auch die wieder zu gewinnende Wohnlichkeit im Herzen der Altstadt und die Bändigung des Verkehrs, der jetzt schon die Stadt vom Neckar abzuschneiden droht, auch sie entscheiden über das Fortleben des genius loci Heidelberg.

109 Blick vom Philosophenweg auf Heidelberg. Der Fluß in seinem schmalen Tal hat den Grundriß der Altstadt diktiert: die Achse der Hauptstraße mit dem Sprossenwerk der Gassen zwischen Neckar und Gaisberg. Vom Ufer des Heiligenbergs schwingt die Brücke über den Fluß, »schlank wie der Bogen, den eine Schwalbe im Fliegen beschreibt«.

110 Als der Bauinspektor Matthäus Maier die vom Eisgang des Jahres 1784 ruinierte Heidelberger Neckarbrücke als steinernes Bauwerk wiederaufrichtete, bezog er das mittelalterliche doppeltürmige Stadttor mit ein. Die Statue des Kurfürsten Karl Theodor wird umlagert von den Flußgottheiten Rhein und Donau, Mosel und Neckar. Rechts der Turm der Heiliggeistkirche.

111 Wahrzeichen Heidelbergs: das Schloß

112 Im rechtsufrigen Stadtteil Neuenheim haben die Archäologen die Spuren von mindestens sieben römischen Kastellen entdeckt. Hier wurde auch das Mithrasrelief geborgen, dessen Fries die Taten des Sonnengottes schildert. Eine Kopie des Bildwerks verwahrt das Kurpfälzische Museum Heidelberg.

Im Banne des Rheins

»Es gibt«, so argumentiert der Flüsseporträtist Alfons Paquet kategorisch, »zwei Neckar, den von Heidelberg und den von Mannheim ... Das eine ist der romantische Fluß, der Garten-Neckar. Die Felder reihen sich an ihm auf wie ein ewiger Fächer, die Weinberge schleichen an ihm hin wie große Igel. Die Dörfer liegen da, sicher und bequem gebettet, und strecken ihre Kirchtürme hoch wie Spieße ... Das andere ist der Neckar unserer Zeit. Die Eisenbahn ist seine Zuchtmeisterin. Sie brachte die Menschen auf den Gedanken, den Fluß zu recken, ihn in die Abschnitte eines Kanals aufzuteilen mit Schleusen für die Schiffahrt, mit Wasserschlössern für die Turbinen, mit dem tief ausgehobenen Strombett, groß genug für jede Hochflut.« Inzwischen hat der tief ins Neckartal vorgetriebene Schiffkanal diese Doppelphysiognomie verwischt, wenn nicht aufgehoben. Von den Burgen im Waldgebirge schauen wir auf Kraftwerk und Schleuse; die Felder und Gärten säumen den Fluß der Ebene dichter als in der engen Talaue von Muschelkalk und Buntsandstein; trotz Autobahnbrücken, Kanalstegen, donnernden Eisenbahnüberführungen pendelt bei Edingen und Neckarhausen gemächlich die Fähre, und in Ladenburgs monderhellten Fachwerkgassen scheint Neckarromantik lebendiger, zukunftsfreudiger denn je.

Zielstrebig, von Dämmen flankiert, weithin vom Kanal aufgespalten zieht der Neckar nach seiner Steinmetzarbeit im Odenwald durch die Ebene dem Rhein entgegen. Uns erscheint bei einem Blick auf die Karte der Weg des Flusses nach Westen vorgezeichnet, selbstverständlich. Dabei winkelte der Neckar früher einmal hinter Heidelberg stracks nach Norden ab, er floß entlang der Bergstraße und mündete statt bei Mannheim bei Trebur, also halbwegs zwischen Darmstadt und Mainz in den Strom. Wie kam es dazu? Ursprünglich hatte der Fluß natürlich den kürzesten Weg genommen, mit seinem verringerten Gefälle in der Ebene dann aber einen immer höheren Schuttkegel abgeladen. Allmählich verstopfte sich der Neckar selbst seinen Lauf nach Westen und glitt eines Tages in ein Senkungsfeld zur Bergstraße hin ab. Wann das geschah, wissen wir nicht, nur daß er vor gut 8000 Jahren wieder, und diesmal endgültig in seine natürliche Laufrichtung durchgebrochen ist.

Nicht nur schwere Schotter, auch Lehm, Sand und Ton lud der Fluß in seinem Schwemmfächer ab und schuf so fruchtbares, altbesiedeltes Ackerland. Zu Beginn des 19. Jahrhunderts notierte ein Reisender auf der Fahrt von Heidelberg nach Mannheim fast neidisch: »Luzerne, Runkeln, Kartoffeln, Tabak, Mais, Hanf wechseln unaufhörlich mit dem Getreide ab und geben der Gegend das abwechslungsreiche Ansehen eines Gartens.« Sogar die Rebe gedieh im milden Klima der Rheinebene. Als 1578 der Herzog Friedrich in Stuttgart Hochzeit feierte, schickte ihm der Pfalzgraf als Weinpräsent »den Seckenheimer hell und klar«, dazu »Mannheimer gar lieblich fein/zu trinken, doch stark von Geschmack,/der bald ein würfet auf den Sack«, wie der Hofpoet Nikodemus Frischlin als geeichter Zecher wahrnahm. Auf den Sanddünenfeldern gesellte sich als ländliche Delikatesse inzwischen auch der seidigglänzende Spargel hinzu, 1688 erstmals im Schwetzinger Hofgarten gezogen.

Die barocke Sommerresidenz Schwetzingen ist aus einem Jagdsitz der pfälzischen Kurfürsten hervorgegangen. Der Hofgarten verzaubert nicht nur zur Zeit der Festspiele und der lila Fliederblüte. Mit seinen Wasserspielen, Heckengängen, Lauben, künstlichen Ruinen, mit seinen allegorischen Tempeln, Büsten, Statuen offenbart sich dieser Park als die letzte grandiose Selbstdarstellung des ancien regime. Der Kurfürst Karl Theodor setzte das barocke Welttheater in Szene. Nicolas de Pigage, »Intendant über die Gärten und Wasserkünste«, sowie der Hofgärtner Johann Ludwig Petri schufen das bunte Intarsienwerk der Rabatte und Boskette. Friedrich Ludwig Sckell schlang dann den grünen Gürtel des Landschaftsgartens darum. Die Mittelachse des Schloßparks, flankiert von mächtigen Lindenalleen geleitet zum Großen See, wo Verschaffelts steinerne Stromgötter Rhein und Neckar lagern. Ihre geheimen Fluchtpunkte aber bilden der Königstuhl über Heidelberg und die Kalmit, der höchste Gipfel der horizontblauen Hardt im Westen. Zwischen Bergstraße und Weinpfalz spannt sich der höfische Park als Garten der Landschaft am Oberrhein. Edingen, früher bekannt für seine Zigarrenfabriken, seine Brauereien und Ausflugslokale »mit de Neckarfisch«, hat sich nach dem Krieg zu einer lebendigen Industriegemeinde gewandelt. Sein Wahrzeichen ist der um die Jahrhundertwende errichtete Wasserturm. Das flußabwärts gelegene Neckarhausen, einst aus der Edinger Gemarkung herausgeschnitten, ist seit der Gemeindereform wieder mit dem Mutterort vereint. Das klassizistische Schloß der Grafen von Oberndorff, mitten im Ort gelegen, diente zuletzt als Rathaus. Die hübsche zwiebelübertürmte Barockkirche hat Franz Raballiati, der Schöpfer der Mannheimer Jesuitenkirche, entworfen. An den launisch gewalttätigen Laufwechsel des Neckars erinnern zahlreiche verlandete Rinnen. Der verheerende Eisgang im Februar 1784 hat hier ein Dutzend Menschenleben gefordert.

Bis hinab nach Heilbronn waren die Neckarhäuser Halfreiter bekannt. Mit ihren Pferden zogen sie die Boote in sechs Tagen stromaufwärts und trabten dann in anderthalb Tagen wieder zurück. Das Treideln war oft eine üble Tierschinderei, »Abgeschafft wie ein Schiffreitergaul«, ist heute noch sprichwörtlich. Als die Kettenbootschlepper aufkamen, wanderten die Halfreiter, »die früher sich nicht selten im Trunk ruinierten«, zur Bahn und in die Mannheimer Fabriken ab.

Mit der knarrenden Fähre, die seit Generationen von einigen Färcherfamilien gemeinsam betrieben wird, setzte ich nach Ladenburg über.

Ein Bummel durch Ladenburg

Die steilen Giebelkämme, überragt von den rotgesprenkelten Spitzhelmen der St.-Gallus-Kirche, verhießen ein geschlossen unversehrtes Stadtbild. Mit Hilfe der Gemeinde wird hier ein Fachwerkhaus nach dem andern freigelegt und restauriert. Die Industrie in den Außenbezirken bleibt unaufdringlich. Baumschulen, Gärten, Tabakfelder binden Stadt und Landschaft zusammen. Was Ladenburg unter all den schönen Städten längs des Neckars auszeichnet, ist das Ineinandergreifen verschollener Kulturschichten, die hier wie in einem Palimpsest durchschimmern. Die Baugrube der Realschule gab kürzlich die Umrisse eines neckarsuebischen Lagerdorfes frei; die gotische Galluskirche wölbt sich über einem römischen Forum; das von manieristischen Renaissancemalereien belebte Schloß der Wormser Fürstbischöfe gründet nicht nur auf einem fränkischen Königshof, sondern gewährt ringsum auch noch Einblick in das Ausgrabungsgelände der mittelalterlichen Flußfortifikation wie der Tempelstätte des antiken Lopodunum.

In diesem Namen steckt wahrscheinlich das keltische Wort für Seeburg, Sumpfburg, kein Wunder bei dem früheren Schlingenwechsel des Neckars. Neben dem Dorf der Neckarsueben, die als eine Art Landmiliz unter römischem Kommando standen, wuchs ein Kastell hoch. Ums Jahr 100 n. Chr. gründete Kaiser Trajan an der Hafenlände eine »civitas«, zwar keine Stadt im rechtlichen Sinne, aber ein weithin ausstrahlender Verwaltungssitz, eine Gaugemeinde. Wie die römische Wehrmauer verrät, war dieses Lopodunum immerhin fast doppelt so groß wie die Stadt des Mittelalters. Die freskengeschmückte Krypta der Galluskirche ist in das Tribunal der unvollendeten Marktbasilika hineingebaut. Als ebenso großzügig konzipiert erwies sich das antike Theater im Gewann »Burgäcker«, dessen Trümmer noch im 16. Jahrhundert aus der Erde ragten.

Die Merowinger bauten am Hochgestade des Neckars einen Königshof. Von hier aus wurde der Lobdengau verwaltet und der Flußzoll eingetrieben; bis zum Bau der Eisenbahn war hier ein lärmiger Umschlaghafen für Holz und Sandsteine vom Odenwald. Den Glanz und Komfort der Römerzeit konnten die fränkischen Gaugrafen Ladenburg freilich so wenig zurückgeben wie später die Wormser Bischöfe, die schon im 10. Jahrhundert als Stadtherren erscheinen. Sie bauten sich neben dem Bischofshof als Hofkapelle die Sebastianskirche, deren in Stein gebanntes dämonisches Fratzenwerk seltsam mit dem barocken Dekor des Kircheninneren kontrastiert. Im Spätmittelalter, als die Kämpfe mit der selbstbewußten Wormser Bürgerschaft nicht mehr abreißen wollten, residierten die Kirchenfürsten am liebsten in Ladenburg. Ihr Petersschlüssel silbert im Wappen der Stadt.

Der Bischofshof, Absteigequartier deutscher Herrscher von Karl dem Großen bis hin zu Kaiser Maximilian I., ist heute Schatzkammer des von Berndmark Heukemes vorbildlich eingerichteten Lobdengaumuseums. Der ehemalige Lustgarten und das Ausgrabungsgelände ums Schlößle sind als Freilichtmuseum miteinbezogen; die stückweis erneuerte Jupitergigantensäule vor dem Eingang hatten die alamannischen Eroberer Lopodunums in den nahgelegenen Brunnen gestürzt, aus dem sie erst vor kurzem geborgen worden ist. Das Museum vereint archäologische Funde von der Eiszeit bis zum Mittelalter, es illustriert die Stadthistorie und gewährt auch Einblick in Volkskunst und Brauchleben der Landschaft zwischen Odenwald und Neckar. Kostbarstes Stück ist das aus dem Schutt der Römersiedlung gerettete Relief, das die Lichtgötter Sol und Mithras beim kultischen Mahl vereint darstellt.

Zum Glück ist Ladenburg noch kein heillos überlaufenes Rothenburg. Mein Stadtbummel war ein einziges Fachwerkentzücken, vom wuchtigen Neunhellerhaus am Marktplatz mit eingesprengtem romanischen Mauerwerk bis zu dem galerienverspielten Renaissancebau in der Kirchenstraße. Der markanteste Veteran der mittelalterlichen Stadtbefestigung, das Martinstor mit dem Reiterbild des fränkischen Nationalheiligen, wies noch die Kugelspuren der Mansfeldschen Belagerung im Dreißigjährigen Krieg auf. Im Gerber- und Färberviertel faßten Quader der römischen Marktbasilika den Bachlauf. Eine Gedenktafel erinnert hier an den zum Reichsgraf erhobenen Johann Friedrich Seiler, einen Handwerkersohn der Stadt, der als Verfasser der »Pragmatischen Sanktion« die Thronfolge Maria Theresias gesichert hat. Drunten am breitgestauten Neckar setzt seit 1848 die sandsteinerne Eisenbahnbrücke der Linie Frankfurt-Basel über den Fluß. Ein Jahr darauf tobten hier heftige Kämpfe, verteidigten badische Artilleristen, Freischärler und Bürgerwehren den Neckarübergang gegen die in Ladenburg aufmarschierten Preußen. An der Ecke Neckarstraße-Bahnhofstraße hat Carl Benz, der unabhängig von Daimler den Benzinmotor erfand, seinen Lebensabend verbracht; seine Autogarage, im Geschmack der Zeit als historisierende Burgruine getarnt, gilt als die älteste der Welt. Nach diesem Rundgang wissen wir's besser als der Neckarantiquarius Dielhelm, der meinte, außer ein paar römischen Bildwerken, Tabak und einer Maulbeerplantage habe Ladenburg »nichts merkwürdiges aufzuweisen«.

Hinter Ladenburg bilden Neckarschleife und Stichkanal eine Insel für Ilvesheim. Auch hier hat Rabaliatti eine Kirche mit weißgoldenem Interieur hinterlassen, während das von vier Ecktürmen gebändigte Barockschloß der Ortsherrschaft seit bald 100 Jahren eine Staatliche Blindenanstalt beherbergt. Das kleine Seckenheim am südlichen Ufer geriet als wohlhabendes, wohlarrondiertes Bauerndorf erst spät in den Eingemeindungssog Mannheims. Hier überrumpelte der »Pfälzer Fritz«, Kurfürst Friedrich I., im Sommer 1462 den übermütigen Vortrab einer übermächtigen Heeresallianz, die sich wider die Pfalz zusammengetan hatte. Graf Ulrich von Wirtemberg, zwei badische Markgrafen und der Bischof von Metz wanderten als Gefangene aufs Heidelberger Schloß. Dort, so erzählt Gustav Schwab in seinem Gedicht »Das Mahl zu Heidelberg«, habe Friedrich seine Standesgenossen üppig bewirtet, mit Wildbret aus dem Odenwald, Fischen aus dem Neckar, Wein vom Rhein. Als aber die Fürsten verlegen nach dem Brot fragten, wies der Hausherr zornig zum Fensterbogen mit dem Blick ins offene Neckartal, wo Mühlen, Höfe, Scheuern rauchten und die Felder zerstampft lagen. Das war keine Literatenpointe, das deckte nur ein leidvolles Grundgesetz der Geschichte auf, daß bei all den Herrenhändeln immer nur der kleine Mann der Verlierer gewesen ist.

Mannheimer Schachzüge

Mannheim, mit 340 000 Einwohnern die zweitgrößte Stadt Baden-Württembergs, dazu einer der umschlagstärksten Binnenhäfen Europas, Industriemetropole, Gleisknoten im kontinentalen Schienennetz, Hochburg der Mühlen, Produktenbörse, Einkaufszentrum, Stadt sachlicher Planquadrate, Buchstabe und Ziffer, »nackt wie eine Rechnung« – Mannheim ist mehr als ein Fabrikkoloß und statistischer Muskelprotz, mehr als ein »Produkt der neueren Zeit, die in geradlinigen Straßen ihre krummen Gänge maskieren möchte«, wie der Pfälzer Volkskundler August Becker grimmig schnaubte. Ironischer variierte der junge Ernst Bloch dies Thema, als er das proletarisch ungeschminkte, das schuftende, rauchende, stinkende Ludwigshafen gegen den mäzenatisch kaschierten Kapitalismus Mannheims ausspielte: »Drüben lag das Schachbrett der alten Residenz, heiter und freundlich gebaut wie zu Hermann und Dorotheas Zeiten; hatte statt der größten Fabrik das größte Schloß Deutschlands, vielleicht weniger Wahrzeichen im 19. Jahrhundert, doch eine schöne Dekoration, die der Bourgeoisie Haltung gab, wann immer sie bei Kaffee und Zigarre angelangt war und bei dem Höheren.«

Mannheim ist aber auch mehr als nur der Jobber, Parvenu, Bourgeois unter den historisch erlauchten Stadtgeschwistern an Neckar und Rhein. Nach dem Wegzug Serenissimi hat wagender, wägender Handel die geisterhaft entleerte Residenz zur wirtschaftlichen Drehscheibe der Oberrheinlande gemacht, hat die Bürgerschaft das kulturelle Erbe der Feudalzeit aus eigenem Antrieb gepflegt, gemehrt, entwickelt. Ökonomischer Fortschrittsoptimismus, politischer Liberalismus, Bildungsstreben und pfälzische Lebenslust sind hier eine sehr spezifische, beständige Legierung eingegangen. Museen, Sammlungen, Stiftungen, wissenschaftliche Gesellschaften, Musikvereine, das war immer mehr als bloßer Kulturdekor, das war leidenschaftliche Anteilnahme am Zeitgeist und am Geist der Zeit, die sich nicht mit phäakisch behaglichem Genuß des Errafften und Erschaffenen begnügte, im bürgerlichen Wohlstand freilich einen guten Humus fand. Das gilt natürlich vor allem für das Nationaltheater, auch wenn der junge Schiller hier und nicht in Stuttgart dem Neckar endgültig untreu geworden ist. »Mannheim«, so hat einer mal witzig gesagt, »ist ein Theater, um das man eine Stadt herumgebaut hat.«

In seinem 1928 datierten, noch etwas expressionistisch grell gemalten »Plakat von Mannheim« hat Anton Schnack versucht, den Rhythmus dieser Stadt zwischen Fabriken und Gärten zu erfassen:

Zweihundertfünfzigtausend Menschen: Arbeiter, Handwerker, Direktoren, Fabriken für Maschinen, Automobile, Dampfpflüge.
Riesiger Binnenhafen – Schiffe aus Holland, Frankreich, mit Gewürz von den Azoren,
Kohlen aus Bergwerken – Umschlageplatz für ganze Züge.

Von den Flüssen Neckar und Rhein metallen umgürtet.
O Neckar, Traumfluß, mit Mondnächten aus Eis und Brokat!
O Rhein, mächtig und wogend, von rußigen Lastkähnen gebürdet,
Mit Dickicht und Waldufer entlang, mit Wiesen und blumigem Pfad!

Sachliche Stadt quadratischer Straßenzeilen.
Keine Irrtümer. Nackt wie eine Rechnung das A-B-C-D-E-F-G-H.
Von Gärten durchzaubert, von Wipfeln verländlicht.
Bänke und süßes Verweilen.
Hügel der Bergstraße am Horizont, Täler und Winde der Wälder sind nah.

Mit Boulevards, leuchtenden Lichtreklamen, steigenden Sommerfontänen.
Mit Parkhotel, Straßenbahnen, Autos, Flugplatz und Stadion.
Tabakaroma, Leder und Ölluft, schwelend im Hafen.
Matrosenlieder von schwimmenden Kähnen.
Schrill und stählern donnert der Kräne unermüdlich knirschender Ton . . .

»Mannheim ist eine wassergeborene Stadt, emporgewachsen aus den beiden Flüssen, die den Grund zu ihrer Blüte legten.« So beginnt Friedrich Walter seine monumentale Stadtgeschichte, um diese These dann eigentlich Seite um Seite zu widerlegen. Denn erst zu Beginn des vorigen Jahrhunderts, als die beiden gefährlich mäandernden Wasserschlangen einigermaßen gebändigt waren, als die Schiffahrt auf dem Rhein von Stapelzwängen und Zöllen befreit war und Mannheim sich seiner pressenden Festungsschanzen entledigt hatte, konnte sich Handelsleben entfalten. Das 766 in einer Lorscher Klosterurkunde erwähnte Fischerdorf hatte sich auch gar nicht in den hochwasserbedrohten Mündungswinkel von Rhein und Neckar gewagt; zwar lag es auf dem heutigen Schloßareal überm Strom, aber der Neckar floß damals allem Anschein nach noch etwas südlich, beim Stadtteil Neckarau, in den Rhein. Erst später brach der Fluß sich im Norden eine neue Gasse und rückte Mannheim unvermutet in sein Flüssedreieck.

Überschwemmungen, Eisgänge, Sumpfluft, morastige Niederungen und der unruhige Wechsel der Wasserläufe haben denn auch zu keiner mittelalterlichen Stadtgründung verlockt. Noch in Daniels 1870 erschienenem geographischen Handbuch Deutschlands lesen wir: »Die Gegend ist sumpfig und das Trinkwasser übel; das gerühmte ›Mannheimer Wasser‹ ein Anisliqueur.« Jahrhundertelang blockierten Rhein und Neckar jede Entfaltung, jahrhundertelang blieb Mannheim nicht viel mehr als ein Anhängsel, eine Verpflegungsbasis für das im heutigen Lindenhof gelegene Schlößchen Eichelsheim, dessen Besatzung die Rheinzölle kassierte. Und als Kurfürst Friedrich IV. die nasse Topographie als ideales Gelände für eine Wasserfestung neuen Stils entdeckte, erwies sich auch diese Aufwertung als fragwürdiger Wechsel auf die Zukunft. 1606 wurde der Grundstein für die Veste Friedrichsburg gelegt, in deren sternfömigen Grundriß sich die ebenfalls sternförmig geplante Kolonistenstadt Mannheim schob. Die Zitadelle schaute zum Rhein, die als Handelsplatz ausersehene Stadt zum Neckar. Die Rollenverteilung war klar, aber wenig glücklich; in den Festungsdrangsalen ging jeweils auch die junge Stadt zugrunde; 1622, als Tilly das Bollwerk der Pfalz eroberte, 1689, als die Franzosen mit der Zitadelle auch Mannheim dem Erdboden gleichmachten.

Auch bei der dritten Stadtgründung des 17. Jahrhunderts erstand Mannheim im Schachbrettschema einer holländischen Kolonie wieder, wobei die 136 Planquadrate genau besehen eigentlich nur prosaische Rechtecke darstellen. Nach wie vor orientierte sich die von Bastionen umgürtete Stadt am Neckar, nicht am Rhein als der wichtigsten Wasserstraße. Daran erinnert heute noch der spielzeugkleine Kurbelkran am linken Neckarufer. Die Hauptachse, die spätere Breite Straße zielte auf den Fluß, an dem die Kurpfalz das Stapelrecht besaß, nicht zum vielherrischen Strom mit der historischen Wetterfront im Westen.

Als Kurfürst Karl Philipp seinen Regierungssitz 1720 von Heidelberg in das weniger widerspenstige, knapp 3400 Einwohner zählende Mannheim verlegte, änderte sich an dieser Konstellation nicht viel. Zwar ließ er erstmals einen festen Anlegeplatz für die Rheinschiffe ausheben, versuchte er die Zunft der Kaufleute und Krämer zu fördern. Aber schon sein Nachfolger Karl Theodor zog unter diese Bemühungen einen Schlußstrich. Frankenthal wurde als Zentrum der kurpfälzischen Manufakturen begünstigt, Heidelberg als Neckarhafen favorisiert. Mannheim schien ihm als seine Residenz zu Höherem berufen. Hier wollte er keine fremden Götter neben sich dulden, weder den geschäftigen Merkur, noch den rußigen Vulkan. Mannheim sollte strahlen, von seinem Ruhm.

Karl Theodor war mehr als ein Rokokosultan. Er füllte das riesenhaft konzipierte Schloß erst mit Weltluft, Leben, mit Kunstsammlungen, Bibliotheken, Naturalienkabinetten. Das Theater, die Oper, das Orchester der »Mannheimer Schule« lockten Reisende aus ganz Europa an. Künstler von internationalem Rang sammelten sich an seinem Hof. Die Kurpfälzische Akademie der Wissenschaften überflügelte bald schon die Universität Heidelberg. Neben dem rotweißen Sandsteinbau der Jesuitenkirche mit ihrer prachtvollen Vierungskuppel, neben dem Turmoktogon der Sternwarte und dem klassizistischen Zeughaus, jetzt städtisches Reiß-Museum, lockerten plastisch beschwingte Adelspalais die starren Häuserfronten auf. Mannheim galt damals, vor Weimar, als der »Magnet des kulturellen Lebens« im alten Reich. Der Glanz des absolutistischen Hofes darf freilich nicht über die schweren Schatten der Regierungszeit Karl Theodors hinwegblenden. Der kritische Carl Julius Weber meint in seinen Reisebriefen, ohne das sanguinische Naturell der Pfälzer hätte sich die eine Hälfte gewiß »dem Rhein in die Arme geworfen, und die andere Hälfte wäre nach Pennsylvanien gelaufen«. Konfessionelle Bedrückung und Heuchelei, Servilität, Korruption und bürokratische Bauernschinderei lasteten auf dem Land. »Das Eden Deutschlands war für Tausende von genügsamen und fleißigen Deutschen eine Hölle durch Pfaffen und Beamte, während Karl Theodor bis in Himmel erhoben wurde, denn sein Hof war glänzend, er tat alles für die Kunst; fremde Schauspieler, Tänzer, Sänger

113 Mannheim aus der Vogelschau. Steindruck um 1900. Rechts der Neckarhafen mit der Kettenbrücke. Das dekorative Beiwerk vereint eine seltsame Legierung von Mythologie und Goldmark-Statistik.

und Pfeifer schwammen im Fett, und nützliche Pfälzer hatten kaum Kartoffeln.«

Die Residenz sog das Land aus, aber auch für Mannheim blieb die Ära Karl Theodor eine Scheinblüte. Als der Kurfürst 1778 durch Erbfolge zum Umzug nach München gezwungen wurde, verlor die Hauptstadt auf einen Schlag die Hälfte ihrer Einwohner. Hinzu kam, daß sich Handel und Gewerbe immer nur als Zulieferer des Hofes verstanden hatten. In den Revolutionskriegen 1794/95 geriet die Festung Mannheim erst ins Bombardement der Franzosen, dann der Österreicher. Zum Schluß standen gerade noch ein Dutzend Häuser heil. Um die Jahrhundertwende war jeder 15. Einwohner amtlich eingetragener Bettler. Die Festungswerke zwischen Rhein und Neckar wurden geschleift. Mannheim fiel an Baden und lag nun, ohne Hof, Garnison und Mittlerrolle zwischen den kurpfälzischen Landen längs des Rheins im Abseits. Die Rheinschanze am bayerisch gewordenen linken Rheinufer, früher nur ein Vorposten der Festungsstadt, entwickelte sich überdies noch zum konkurrierenden Handelsplatz, wurde von München protegiert und schließlich zur neuen Stadt Ludwigshafen erhoben.

In dieser scheinbar hoffnungslosen Lage besannen sich die Mannheimer wieder auf die Gründungsurkunde von 1607, in der es geheißen hatte, dieser Ort im Mündungswinkel »zweier vornehmer schiffbaren Wasserströme« sei »zum Kaufhandel sehr wohl gelegen«. Die Schleifung der Bollwerke hatte erstmals Blick und Zugang zum Rhein geöffnet. Baden, als künstlich langgezogenes Staatsgebilde ganz dem Strom zugewandt, kam den zagen bürgerlichen Initiativen mit einer elastischeren Gemeindeordnung, vor allem aber mit der Tullaschen Stromkorrektion und der Liberalisierung der Handelsschiffahrt im Einklang mit den andern Uferstaaten entgegen. Mannheim mußte damit zwar auf seinen Stapelzwang an der Neckarlände verzichten, gewann dafür aber nicht nur Anschluß an Europas Wasserstraße, sondern bis in die Neunzigerjahre ein neues, verkehrstechnisch bedingtes Handelsmonopol: Bis zur Weiterführung der Rheinkorrektion stromaufwärts blieb die Hafenstadt Endstation der von Dampfschleppern gezogenen eisernen Frachtkähne und damit dominierender Umschlageplatz für den ganzen deutschen Südwesten, für die Schweiz, das Elsaß und das östliche Frankreich.

Die Hafenbauten markieren den Entwicklungsprozeß am deutlichsten. 1828 knarrte der erste Ladekran an der Schiffbrücke über den Rhein. 1839 wurde ein Altrheinstummel zwischen der Stadt und dem Niedergrund im Nordwesten mit Schleusen gesichert und als Hafenbecken ausgebaut. Das Zollamt zog vom Neckarkai an den Parkring um. Dann nahm die 1842 gegründete Mannheimer Dampfschleppschiffahrtsgesellschaft, verständlich knapp »Mannschlepp« genannt, ihre Fahrten nach Rotterdam auf. Zwei Jahrzehnte später hatte ein Dampfbagger den viereinhalb Kilometer langen Friesenheimer Durchstich vollendet, dem Rhein damit einen neuen geraden Talgang und der Stadt im abgeschnürten Stromarm »das zunächst noch unbeachtete Geschenk eines leicht ausbaubaren, mächtigen Naturhafens« verschafft. Seit 1871 floß der ebenfalls verkürzte Neckar in das neue Rheinbett; seither bildet seine Mündung die typische »Neckarspitze«. Der traditionsreiche Flußhafen wurde damals aufwärts bis zur Kettenbrücke, der heutigen Kurpfalzbrücke erweitert. Die Gründerjahre bescherten Mannheim den staatlichen Mühlauhafen, dessen Monsterbecken das bisher vertraute Maß aller Binnenhäfen am Rhein sprengte, aber auch die Gartenidylle der Mühlau zerstörte. Der Erfolg gab den Planern recht. Zwischen 1875 und 1913 kletterte der Güterumschlag von 800 000 auf die Rekordmarke von 7,4 Millionen Tonnen.

Um die Jahrhundertwende stand Mannheim im Zenit seiner Entwicklung, vielbeneidet, oft kopiert, nie erreicht. Mit dem unausweichlichen Ausbau des Oberrheins stromaufwärts bis Basel, mit der von Württemberg geforderten Kanalisierung des Neckars, auf dem ja noch immer die altmodischen, schildkrötflachen Kettenschlepper krochen, drohte ihm jetzt aber das Quasi-Monopol eines Verteilerhafens für Getreide, Ruhrkohle, Erdöl, Metalle, Holz und Tabak zu entgleiten. Nicht der mit seinem Handelshafen saturierte badische Staat, die Stadt selbst begegnete dieser Herausforderung. Federführend war der energische Oberbürgermeister Otto Beck, dem die Mannheimer auch das Festgelände des Rosengarten und die Kunsthalle verdanken. Beck kaufte 1895 die vom Friesenheimer Altrhein ausgesparte Insel, wo bisher nur die Schwarzwaldflöße zu noch mächtigeren Rheinflößen gekoppelt worden waren. Die Stadt stellte dort der eingeengten Industrie ein voll erschlossenes neues Hafengelände zur Verfügung.

An der Neckarspitze

Draußen gilt Mannheim als eine Stadt am Rhein; der Neckar, nun ja, der münde dort, der gehöre dazu, aber doch mehr als braver Provinzler, den man ein bißchen verschämt durch die Hintertür einlasse. Die Mannheimer wissen es besser, und nicht erst seit dem »Neckarbrükken-Blues« der strammen Joy Fleming alias Erna Raad: »Isch weeß, der kummt aach wieder z'rick, der kummt scho wieder, wann er Hunger hat. Yeah«. Denn »über'n Neckar« müssen sie alle mal, auf den Friedhof der Stadt mit dem Obelisken für die »Märtyrer der Freiheit« von 1849, mit dem Erinnerungsmal der Kriegstoten, mit der Gedenkstätte für die 511 KZ-Opfer aus der Bürgerschaft.

Das kurfürstliche Schloß, sperrig und nüchtern aus dem vierten Stadtverderben der Bombennächte wiedererstanden, kann es an Pathos und Popularität nicht mit dem dicken Wasserturm am Friedrichsplatz aufnehmen, einem antikisierenden Humpen aus gelben Sandsteinquadern, bekrönt von einer appetitlichen Amphitrite. Das Mannheim der Fabrikarbeiter, Bürogänger, Verkäuferinnen, Studenten kann mit keinem vergleichbaren Monument auftrumpfen. Dafür winkelt zwischen dem Luisenring der Quadratestadt, dem Hafenkanal und dem historischen Salzkai der Neckarpartikulier Mannheims St. Pauli, der Jungbusch. Schummerige Bars mit Sektpreisliste und Stripperinnenfotos im Aushang reihen sich hier in professionell lustloser Monotonie aneinander. Dazwischen hält die »Evangelische Schiffermission« ihr Fähnlein aufrecht, erinnern Schilder wie »Zum Kettenschlepper«, »Schifferbörse«, »Fliegender Holländer« an Kunden, die längst der Wind verweht hat.

»Nicht als Student, der im Spießertum versauert, nicht als stumpfsinniger Lastenträger, als ein königlicher Kaufmann und Freund der Künste geht der Neckar in den Rhein.« So hatte ein älterer Kollege von der Literatenzunft geschwärmt, das wollte ich am Ende meiner Flußfahrt erkunden. Ein schmaler Trampelpfad schnürte zwischen Rheinkai, grauhäutigen Ölbunkern und dem Stabsquartier der Wasserschutzpolizei vor zur »Neckarspitze«. Ein paar Mannslängen aufgeschütteter nackter Erde, ein Saum angeschwemmter Zweige, Plastikdosen, Schilffetzen, das war alles. Trübfarben, unmerklich vereinten sich Neckar und Rhein. »Flußkilometer Null«. Dort lag ich den halben Vormittag in der Sonne, wie zuvor am Tübinger Zwingel und am Wimpfener Fischertor. Als Rinnsal aus dem Torffilz, als malachitgrünen Bergbach und Mühlenlauf hatte ich den Neckar erlebt, als zinngraue Wärmflasche der Rebhügel und Speikübel der Abwasser, gedämmt, gestaut, schaumig, ausgewrungen von den Turbinen, zerschnitten von Hafenmauern fremdartig schön im zitternden Reflex langgeflammter Uferlaternen, durchpflügt von schwarzbäuchigen Kähnen, in einer unvergeßlichen Stunde als Altwasser, als Tümpel, aus dem jeden Augenblick ein froschköpfiger Nöck steigen konnte. Das war er, ein lebendiger Spiegel des Landes, das er zusammenhielt, nährte, aufhellte und verwandelte, beständig im Wechsel. Ich hatte das Glück erfahren, mit einem Fluß zu wandern, an einem Fluß zu leben, von einem Fluß zu erzählen.

114 Kurfürst Karl Theodor inszenierte das barocke Schwetzinger Welttheater. Die geheimen Fluchtpunkte der mittleren Parkallee bilden der Königstuhl über Heidelberg und die Kalmit der Pfälzer Hardt. Der Hofgarten verzaubert nicht nur zur Zeit der Festspiele und der lila Fliederblüte.

115 Die luftigen Tabakspeicher gehören ebenso wie die musterhaft restaurierten Fachwerkhäuser zum Ladenburger Stadtbild. Im Hintergrund das Martinstor mit den Kugelspuren der Jahrhunderte.

116 Fast ein Jahrtausend lang regierten die Bischöfe von Worms über Ladenburg. Zahlreiche Wappentafeln der geistlichen Feudalherren hängen am Bischofshof überm Nekkarufer.

117 Der Marktplatz in Ladenburg.

118 »Sachliche Stadt quadratischer Straßenzeilen. Keine Irrtümer. Nackt wie eine Rechnung...« So präsentiert sich Mannheim. Im Vergleich zum Steindruck um 1900: Mehr Grau, weniger Grün.

Umseitig:
119 In den Mannheimer Häfen laufen im Jahr etwa 40 000 Schiffe ein und aus. An der Neckarspitze, bei Flußkilometer Null, endet der Neckar im Rhein.

Register

Aach 24
Achalm 62, 64, *Abb. 29*
Agricola, Rudolf 202
Aistaig 21, 24
Altenburg 61
Altensteig 110
Altoberndorf 21
Ammer 45
Amsler, Philipp Georg 150, 155
Andlau, Peter von *Abb. 23*
Arnim, Achim von 203
Auerbach, Berthold 26
Ausonius, Decimus Magnus 7
Autenrieth, Abgeordneter 50

Backnang 70, 106
Backoffen, Hans 154
Bad Boll 65
— Cannstatt 7, 10, 11, 13, 90, *Abb. 39, 47*
— Ditzenbach 65
— Dürrheim 19
— Friedrichshall 149, 150, *Abb. 83*
— Liebenzell 110
— Rappenau 150
— Überkingen 65
— Wimpfen 12, 150, 152 ff., *Abb. 78, 79, 84–87*
Bärtle, Ugge 50, *Abb. 25*
Balingen 47
Baur, Christian Friedrich 49
Becher, Johannes R. 52
Beck, Otto 215
Becker, August 212
Beihingen 107
Bengel, Johann Albrecht 49
Benningen 105, 107
Benz, Carl 211
Berkheim 66
Berlichingen 152
—, Götz von 152, 158
Bernus, Alexander 197
Bertsch, Karl 140
Besigheim 11, 12, 107, 108, *Abb. 49, 63, 64*
Betra 24

Beucker, Bildhauer 51
Beutelsbach 70, 103
Bieringen 21
Bietigheim 110, *Abb. 66*
Bilfinger, Bergrat 150
Binau 175
Bissingen 13
Blau, Sebastian 19, 26, 52
Blarer, Ambrosius 70
Bloch, Ernst 212
Bobrowski, Johannes 54
Böckingen 135, 140
Boelcke, Willi S. 15
Bönnigheim 102
Börstingen 26
Bohnenberger, Karl 49
Boisserée, Melchior 203
—, Sulpiz 174, 203
Bonatz, Paul 197
Borst, Otto 66, 69
Bosch, Robert 89
Bottwar 106
Brentano, Clemens von 201, 203
Briesen, Fritz von 183
Brigach 17, *Abb. 3*
Britting, Georg 53
Bühl 27
Bühlingen 19
Bull, John 12
Bunsen, Maria 112, 179
—, Robert Wilhelm 203
Burg siehe auch unter Schloß
Burg Albeck 21
— Dauchstein 174
— Dilsberg 181
— Eberbach 176
— Ehrenberg 155, *Abb. 89*
— Guttenberg 156, *Abb. 91*
— Hirschhorn 177
— Hohenneuffen 63
— Hohenstaufen 64
— Hornberg 155, 158, *Abb. 80, 90*
— Lichtenberg *Abb. 60*
— Minneburg 175

— Neckarburg 20, 21
— Neuburg 174
— Ramsberg *Abb. 26*
— Rotenburg 27
— Schadeck 180
— Schenkenburg 21
— Staufeneck *Abb. 26*
— Stolzeneck 176
— Wehrstein 24
— Weitenburg 26
— Wirtemberg 70, 83, *Abb. 38*
— Zwingenberg 175 f., *Abb. 101*

Calw 9, 110
Carlé, Walter 155
Chotek, Gräfin Sophie 27
Celtis, Conrad 202
Christ, Kunsthistoriker 64
Christoph, Herzog von Württemberg 13, 87
Clemens, Samuel Langhorne 178
Crailsheim 9, 151
Creuzer, Friedrich 203

Daimler, Gottlieb 62, 83, 91
Dannecker, Johann Heinrich 46
Decker-Hauff, Hansmartin 46
Deißlingen 19
Deizisau 66
Dettingen 45
Diedesheim 174
Dielhelm, Johann Hermann 15, 21, 109, 138, 177, 197
Dilsberg 183, *Abb. 95, 106*
Divixtus, Lucius Licinus 105
Donzdorf 65
Druck, Hermann 63
Dursch, Georg Martin 20
Duttenhofer, Karl August von
—, Max 20

Ebel, Gustav 200
Eberbach 176, *Abb. 98, 99*
Eberhard im Bart, Graf von Württemberg 10, 15, 46

223

Eberhard Ludwig, Herzog von Württemberg 88
Eberhard I., Graf von Württemberg 70
Eberle, Josef 19, 26, 50
Ebert, Friedrich 203
Ebingen 47
Echaz 8, 61, 62
Edingen 210
Edschmid, Kasimir 153
Eichendorff, Joseph von 203
Eisenlohr, Abgeordneter 50
Elizabeth, Königin von England 106
Ellwangen 151
Elsenz 183
Elz 173
Emminger, Eberhard *Abb. 41*
Enderle, Johann Baptist 21
Endersbach 103
Enz 8, 109
Epfendorf 11, 21
Erms 8, 61, 62
Ersheim 178, 179
Eschach 19
Esslingen 9, 11, 61, 66 ff., *Abb. 27, 28, 36, 37*
Etzel, Christian Adam 66
Eyach 26, 61

Fellbach 103
Fentzloff, Claus 156
Feuerbach, Ludwig 201
Fils 8, 61, 66
Fischer, Hermann 49
—, Kuno 203
Fischingen 24
Flake, Otto 197
Fleming, Joy 216
Fohr, Carl Philipp 197, *Abb. 80*
Forchtenberg 151
Fraas, Oskar 49
Frankenbach 135
Freiberg am Neckar 107
Freiligrath, Ferdinand 26, 91
Friedrich, König von Württemberg 104
Friedrich I. Barbarossa, Kaiser 21, 153
Friedrich II., Kaiser 69, 153
Friedrich der Schöne von Österreich 70
Fries, Bernhard 197
—, Ernst 197, *Abb. 107*
—, Wilhelm 197
Frischlin, Nikodemus 49, 209
Froben Christoph, Graf 21
Fuchs, Leonhard 48

Gaiser, Gerd 62
Ganzhorn, Wilhelm 148
Geislingen a. d. Steige 65
Gemmingen, Hans von 156
Georg Friedrich, Markgraf von Baden 149
George, Stefan 197
Gerok, Karl 50
Gervinus, Georg Gottfried 203
Gfrörer, Abgeordneter 50
Gock, Bürgermeister 63
Göppingen 65, 66
Görres, Joseph 203
Goethe, Johann Wolfgang von 14, 49, 50, 174, 183, 203
Goldersbach 45

Gradmann, Robert 49, 151
Gräter, Kaspar 136
Grävenitz, Wilhelmine von 104
Grass, Günter 61
Grien, Hans Baldung 156
Grieshaber, HAP 62
Griesinger, Carl Theodor 140
Grimm, Albert 175
—, Jacob 8, 175
Großheppach 103, *Abb. 53*
Großingersheim 107
Guébriant, Marschall 20
Günderode, Caroline von 203
Güntter, Otto 105
Gundelsheim 10, 148, 155, *Abb. 88*
Gundert, Wilhelm 49
Gundolf, Friedrich 197, 203
Guttenbach 175
Gutzkow, Karl 197

Habern, Wilhelm von 175
Habrecht, Isaak *Abb. 74*
Habsburg, Rudolf von 27, 70
Haering, Theodor 50
Häusser, Historiker 203
Hagenbach 149
Haigerloch 26, *Abb. 14*
Hall, Burkhard von 152
Handschuhsheim, Johann von 179
Hannsmann, Margarete 55
Hanson, Harald 68
Haßmersheim 156, *Abb. 92, 93*
Hauff, Wilhelm 12, 52, 156
Hebbel, Friedrich 200
Heckenhauer, Buchhandlung 50
Hegel, G. W. F. 49, 50
Heidelberg 7, 9, 12, 195 ff., *Abb. 108–112*
Heilbronn 9, 10, 13, 14, 87, 135, 138, 140, *Abb. 40, 71, 73–77*
Heiliger, Bernhard 68
Heiman, Hans 158
Heinkel, Ernst 83
Heinrich IV., Kaiser 46
Heinrich VI., König 153, 176
Heinrich VII., König 70
Heinsheim 155, *Abb. 89*
Helmholtz, Hermann von 203
Hemberger, Richard 176
Hermann V., Markgraf von Baden 92
Herrenzimmern 21
Hesse, Hermann 50
Hessigheim 107, *Abb. 61, 65*
Heukemes, Berndmark 211
Heuss, Ludwig 130, 148
—, Theodor 89, 138, 139
Heuss-Knapp, Elly 139
Hipler, Wendel 136
Hirschau 27
Hirschhorn 177, 178 f., *Abb. 103*
—, Hans V. von 177
Hirth, Hellmuth 83
Hochberg 104, *Abb. 56*
Hoffmann, Abgeordneter 50
Hohenberg, Albert Graf von 27
Hoheneck 104
Hohenstein 21

Hohenurach 49
Holl, Karl 49
Horb 21, 24, *Abb. 10–12*
Horkheim 134
Horneck, Konrad von 156
Huber, Candid 156
Hübsch, Heinrich 197
Hügel, Ernst von 156
Hugo, Victor 203
Huttenlocher, Friedrich 66

Ingelfingen 151
Irslingen, Konrad von 21
Itter 176

Jagst 8, 149, 150 ff.
Jagstfeld 149
Jagsthausen 151
Jäckh, Ernst 139
Jaspers, Karl 203
Jörg, Aberlin 105, *Abb. 58*

Kalb, Charlotte von 155
Kapff, Rudolf 8
Kapp, Johanna 201
Karl V., Kaiser 20
Karl Eugen, Herzog von Württemberg 49, 50, 66, 92
Karl Philipp, Kurfürst von der Pfalz 213
Karl Theodor, Kurfürst von der Pfalz 138, 176, 179 181, 183, 201, 210, 213, *Abb. 110*
Katharina, Königin von Württemberg 83
Keller, Adalbert 49
—, Franz 156
—, Gottfried 201, 203
—, Urban 105
Kepler, Johannes 49
Kerner, Justinus 26, 51, 104, 140, 149, 155, *Abb. 72*
Keßler, Emil 71
—, Georg Christian 71
Kiebingen 27
Kielmeyer, Professor 50
Kilchberg 45
Kinzig 19
Kirchentellinsfurt 61, 62
Kirchheim a. Neckar 110
Kirchhoff, Robert 203
Kleiningersheim 107
Kleist, Heinrich 140
Klett, Arnulf 84, 89
Klingenberg 134
Klink, Wilhelm 24
Kloster Denkendorf 66
— (Stift) Neuburg 195, *Abb. 107*
— Schöntal 152
— Schönau 202
Kobel, Kontz 177
Kochendorf 149, 150, *Abb. 83*
Kocher 8, 149, 150 ff.
Köngen 63, *Abb. 34*
Körsch 66
Konrad von Wirtemberg 92
Konz, Otto 66
Kornacher, Lisette 139
Krautlach 178
Kreuzberg 21
Kubin, Alfred 197

Künzelsau 151
Kurz, Hermann 62
–, Isolde 11

Ladenburg 210 f., *Abb. 115–117*
Lämmle, August 103
Läpple, Dieter 139, *Abb. 75*
Langsdorf, Salinist 150
Lasker-Schüler, Else 197
Lauffen 7, 11, 12, 14, 19, 51, 112, 113, *Abb. 40, 51, 68, 70*
Lauter 61
Lechler, Kaspar 105
Lechter, Melchior 197
Leibniz, Gottfried Wilhelm von 87
Leins, Christian Friedrich 84
Lenau, Nikolaus 152
Leonberg 70
Leopold von Österreich 27
Liebig, Fritz 174
Linck, Otto 54, 112, 141
Lindach 176
List, Friedrich 62
Luden, Peter 202
Ludwig der Baier 13, 70
Ludwigsburg 104 f., *Abb. 54, 55*
Ludwigshafen 212
Lustnau 45
Luther, Martin 135, 202

Maier, Matthäus 201, *Abb. 110*
–, Reinhold 104
Mannheim 14, 212 ff., *Abb. 113, 118, 119*
Marbach 9, 13, 104, 105, *Abb. 58, 59*
Marcellinus, Ammianus 7
Mauser, Paul 21
–, Wilhelm 21
Maximilian, Kaiser 70
Maybach, Wilhelm 62, 91
Mayer, Karl 52, 53, 139
Melanchthon, Philipp 48
Memminger, Johann Daniel 84
Menzer, Julius 183
Mergentheim 156
Merian, Matthäus *Abb. 49, 96, 108*
Merz, Eugen 91
Metzingen 62
Meyer, Jancoff 146
Meyer-Förster, Wilhelm 203
Michaelis, Wilhelm 112
Michalski, Andreas 153
Miller, Oskar von 112
Mörike, Eduard 51, 52, 63, 104, 151
Mombert, Alfred 197
Mosbach 9, 174, *Abb. 100*
Moser, Lucas 110
Mühlacker 110
Mühlbach 24
Müller, Ernst 49
–, Georg 50
Münster, Sebastian 48
Mundelsheim 107
Murr 8, 105 ff.
Murrhardt 9, 106, *Abb. 62*

Nägele, Reinhold 107
Nagold 8, 13, 109
Neckarelz 173, 174, *Abb. 97*
Neckargartach 135, 139

Neckargemünd 183, *Abb. 96, 104, 105*
Neckargerach 175
Neckarhausen 62, 210, *Abb. 94*
Neckarrems 13, 103
Neckarsteinach 11, 179, *Abb. 102*
Neckarsulm 10, 148, *Abb. 81*
Neckartailfingen 62, *Abb. 30*
Neckartenzlingen 62, 63
Neckarwimmersbach 176
Neckarwestheim *Abb. 69*
Nentwich, Max 28
Nesenbach 83, 91
Neudenau 152
Neuenstadt 151
Neuhausen 62
Nicolai, Friedrich 45
Niedernau 21, *Abb. 2*
Niedernhall 151
Nordheim 134
Nordstetten 24
Nürtingen 7, 63, 64, *Abb. 33*
Nuss, Fritz 103

Obereisesheim 149
Oberensingen 61
Oberesslingen 11
Obernau 21, 26
Oberndorf 21, *Abb. 9*
Oberndorfer Wasserfallhöhe 21
Obertürkheim 83, *Abb. 43*
Obrigheim 174
Odenwald 173 ff.
Oesterberg 50
Offenau 12
Oppenweiler 107

Palm, Johann Philipp 103
Paquet, Alfons 11, 48, 89, 90, 209
Pattberg, Auguste 174
Paulus, Eduard 51
Petri, Johann Ludwig 210
Pfauhausen 64
Pfeffer von Stetten 104
Pfister, Johannes *Abb. 19, 27*
Pfleiderer, Wilhelm 49
Pflug, Johann Baptist 49
Pforzheim 109
Pigage, Nicolas de 210
Pilkington, Roger 113
Piontek, Heinz 53
Pleidelsheim 107
Pliezhausen 61, *Abb. 31*
Plochingen 10, 14, 61, 64, 66, 83, *Abb. 35*
Poppenweiler 104, *Abb. 57*
Prim 19, 61

Quenstedt, Friedrich August 26, 50

Raballiati, Franz 210
Raidt, Franz Xaver 26
Rainbach 181, 182
Rammert 45
Ramsau 178
Raßler, Freiherr von 26
Rebstock, Johann Martin 8
Reichwein, Willibald 175
Reinhard, Abgeordneter 50
Reitenberg 182
Reith, Paul Ambrosius 71, *Abb. 28*

Reuchlin, Johannes 202
Reutlingen 9, 61 f., *Abb. 29*
Richter, Friedrich 51
Riehl, Wilhelm Heinrich 102
Rilke, Rainer Maria 197
Rimbaud, Arthur 91
Roeder, Magister 88
Roemmeld, Ludwig 156
Rötenberg 19
Rohrbach, Jäcklein 136
Rombach, Otto 149
Rooschütz, Oberamtsrichter 105
Rotenberg *Abb. 42*
Rottenburg 7, 12, 26, 45, 63, *Abb. 15, 16, 18*
Rottmann, Karl 197
Rottweil 9, 11, 19, *Abb. 4–6*
Rümelin, Gustav 50
Ruprecht I., Pfalzgraf 9, 182

Sachsenheim, Hermann von 27
Salucci, Giovanni 83, *Abb. 42, 45*
Sattler, Christian Friedrich 17
–, Michael 27
Schäuffelen, Fabrikant 135
Scheffel, Viktor von 21, 148, 203
Schell, Friedrich Ludwig 210
Schelling, Friedrich 49, 50, 63
Schickhardt, Heinrich 50, 64, 87, *Abb. 34, 40, 56*
–, Lukas 87
–, Wilhelm 49
Schiller, Friedrich 52, *Abb. 48*
Schlenker, Georg 18
Schlichem 21
Schloß siehe auch unter Burg
Schloß Helmstadt 158
– Hochberg *Abb. 56*
– Hohenstein 21
– Hohentübingen 46, *Abb. 21*
– Horneck 155, 156, *Abb. 88*
– Kaltenstein *Abb. 67*
– Langenburg 151
– Ludwigsburg 104, *Abb. 54, 55*
– Remseck 103
– Rosenstein *Abb. 45*
– Solitude 105
Schlosser, Friedrich 195, 203
–, Johann Georg 195
Schmid Noerr, Friedrich 54, 197
Schmitthenner, Adolf 178
Schmolz, Helmut 139
Schnack, Anton 212
–, Friedrich 197
Schnait 103
Schöffler, Herbert 150
Schoetensack, Otto 184
Schorndorf 70, 103
Schozach 134
Schüchlin, Hans 110
Schwab, Gustav 26, 105, 211, *Abb. 72*
Schwäbisch Gmünd 9, 103
Schwäbisch Hall 151
Schwaigern 135
Schweiner, Hans 136
Schwenningen 17, 19
Schwenninger Moos 17, *Abb. 3*
Schwetzingen 210, *Abb. 114*
Scott, Walter 203
Seckenheim 211

225

Seiler, Johann Friedrich 211
Seyffer, August *Abb. 38*
Silcher, Friedrich 26, 49
Simler, Magister 202
Simmel, Georg 197
Späth, Christian 52
Spoleto, Herzog von 21
Starzel 26, 61
Steinach 61, 63, 181
Steinbach 64
Steinheim a. d. Murr 106
Steinlach 45, 46, 61
Stemmer, Joseph 19
Stetten i. Remstal 103
Stiefel, Michael 70
Storz, Gerhard 52
Strauß, David Friedrich 49, 104
Strümpfelbach 103
Studion, Simon von 107
Stukarten, Hugo von 92
Stuttgart 12, 13, 21, 62, 70, 83, *Abb. 41–47, 52*
Sulm 148, 149
Sulz 21, *Abb. 1, 8*
Sulzau *Abb. 13*
Sulzbach 21
Symmachus, Quintus Aurelius 7

Talhausen 21
Tanner, J. J. *Abb. 95*
Tauber 151
Tecchi, Bonaventura 51
Tectoris, Johannes 102
Thorvaldsen, Bertel *Abb. 46*
Thouret, Friedrich 90

Tiefenbach 61, 63
Tilly, Feldherr 183
Titot, Heinrich 136
Treitschke, Heinrich von 203
Troll, Thaddäus 11, 84
Trossingen 19
Trübner, Wilhelm 197
Tübingen 9 f., 45 ff., *Abb. 19–25*
Tuttlingen 47
Twain, Mark 12, 178, 179, 181, 203

Uhland, Ludwig 8, 26, 49, 52, 62, 70, *Abb. 72*
Ulrich, Herzog von Württemberg 46, 64, 109, 112, 158
Unterboihingen 63
Untereisesheim 149
Untertürkheim 83
Urach, Christoph von 109, *Abb. 64*

Vaihingen a. d. Enz 13, *Abb. 67*
Vellberg 151
Vergenhans, Johannes 46 f.
Verlaine, Paul 91
Villingen 19
Vischer, Theodor 49, 50, 104

Wagner, Georg 11, 109
Waibel, Julius 181
Waiblingen 13, 70, 103
Waiblinger, Wilhelm 51
Walheim 110, *Abb. 50*
Walter, Friedrich 212
Wanner, Paul 151
Warsberg, Freiherren von 181

Wasseralfingen 151
Weber, Alfred 203
–, Carl Julius 26, 49, 176, 213
–, Carl Maria von 195
–, Max 148, 203
Weidenau 178
Weinsberg *Abb. 72*
–, Konrad von 156
Wernau 64
Werner, Gustav 62
Wettenburg 21
Wildbad 109
Wildermuth, Ottilie 26, 105
Wilhelm I., König von Württemberg 83, 90, 138
Willemer, Marianne von 174, 195
Wimpfeling, Jakob 202
Windelband, Wilhelm 203
Wirth, Paul 84
Wolf, Hugo 49
Würm 109
Wurm, Abgeordneter 50
Wurmlinger Kapelle 45, *Abb. 17*

Yelin, Christoph *Abb. 21*

Zaber 8
Zedwitz, Kurpfälzischer Finanzminister von 181
Zeiller, Martin 108
Zell 66
Ziegelhausen 195
Zimmermann, Abgeordneter 50
–, Willi 135, 139
Zügel, Heinrich 107

Fotonachweis

Archiv der Benediktinerabtei Grüssau, Bad Wimpfen: 78
Badisches Landesmuseum, Karlsruhe: 112
A. Brugger, Stuttgart: 3 (2/37635 C), 7 (2/27696), 17 (2/29138 CA), 29 (2/41065 C), 42 (2/41480 C), 43 (2/37341), 47 (2/40698), 55 (2/36207 C), 69 (2/42076 C), 70 (2/9698), 73 (2/42197 C), 82 (2/8476), 84 (2/18957), 99 (2/43138), 111 (2/44847 C), 118 (2/43909)
J. Feist, Pliezhausen: 4, 5, 8–16, 18, 21–25, 30–33, 35, 52, 56–59, 61, 62, 64, 74–77, 79, 81, 83, 85, 87–93, 97, 98, 100–104, 105 (Reg.-Präs. Tüb. P 5815), 106, 109, 110, 115, 116
Hauptstaatsarchiv Stuttgart: 40
R. Häusser, Mannheim: 46, 114, 117, 119
Heimatsammlungen Esslingen: 27
Hessisches Landesmuseum Darmstadt: 80
Kunstmuseum Basel: 96
Kurpfälzisches Museum Heidelberg: 94, 95, 107
Landesbildstelle Württemberg, Stuttgart: 41, 48, 54, 72
Landesdenkmalamt Stuttgart: 6
F. Lanz, Bempflingen: 34
W. H. Müller, Stuttgart: 36, 44
Reiß-Museum, Mannheim: 113
W. Röckle, Ludwigsburg: 65, 67
Staatsgalerie Stuttgart: 19
Stadtarchiv Heilbronn: 71
Stadtarchiv Ulm: 26
Stiebling, Korb: 53
T. Uhland-Clauss, Esslingen: 28, 37, 60, 63
L. Windstoßer, Stuttgart: 45, 68, 86
Württembergische Landesbibliothek Stuttgart: 1, 2, 38, 39
Württembergisches Landesmuseum Stuttgart: 50

Die Vorsatzkarte zeichnete Eckart Munz, Stuttgart

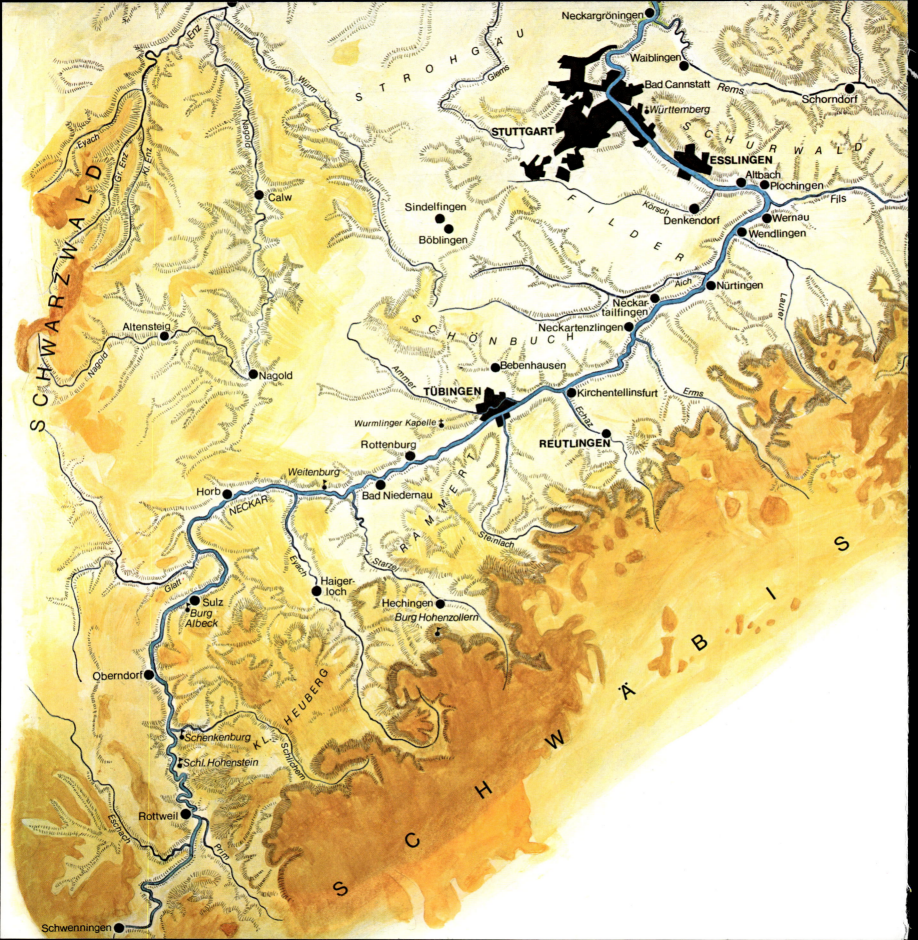